토론,
설득의 기술

토론, 설득의 기술

1판　1쇄 발행 2019. 01. 15.
　　　2쇄 발행 2019. 03. 18.
　　　3쇄 발행 2019. 12. 30.
　　　4쇄 발행 2020. 07. 16.
　　　5쇄 발행 2020. 12. 31.
　　　6쇄 발행 2023. 04. 30.

지은이　양현모, 이종혁, 김동건, 김회성, 임정훈, 홍현정
발행인　양현모
교　정　이중화
디자인　곽혜림
발행처　(주)리얼커뮤니케이션즈
등　록　2018년 11월 30일
주　소　서울특별시 용산구 한강대로211 102-3401 우편번호 04322
전　화　1544-3715
홈페이지　www.realdebate.co.kr
이메일　info@realdebate.co.kr
ISBN　979-11-965646-0-5 03190

이 책의 저작권은 (주)리얼커뮤니케이션즈에 있습니다.
책값은 뒤표지에 있습니다.
토론관련 자문 및 강의 요청은 info@realdebate.co.kr로 문의주시기바랍니다.

토론,
설득의 기술

Debate, The Art of Persuasion

양현모 | 이종혁 | 김동건 | 김희성 | 임정훈 | 홍현정 지음

이·책·의·차·례

1부 토론과의 만남

1장. 토론이란 무엇인가? | 10
토론이란? 10 • 토론의 전제 15 • 토의와의 구별 17

2장. 토론을 배우면 좋은 점 | 19
찬성과 반대를 통해 더 나은 의사결정을 도와주는 토론 19
말하기 역량을 길러주는 토론 21
비판을 통해 상호존중의 정신을 길러주는 토론 23

2부 토론의 기본 개념

1장. 주장, 근거, 논거 | 28
논리적인 말하기 28 • 주장과 근거 30 • 근거와 논거 33

2장. 논제와 쟁점 | 37
사실논제 40 • 가치논제 51 • 정책논제 60

3장. 아카데미식 토론 | 76
아카데미식 토론 vs 자유토론 76 • 자유토론 77
아카데미식 토론 (CEDA, 칼 포퍼, 의회식, 퍼블릭 포럼 디베이트) 79

4장. 토론 발언의 유형 | 90
입론 90 • 반론 93 • 교차조사 95

5장. 설득을 위해 고려해야 할 요소들 | 99
청중 99 • 설득의 3요소 105

쉬어가기 - 토론교육 상황에서 흔히 발견되는 실수 ① | 117

3부 토론 준비하기

들어가기 전에 | 122

1장. 자료 수집하기 | 124
전문성 있는 연구 자료 126 · 사실을 다룬 언론기사 132
숫자의 힘, 통계자료 136 · 민심을 읽는 여론조사 139
기본이 되는 법 142

2장. 자료 이해하기 | 144
토론 배경과 사회문제 확인 145 · 논제의 정의와 범위 확인 148
대립하는 주장과 가치의 확인 151

3장. 입론 준비하기 | 154
배경과 정의 156 · 주장 고르기 158 · 근거 활용하기 161
입론 글쓰기 168 · 개요 및 구성 안내 174

4장. 질문과 반론 준비하기 | 178
교차조사 181 · 반론 197

5장. 토론 상황 준비하기 | 204
말하기 연습 205 · 상황 대처 및 파트너 커뮤니케이션 209

쉬어가기 - 토론교육 상황에서 흔히 발견되는 실수 ② | 213

4부 실전 토론 노하우

들어가기 전에 | 218
실전 토론에서 청중을 설득하기 위해 기억해야 할 세 가지 218

1장. 토론 준비 노하우 | 222

입론은 가능한 한 두괄식으로 하라. 222
긍정 측일 때, 논제의 단어를 명확하고 공정하게 정의해야 한다. 225
주장과 근거는 반박의 여지와 관계없이 영향력이 강력한 것이 좋다. 228
한 가지 주장에 대해서는 강력한 한 가지 근거만 이야기하라. 232
숫자나 자료를 활용할 때는 해석을 해야 한다. 237
어려운 단어는 쉽게 설명하되, 주장을 강화하는 특징을 제시하라. 241
이정표가 되는 표현들을 사용하라. 244
원고를 준비할 때 강조할 단어들을 볼드체로 표시하라. 247
'저희가 예측했을 때~'와 같은 표현은 사용하지 마라. 249
문제점과 더 심각한 다른 문제점을 한꺼번에 차례대로 언급하라. 252
우리 측 주장과 관련된 보편적 기준을 제시하라. 255
외국 사례를 들 때, 사람들이 가진 보편적 이미지를 활용하라. 257
자문자답의 방법을 사용하여 표현력을 높여라. 260

2장. 토론 실전 노하우 | 262

상대측 주장을 반박할 때에는 반드시 '인용'하라. 262
상대측 주장의 단점보다, 우리 주장의 장점을 강조하라. 265
부정 측일 때, 긍정 측이 명확한 입증을 하도록 요구해야 한다. 269
격렬하게 토론하되, 예의를 지켜라. 272
긍정 측일 때, 비용에 대한 반박에 수비적으로 대응하기보다 당위적인 가치 실현으로 맞서야 한다. 277
상대측에게 '오늘의 논제는 무엇입니까?'라고 물어라. 280
긍정 측일 때, 정책의 실현가능성에 대한 반박은 토론의 목적을 언급하는 것으로 재반박하라. 283
긍정 측일 때, 제도의 예외적 허점에 대한 문제 제기를 심각하게 받아들이며 대응하지 마라. 286
긍정 측일 때, 마지막 발언에서 현재의 문제점을 자세히 묘사하라. 289
부정 측일 때, 양측의 자료를 비교해서 근거가 더 많음을 보여라. 292
반론을 할 때 입론의 핵심 단어나 구조를 요약적으로 제시하라. 294
자유토론에서 흔히 벌어지는 문제점 298

3장. 토론대회 운영 노하우 | 304
논제 선정을 위한 체크리스트 304
토론대회의 심사 준비 318

4장. 논거를 활용한 설득 노하우 | 327
논거 이해하기 327 • 논거 활용하기 329

쉬어가기 - 토론교육 상황에서 흔히 발견되는 실수 ③ | 333

5부 대선 토론으로 '토론을 보는 눈' 기르기

1장. 대선 토론의 특징 | 338
대선 토론 이해하기 339

2장. 16대 대선 토론 분석 | 341
총평 341 • 노무현 후보 - 경선 342 • 노무현 후보 - 대선 345

3장. 17대 대선 토론 분석 | 351
총평 351 • 이명박 후보 352 • 정동영 후보 356

4장. 18대 대선 토론 분석 | 360
총평 360 • 박근혜 후보 362 • 문재인 후보 370 • 이정희 후보 375

5장. 19대 대선 토론 분석 | 380
총평 380 • 문재인 후보 381 • 홍준표 후보 390
안철수 후보 395 • 유승민 후보 401 • 심상정 후보 406

세상의 모든 생각이나 주장에는
그것을 찬성하는 입장과 반대하는 입장이 있다.

1부

토론과의 만남

1장 | 토론이란 무엇인가?
2장 | 토론을 배우면 좋은 점

1장

토론이란 무엇인가?

토론이란?

  토론은 '대립하는 의견을 가진 양측이 상대방이나 청중을 설득하는 말하기'이다. 이 정의는 토론을 시작하며 염두에 두어야 할 두 가지 사실을 담고 있다.

① 누군가에게 너무도 당연한 사실이, 다른 누군가에게는 전혀 사실이 아닐 수 있다.

  세상의 모든 생각이나 주장에는 그것을 찬성하는 입장과 반대하는 입장이 있다. 다음 사례를 통해 살펴보자.

아프리카 오지로 파견된 선교사는 어느 날 파인애플이 너무 먹고 싶었다. 하지만 그가 사는 오지에는 파인애플이 열리지 않을뿐더러, 살 수 있는 시장조차 없었다. 그래서 선교사는 본국에 돌아가는 동료에게 파인애플 나무의 종자를 구해달라고 부탁했다.

몇 달을 기다린 끝에 선교사는 파인애플 나무의 종자를 얻을 수 있었다. 종자를 얻은 선교사는 선교 활동에 바쁜 나머지 근처에 사는 원주민들에게 돈을 주고 파인애플 나무를 자기 대신 앞마당에 심어달라고 했다. 원주민들은 알겠다고 하고 파인애플 나무를 심어주었다. 1년이 지나고, 2년이 지나며 파인애플 나무들은 자라났다. 그리고 3년이 지나자, 마침내 파인애플이 새파랗게 나무에 열렸다.

선교사는 '아, 드디어 파인애플을 먹을 수 있겠구나.' 하고 기뻐했다. 하루하루 맛있게 익어가는 파인애플을 보고 선교사는 '내일은 파인애플을 따 먹어야겠다.'라고 생각하며 잠이 들었다.

그런데, 다음 날 아침 파인애플 나무에는 단 한 개의 파인애플도 남아있지 않았다. 놀란 선교사는 주변을 다니며 누가 자기 나무에 있는 파인애플을 따갔는지 물었고, 주변 사람들에게 조사한 결과 자기 나무의 파인애플을 따간 사람은 바로 3년 전에 자기가 파인애플을 심어달라고 고용한 원주민들이라는 것을 알게 되었다. 선교사는 원주민들에게 가서 왜 자기 파인애플을 따먹었냐고 물었다. 그러자 원주민들은 오히려 선교사에게 물었다.

"우리가 심은 파인애플을 우리가 따먹었는데, 무엇이 문제입니까?"

"그 파인애플 나무는 내가 사온 것이고, 마당도 내 마당이며, 당신들은 나에게 파인애플을 심어주는 대가로 돈을 받지 않았소?"

선교사가 황당해서 다시 묻자 원주민들이 대답했다.

"맞습니다. 당신이 당신 마당에 나무 심는 일을 해달라고 돈을 주었습니다. 그래서 우리는 돈을 받고 나무를 심는 '일'을 해주었죠. 하지만 파인애플은 우리가 심었으므로 우리가 먹는 것이 맞습니다."

원주민들이 생각하는 정글의 법칙은 무언가를 심은 사람이 그것을 먹는 것이었다. 화가 난 선교사는 원주민들에게 말했다.

"좋소. 그 파인애플이랑 파인애플 나무, 당신들이 다 가지시오. 나는 새로운 나무를 심겠소. 내일까지 당신들의 파인애플 나무를 다 뽑아가시오."

그러자 원주민들이 대답했다.

"네 알겠습니다, 선생님. 그런데 그러면 돈을 주셔야 하겠는데요. 파인애플 나무를 뽑는 것은 '일'이니까요."

사람들은 본인이 살아온 경험이나 지식 또는 그를 바탕으로 한 추론을 통해 의견을 가지게 된다. 이런 경험이나 지식은 그것을 가진 사람에게는 꽤 오랜 시간 동안 이미 검증된 것이기 때문에, 찬성과 반대 양측은 본인이 지지하는 입장이 상대측이 지지하는 입장보다 진실에 가깝다는 확신을 가지게 된다.

② 토론은 '상대방이나 청중'을 '설득'하는 말하기이다.

이는 토론의 정의이자 동시에 토론의 목적이다. 토론은 자신이 옳다고 생각하는 것을 단순히 표현하는 것이 아니라, 다른 사람들이 동의하도록 설득하는 것이다. 그 설득의 목표는 '상대방'이 될 수도 있고 '청중'이 될 수도 있다.

> 존경하는 국민 여러분, 저희 야당에서는 앞서 말한 정부 측의 의견에 완전히 반대합니다.
>
> 정부의 소년범 교화를 목적으로 한 관용적인 온건정책이 시행된 후, 지난 3년 동안 소년범의 숫자는 지속적으로 증가했습니다. 그리고 소년범이 저지르는 범죄의 성격도 과거의 치기 어린 경범죄 수준이 아닙니다. 강도나 특수사기와 같은 범죄의 비율이 15퍼센트 이상 증가했습니다. 다시 말해 범죄의 죄질도 중범죄화 되고 있다는 것입니다.
>
> 뿐만 아니라 범죄자가 미성년인 경우 형량을 감경하고, 실제적인 처벌이 아닌 교화를 시킨다는 정책은 지난번 경찰에 대한 집단 폭행 사건에서 볼 수 있듯이 소년 범죄자들이 법질서와 공권력을 두려워하지 않는 태도만을 키워왔을 뿐입니다.
>
> 국민 여러분, 우리가 보다 안전한 국가를 만들기 위해 이번만은 저희 야당의 의견에 동의해 주시면 좋겠습니다.

많은 사람들은 토론을 통해 양측이 서로 이해하고 상대방에게 동의하거나 절충된 의견을 가지는 것을 기대하지만, 토론에서 그런 모습을 보는 것은 쉽지 않다. 왜냐하면 위의 예시에서 볼 수 있듯이 대립되는 의견을 가진 양측은 자신의 입장에 대해서 충분히 생각해 왔고, 그 입장을 지지하거나 반대하는 주장과 근거를 자신이 아는 범위 안에서 충분히 검토해 왔기 때문이다. 그러므로 짧은 토론을 통해서는 양측 모두 자신의 생각을 쉽게 버리지 않을 가능성이 크다. 그래서 고대 그리스의 한 현인은 '설득당하고자 하는 사람하고만 토론하라.'라고 말하기도 했다.

하지만 우리는 언제나 '설득당하고자 하는 사람' 하고만 토론을 할 수는 없다. 많은 경우 우리는 명확한 반대 의견을 가진 토론 상대방을, 또는 불특정 다수의 청중을 대상으로 우리의 주장을 설득해야 한다. 그런데 대다수의 청중은 상대편 토론자에 비해 논제에 대한 입장이 덜 명확하기에 상대적으로 열린 태도를 가지고 있을 가능성이 크다. 때문에 토론에서 우리가 설득하고자 하는 대상은 상대편 토론자보다는 청중이 되어야 한다.

청중을 설득하기 위해서는 논제에 대해 우리가 왜 이런 입장을 가지게 되었는지를 단계적으로 차근하게 설명해야 한다. 이렇게 상대방의 주장을 반박하고 공격하기보다 자신의 주장과 근거를 성실하게 설명하는 태도는 청중뿐 아니라 상대방을 열린 자세로 만드는 데 도움이 된다. 그리고 이런 단계를 통해 궁극적으로는 상대방도 설득할 수 있게 될 것이다.

그래서 본 책에서 다루게 되는 토론의 설득 기술은 상대방보다는 청중을 설득하는 방법에 주안점을 두고 쓰였다.

토론의 전제

토론은 '상대주의'를 전제로 한다.

상대주의란 어떤 지식이나 의견의 옳고 그름을 판단함에 있어 '모두가 동의할 수 있는 절대적이고 보편타당한 기준은 없다.'는 생각이다.

과거 유명한 소피스트(과거 그리스 시대의 철학자이며 변호사이자 교사)였던 프로타고라스는 '인간은 만물의 척도'라는 말로 상대주의를 표현하였다. 이 말의 의미는 인간의 지식이나 인식은 그 자체로 절대적으로 존재하는 것이 아니라 경험하는 감각에 기반을 두고 있다는 것이다. 그런데 감각이라는 것은 사람마다 차이가 있으므로 사람이 가지는 지식과 인식 또한 모두 상대적이라는 것이다. 상대적인 감각의 차이는 다음에 나오는 이야기에서처럼, 같은 사실에 있어 완전히 다른 의견과 결론에 이를 수 있다.

옛날에 한 장군이 군대를 이끌고 먼 나라에 가서 전쟁을 하고 있었다. 전쟁이 길어지면서 군대의 보급은 점점 어려워져 갔고, 병사들 사이에서는 보급된 빵이나 과일을 놓고 종종 분쟁이 벌어지기도 했다.

그러던 어느 날 두 병사가 말라비틀어진 보급용 빵을 나누어 먹는 문제로 주먹다툼에 이르게 되었다. 지나가던 장군은 이 모습을 보고 화가 나서 두 병사를 잡아들였다. 장군은 먹을 것 때문에 전우끼리 싸운 병사들에게 어떤 벌을 줄지 고민을 했다. 그러다가 생각난 것이 두 병사에게 돼지고기를 먹이는 것이었다. 왜냐하면 이 장군은 돼지고기를 아주 싫어했기 때문이다. 그래서 장군은 다툰 두 병사에게 돼지고기 요리를 한 접시씩 주고 나서 말했다.

"이놈들, 겨우 한끼 식사 때문에 싸우다니. 너희는 오늘 저녁으로 빵 대신에 이 끔찍한 돼지고기를 한 접시씩 하나도 남김없이 다 먹어라. 그리고 만약 다음 번에 또 싸운다면 일인당 두 접시씩 먹일 테니 그리 알아!"

과연 두 병사는 배고픈 상황에서 돼지고기 요리를 한 접시씩 먹는 것을 벌로 받아들였을까? 아마도 아닐 확률이 크다. 어쩌면 앞으로 돼지고기를 먹고 싶은 병사들이 가짜로 싸울지도 모른다. 장군에게는 돼지고기를 먹는 것이 끔찍하게 싫은 벌이지만, 아마도 대부분의 병사들에게는 아주 큰 상이었을 테니 말이다.

이처럼 토론은 어떤 문제에 대해 '사람에 따라 또는 상황에 따라 답이 다를 수 있다.'는 것을 전제로 한다. 만약 언제나 적용되는 절대적인 답이 있다고 생각하면, 토론을 할 필요가 없을 것이다. 단지 아는 사람이 모르는 사람에게 사실을 일방적으로 가르치면 되는 것이다. 하지만 상대주의적인 관점에서 모두에게 적용되는 답은 존재할 수 없다. 무엇이 진실인지, 어떤 행동을 하는 것이 더 좋은지를 알기 어려운 상황에서, 좋은 답을 찾기 위해 상대방이나 청중을 설득해야 한다는 것이 토론의 큰 전제이다.

토의와의 구별

토론을 수행하기에 앞서, 토론(debate)과 토의(discussion)를 구별할 필요가 있다. 토론은 특정한 논제에 관하여 찬성과 반대 입장을 청중에게 설득하는 말하기이다. 즉, 논제에 관하여 분명히 입장을 정하고 청중을 설득하려고 해야 한다. 반면 토의는 여러 사람들이 대안을 얻기 위해 자유롭게 생각을 개진하는 말하기이다. 따라서 토의를 하는 과정에서 특정한 문제에 관하여 토론이 벌어질 수는 있다. 다만, 토론을 하면서 자유롭게 의견을 개진하는 식으로 토의를 할 경우 논제를 벗어날 수도 있다.

예시를 통해 살펴보자. 다음의 사례는 《A지역에 국제공항을 건설해야 한다.》는 논제를 두고 토론을 하는 경우이다.

다희: A지역에는 공항을 건설해야 합니다. 이를 통해 A지역의 경제를 발전시킬 수 있습니다.

영주: 그러면 A지역에 국제공항 말고 종합물류센터를 건립하면 어떨까요?

소담: 저는 문화예술시설을 통해 경기를 살리는 것도 괜찮을 것 같아요. 연극단을 유치할 수 있는 문화센터를 만들면 어떨까요?

위 사례는 분명히 논제가 정해져 있는 토론이다. 따라서 'A지역에 국제공항을 건설한다.'에 대한 찬성과 반대가 선명하게 대립하면서, 어

느 것이 더 나은 결정인지 청중을 대상으로 설득해야 한다.

그런데 영주가 마치 토의처럼, 또 다른 대안을 제시하면서 토론이 잘못되기 시작했다. 결국 위와 같은 토론을 바라보는 청중은 'A지역에 국제공항을 지어야 할까?'라는 논제에 대해 의사결정을 명확히 하기보다는 '물류센터, 문화센터, 국제공항… 내가 뭘 판단해야 하지?'라는 혼란을 겪게 된다. 이러한 문제를 예방하기 위해서는 토론과 토의의 특징을 이해하고 그에 맞는 말하기를 준비해야 한다.

먼저 토론과 토의의 특징을 각각 살펴보자. 토론은 찬성과 반대 입장이 드러나는 논제에 관하여 이루어지고, 토의는 다양한 대안이 논의될 수 있는 주제에 관하여 이루어진다. '경제 활성화 해법, 무엇인가?'는 다양한 대안들이 나올 수 있는 주제이므로 토의에 적합하다. 반면 찬성과 반대로 입장을 나눌 수 없으므로 토론의 논제로는 부적합하다. 반면 '경제 활성화를 위해 금리를 인하해야 한다.'는 찬성과 반대로 입장이 분명하게 나누어질 수 있으므로 토론의 논제로 적합하다.

다음으로 각각의 말하기 특징을 살펴보자. 토론은 논제에 관해 입장을 세우고 이를 지지하기 위한 말하기를 해야 한다. 토론은 자신의 입장을 청중에게 설득하는 것이 최종적인 목표이다. 따라서 토론의 말하기는 자신의 주장에 논리적으로 근거를 제시하고, 상대방의 논리에 대한 비판과 분석적인 조사 또는 검토를 수행하게 된다. 반면 토의에서는 상대방의 입장을 비판하기보다는 존중하고, 아이디어를 제시하는 형태의 말하기를 하는 것이 일반적이다. 이러한 차이를 고려하여 토론과 토의를 준비하는 것은 각각의 말하기를 성공적으로 수행하는 데 큰 도움을 준다.

2장

토론을 배우면 좋은 점

여기서는 구체적으로 토론이 어떻게 더 나은 의사결정을 가능하게 하는지, 그리고 토론을 공부하면서 기를 수 있는 역량은 무엇인지 살펴본다.

찬성과 반대를 통해 더 나은 의사결정을 도와주는 토론

토론의 장점은 찬성과 반대를 모두 고려한다는 점이다. 세상의 많은 의사결정은 모두 양면성을 지니고 있다. 잠을 자면 피로를 줄일 수 있지만 무언가를 할 시간이 부족해진다. 잠을 덜 자면 일할 수 있는 시간은 늘어나지만 피로는 늘어난다. 이와 같이, 세상에 절대적으로 탁월한 결정은 거의 없다. 따라서 좋은 의사결정을 하기 위해서는, 어떤 결정이 내포하는 장단점을 충분히 견주어보는 과정이 중요하다. 특히 정책과 같이 그 파급효과가 큰 의사결정에서는 더더욱 그렇다.

예를 들어 '최저임금을 1만 원으로 정한다.'는 제도를 고민해보자. 정책결정자는 서민의 소득을 증대해야 한다는 선의에서 이러한 정책을 선택할 수도 있다. 그러나 최저임금을 인상할 경우 자영업자들이 고용을 포기하고 무인기계를 적극적으로 도입하면서 서민들이 실직하게 되어 오히려 서민의 소득이 감소할 수도 있다.

이와 같은 양면성을 종합적으로 고려하는 데 있어, 토론은 가장 유용한 도구이다. 그 이유는 첫째, 토론은 찬성과 반대 의견이 모두 제시되기 때문에 편향될 위험이 적다. 논제가 가져오는 이점과 부작용, 문제점 등이 균형있게 고려되는 것이다. 둘째, 청중을 설득하기 위해 경쟁하는 과정에서 청중에게 양질의 정보를 풍부하게 제공할 수 있다. 어떻게 하면 자신의 입장이 받아들여질지 고민하는 과정에서 논리를 만들고, 보다 튼튼한 근거를 들어 설득하게 되면서 부실한 주장이나 근거가 걸러지는 것이다.

다음 예시는 《개고기 식용을 금지해야 한다.》는 논제에 관하여 긍정 측 입장의 내부 회의를 가정한 것이다. 실제로 일부 단체가 '개는 인류의 친구다.'는 문구를 들어 주장을 하고 있지만, 상당수 사람들은 이에 공감하고 있지 않을 수 있다. 따라서 토론을 통해 설득하기 위해서 보다 설득적인 논리와 근거를 마련하여야 한다. 그리고 이를 통해 청중은 보다 정제된 입장을 듣고, 더 나은 결정을 할 수 있는 것이다.

이러한 토론의 유용성은 개인에게도 적용된다. 토론을 공부한 사람이라면 어떠한 '결정'이 갖는 효용과 문제점을 찬성과 반대의 입장에서 조명하면서 어느 것이 더 나은 것인지 고민할 수 있기 때문이다.

논제《개고기 식용을 금지해야 한다.》

> ◇ **긍정 측 토론 준비과정**

종수: 개고기를 먹는 것은 야만적인 짓이야. 개는 인류의 친구잖아.

미영: 그런데 개가 아닌 다른 동물은 인류의 친구가 아닌가?

종수: 그래도 개만한 게 없지 않아?

미영: 아니, 그런데 청중 입장에서 개와 다른 동물들을 구별하는 게 당연할까? 소나 닭을 친숙하게 여기는 사람도 있을 텐데 우리는 스테이크와 치킨을 먹잖아.

종수: 그러면 개는 인류의 친구라는 말을 하기보다는, 개고기를 먹는 것이 다른 문화권들을 보았을 때 상대적으로 일반적이지 않다는 점을 강조해볼까?

미영: 그러면 개고기 식용이 금지되었다고 볼 수 있는 국가의 수를 확인해서 이런 움직임이 국제적이라는 점을 강조하는 것도 좋겠어.

말하기 역량을 길러주는 토론

 토론은 종합적인 말하기 능력을 길러준다. 그리고 말하기는 인간과 인간 사이의 가장 강력한 커뮤니케이션 수단으로, 가까운 사람 사이에서의 소통부터 먼 사람과의 비즈니스에 이르기까지 활용되는 중요한 역량이다.

사장 A는 트럭을 싸게 구매하고자 회사 S에 전화했다. 회사 S의 상담원은 A가 비용사정 때문에 저렴한 트럭을 구매해야 한다는 이야기를 듣자마자, A에게 말했다.

"고객님, 전화번호 좀 알려주시겠어요?"

A가 전화번호를 불러주자마자 A의 전화가 끊어졌고, 다시 벨이 울렸다.

"왜 전화를 끊고 다시 전화를 하신 거죠?"

A가 묻자 상담원이 말했다.

"저희가 고객님을 위해 전화비를 부담하기 위해서입니다."

고객의 입장에서 비용을 생각하는 상담원에게 감동하여 A는 더 상담하지 않고 S의 트럭을 구매했다.

위 일화에서 상담원은 말 한마디로 A의 트럭 구매를 이끌어냈다. 그것도 트럭이라는 단어를 쓰지도 않고서 말이다. 시스템으로 가득해 보이는 사회 곳곳에서도 사람들 간의 많은 비즈니스는 말을 통해 이루어진다. 면접을 통해 사람을 뽑고, 프레젠테이션을 통해 투자를 결정하는 것이다. 그리고 이러한 말하기 역량을 종합적으로 길러주는 수단으로 토론은 매우 탁월하다. 그 이유는 다음과 같다.

첫째, 토론은 듣기 능력을 길러준다. 말하기 능력을 기르기 위해서는 역설적으로 듣기 능력을 길러야 한다. 상대의 말을 잘 들어야 그에 대응하는 적절한 말을 할 수 있기 때문이다. 토론에서는 상대방의 입장을 듣고 비판하는 절차가 있어 듣기 능력을 자연스럽게 길러준다.

둘째, 토론은 질문 능력을 향상시킨다. 말하기를 제대로 하려면 상대방의 생각을 정확히 이해해야 하는데, 듣기만으로는 충분히 이해하기 힘든 경우가 있다. 토론에서는 교차조사 등을 통해 상대방의 생각을 확인하는 과정, 즉 질문을 해야 하는 절차가 마련되어 있다. 따라서 토론을 준비하면서 어떠한 내용을 질문해야 할지 고민해보고, 실제 토론을 통해 질문을 던져봄으로써 질문 능력을 향상시킬 수 있다.

셋째, 토론을 통해 말하기의 순발력을 기를 수 있다. 순발력이란 말하기에서 일어날 수 있는 여러 상황을 능동적으로 잘 대처할 수 있는 능력이다. 토론자는 기본적으로 토론에서 말할 내용을 준비해오지만, 서로 논박하는 과정에서 다양한 상황이 벌어질 수 있으므로, 준비한 원고를 읽는 것만으로는 토론을 제대로 수행할 수 없다. 따라서 토론을 통해 자신이 준비한 내용을 상황에 맞게 적절히 활용하는 연습을 할 수 있고, 이를 통해 순간적인 대처능력과 말하기 감각을 기를 수 있다.

이와 같이 토론을 연습함으로써 말하기 역량을 종합적으로 향상시키고 면접, 프레젠테이션, 발표 등 다양한 상황에 대응할 수 있게 된다.

비판을 통해 상호존중의 정신을 길러주는 토론

토론을 함으로써 우리는 다른 입장을 이해하고 받아들이는 능력을 배울 수 있다. 실제로 토론에서는 자신의 입장을 관철하는 것이 우선이지만, 이를 위해서는 자신의 입장과 다른 입장을 제대로 이해할 수 있어야 한다. 이는 청중을 설득하기 위해서는 자신과 다른 입장을 타당하게 비판할 수 있어야 하기 때문이다.

비판은 타인의 주장을 비평하고 판단하는 과정이다. 반면 비난은 상대방의 잘못을 지적하는 행위이다. 비난은 주관적인 감정에서 비롯되지만 비판은 객관적인 이성과 판단에서 비롯된다. 따라서 사회에서 올바른 의사결정을 하기 위해서는 비난보다 비판을 지향해야 하는데, 비판은 그 대상에 대한 이해가 없이는 불가능하다. 예를 들어 살펴보자.

진수: 우리 지역에 쓰레기 매립장을 설치해서는 안 된다. 쓰레기 매립장이 생기면 우리 지역이 심각하게 오염된다. 따라서 쓰레기 매립장을 설치해서는 안된다.

경희: 진수는 쓰레기 매립장 설치를 반대하고 있다. 하루에 쏟아지는 쓰레기가 얼마나 많은지도 모르면서, 매립장 설치를 반대하는가?
→ 비난

상수: 진수는 쓰레기매립장 설치를 반대하면서, 그 근거로 침출수로 인한 인근 환경의 오염 위험을 제기하고 있다. 그러나 매립장에 첨단 설비를 설치하고, 주변에 숲을 조성하는 방법을 활용하면 오염 위험을 충분히 줄일 수 있다. 반면 쓰레기 매립장을 설치하지 않으면 현재 쏟아지는 쓰레기를 현실적으로 처리할 방법이 없다. 따라서 쓰레기 매립장을 설치하여야 한다. → 비판

위 사례에서 경희는 진수의 근거를 고려하지 않고 반대하면서 진수를 비난하고 있다. 토론 상대방인 진수를 전혀 존중하지 않은 것이다.

이러한 경우 사회적 갈등이 빚어지고, 합의를 통한 의사결정에 실패하기 마련이다.

반면 상수는 진수의 근거를 이해하고 분석하여 비판하고 있다. 이러한 경우에 진수는 상수의 주장과 근거를 반박하거나 수긍하게 될 것이다. 왜냐하면 상수가 진수의 주장을 충분히 이해하면서 그에 대한 해법을 제시했기 때문이다. 즉, 상수는 진수를 존중한 것이라 볼 수 있다. 이때 진수와 상수는 각각 감정적 공격의 대상과 주체가 되지 않고, 논의의 파트너가 될 수 있다. 따라서 갈등이 초래되기보다는 억제되고 해소될 가능성이 크다.

토론의 절차는 이러한 비판과 존중의 정신을 담고 있다. 자신의 주장을 말하고, 상대방의 주장을 듣고, 질문하고 답하는 과정에서 어느 대안이 더 나은지 선의의 경쟁을 펼치면서 자신의 의사를 밝히는 법을 배우게 된다. 그리고 이를 통해 나와 다른 입장이 존재할 수 있다는 것, 그 입장을 이해하기 위해 노력해야 한다는 것, 그리고 상대방을 힐난하거나 비난해서는 안 된다는 것을 배움으로써 상호존중의 정신을 사회에 깃들게 한다.

위에서 살펴본 바와 같이 토론을 배움으로써 많은 순기능을 기대할 수 있다. 더 나은 의사결정을 할 수 있게 되고, 말하기 역량을 길러 다양한 상황에서 대처할 수 있게 되며, 다른 이들의 의견을 존중하는 문화를 기를 수 있다. 그리고 이러한 발전은 보다 더 나은 사회와 삶을 구현하는데 기여한다는 점에서, 토론을 공부하는 것은 매우 값진 일이다.

상대방의 근거와 논거가 무엇인지를 이해한다면,

그 근거와 논거의 사실 여부를 지적함으로써

상대방의 입장을 논파할 수 있을 것이다.

2부

토론의 기본 개념

1장 | 주장, 근거, 논거
2장 | 논제와 쟁점
3장 | 아카데미식 토론
4장 | 토론 발언의 유형
5장 | 설득을 위해 고려해야 할 요소들

1장

주장, 근거, 논거

논리적인 말하기

 청중을 설득하기 위해서는 논리적으로 말해야 한다. 논리적으로 말을 한다는 것은 청중이 말을 듣고, 스스로 사고과정을 거쳐 이해하거나 납득할 수 있다는 것을 의미한다. 사람들은 어떠한 주장을 들었을 때 '타당한가?'와 같은 물음을 떠올리면서 검증한다. 이러한 물음을 통과할 수 있도록 말하는 것이 바로 논리적인 말하기이다.

 그렇다면 어떻게 해야 할까? 주장에 타당한 근거를 제시하는 것이 중요하다. 이를 통해 '타당한가?'와 같은 물음에 답변을 제시함으로써 청중의 의문이 해소되면, 청중은 그 사람의 말하기를 논리적인 것으로 받아들이게 된다.

선생님: 공룡은 아직 살아있습니다.

지   하: 에이, 공룡이 어떻게 살아있어요?

선생님: 공룡 중 일부가 진화하여 새가 되었습니다. 공룡은 멸종한 것이 아니라 새로 진화한 것이죠.

지   하: 공룡이 진화해서 새가 되었다는 증거가 있나요?

선생님: 벨로키랍토르 같은 수각류의 해부 결과가 닭과 매우 비슷하답니다. 살아남기 위해 좀 더 작게, 날 수 있게 변화한 것이죠.

위 사례에서 선생님은 공룡이 살아있다는 자신의 입장을 전달하였다. 그런데 아이들은 공룡이 멸종했다고 알고 있었기 때문에, 선생님의 입장을 받아들이지 못했다. 그렇기 때문에 선생님은 근거를 제시해야 한다. 만일 근거 없이 단순히 입장만 전달한다면 상대방의 행동, 의사결정에 변화를 가져오지 못하기 때문이다. 듣는 사람의 의아함만 자아낼 뿐이다.

아까의 상황에서 이어서 보자. 선생님은 '공룡은 새이다. 따라서 공룡은 멸종되지 않았다.'와 같이 근거를 제시했다. 지하는 근거의 사실 여부를 질문했고, 선생님은 해부학적인 내용을 근거로 제시했다. 이를 통해 지하는 선생님의 의견에 100% 동의하지는 않는다 하더라도 선생님의 생각을 이해할 수는 있게 되었다.

이와 같이 논리적으로 말하기 위해서는 주장에 합당한 근거를 제시해야 한다. 그리고 근거를 받아들이지 못하는 경우, 그 근거를 받아들이게 만들기 위한 또 다른 근거를 제시하게 될 것이다. 즉, 토론자들은 주장과 근거를 적절히 활용하여 발언하게 되는 것이다.

이 때문에 주장과 근거를 구분하는 것은 대단히 중요하다. 자신의 주장, 근거를 정확히 파악하고 배치함으로써 논리적으로 말할 수 있고, 동시에 상대방의 발언에 드러난 주장, 근거를 파악해서 상대방의 논리를 이해하고, 핵심을 짚는 질문을 할 수 있기 때문이다. 이하 보다 자세히 살펴본다.

주장과 근거

주장은 청중이나 토론 상대방이 받아들이기를 바라며 토론자가 제시하는 주된 의견이다. 토론에서 주장은 논제에 관한 토론자의 입장을 뒷받침한다. 청중이 주장을 받아들이면, 논제에 관한 토론자의 입장도 받아들이게 될 가능성이 높아진다. 따라서 토론자들은 자신의 주장을 청중이 받아들이게 만드는 데 초점을 두고 토론을 수행하게 된다.

청중이 주장을 받아들이게 만들기 위해서는 근거를 제시해야 한다. 주장이 토론자의 입장을 뒷받침하듯, 근거는 주장을 뒷받침한다. 즉, '근거이기 때문에 주장이고, 주장이기 때문에 논제에 관하여 찬성(반대)한다.'는 구조로 토론을 수행하게 되는 것이다. 그런데 만일 근거를 청중이 받아들일 수 없다면 근거를 지지하는 근거를 다시금 제시해야 한다. 즉, 토론자는 논제에 관한 입장부터 최하위에 존재하는 근거까지 수직적으로 이어지는 '주장과 근거'들을 명료하게 제시해야 한다.

그렇다면 근거는 주장을 어떻게 뒷받침할 수 있는가? 주장은 받아들이기를 바라는 내용 그 자체이다. 때문에 청중은 주장을 들었을 때 내가 왜 이 주장을 받아들여야 하는지 논리적인 의문을 갖게 된다. 이때 근거는 논리적 의문을 해소함으로써 주장을 수용하도록 해준다.

논제 《통일세를 징수해야 한다.》

◇ **(긍정 측 입장) 통일세를 징수해야 한다.**

주장 통일 과정에 소요될 비용을 충당하기 위해 미리 재원을 마련해야 한다.

근거 통일비용은 약 2,100조 원으로 단기간에 마련할 수 없다.

통일세를 징수해야 한다는 입장을 들으면 '왜 새로운 세금을 걷어야 하지?'라는 생각이 자연스럽게 든다. 따라서 이러한 생각에 답하는 내용으로 '미리 비용을 준비해야 한다.'는 것을 주장으로 제시하였다. 그러나 이러한 주장을 들으면 '왜 미리 준비해야 하지?'라는 생각이 다시 들 수 있다. 따라서 다시 이를 해소하기 위해서 '통일비용은 단기간에 준비할 수 없다.'는 내용을 근거로 제시하였다. 이와 같이 논제에 관한 입장, 주장, 근거는 각각 '주장과 근거'의 관계로서 논리적 의문을 해소할 수 있도록 이루어져야 한다.

이때 근거가 청중의 논리적 의문을 적극적으로 해소하기 위해서는,

주장과 긴밀한 관계로 보여야 한다. 이때 긴밀하다는 것은 내용적으로 가깝게 연결되어있다는 것으로, 근거와 주장의 관계를 파악하기가 어렵지 않아야 한다는 것을 의미한다. 예를 들어보면 다음과 같다.

주장 사형제를 폐지해야 한다.

근거 인간은 평등하게 태어났다.

위와 같이 주장과 근거를 제시하면 근거가 어떻게 주장을 뒷받침하는지 알기 힘들다. 평등과 사형제의 관계가 쉽게 연상되지 않기 때문이다. 사형제는 생명을 박탈할 것인지 말 것인지에 관한 내용이므로, 이를 뒷받침하기 위해서는 인간의 생명에 관한 내용이 근거로 제시되어야 긴밀하게 주장을 뒷받침할 수 있다.

아래와 같이 기술할 경우 근거 자체를 받아들일 수 있는지를 떠나서, 근거가 주장과 긴밀한 관계에 있다고 볼 수 있다. 다만 근거 자체가 받아들일 수 있는 것인지에 관해서는 살펴볼 필요가 있다.

주장 사형제를 폐지해야 한다.

근거 인간의 생명은 침해할 수 없는 인간 고유의 권리이다.

즉, 근거의 진위 혹은 수용 여부가 쟁점이 될 수 있는 것이다. 이와 같은 경우에는 앞서서 말한 바와 같이 '근거'를 또 다른 '주장'으로 보고 근거를 뒷받침하는 또 다른 근거를 제시하는 것이 바람직하다. 이때 '근거의 근거' 역시 근거를 긴밀하게 뒷받침하는 내용이어야 한다.

근거와 논거

근거가 주장을 뒷받침하기 위해서는 주장과 근거가 긴밀하여야 하고, 주장과 근거의 인과관계가 성립되어야 한다. 그러나 이러한 조건들을 모두 충족하더라도 청중은 설득되지 않을 수 있다. 이는 청중이 토론자가 제시한 내용을 그대로 받아들이기보다, 주장과 근거가 논리적으로 연결되는지 스스로 검증하기 때문이다. 특히, 청중은 근거를 들으면서 근거가 타당한지 생각한다. 바로 이 때문에 논거를 고려해야 한다.

논거는 근거를 듣고 청중이 떠올리는 생각이다. 따라서 논거를 고려한 근거를 제시한다는 것은 청중의 생각까지 고려하는 것을 의미한다. 예를 들어 근거에 대한 청중의 생각이, 근거를 제시한 사람의 생각과 상당히 일치할 수 있다. 이때 청중은 근거를 받아들일 가능성이 높아진다. 반면, 생각이 일치하지 않는다면 청중은 근거를 받아들이지 않을 것이다. 다음 예시를 통해 확인해 보자.

주장 유진이가 경민이를 좋아한다.

근거 유진이가 경민이에게 고백했다.

'고백'이라는 행동을 근거로 들어 '좋아한다.'는 감정에 관한 사실을 주장하고 있다. 일반적으로 사람들은 고백은 좋아하는 사람에게 하는 것이라고 생각한다. 따라서 이 주장은 논거를 충분히 갖추어 주장을 한 것으로 파악할 수 있다.

주장 유진이가 경민이를 좋아한다.

근거 유진이가 경민이에게 고백했다.

논거 고백은 좋아하는 사람을 상대로 하는 행위이다.

이러한 논거는 굉장히 일반적인 것이므로 논거를 따로 제시할 필요없이 근거만으로 주장을 충분히 할 수 있다. 다른 사례를 들어 살펴보자.

주장 준희는 상민이를 싫어한다.

근거 준희는 현성이와 친하다.

청중은 위 사례의 주장을 받아들이기 어려울 것이다. 준희가 현성이와 친하다는 것을 듣고 청중이 '아! 그래서 상민이를 싫어하는구나.' 하는 생각을 떠올릴 수는 없기 때문이다.

주장 준희는 상민이를 싫어한다.

근거 준희는 현성이와 친하다.

논거 현성이와 상민이는 사이가 너무 안 좋아서 친구들끼리도 서로 사이가 좋지 않다.

따라서 위와 같이 왜 그러한 근거를 제시했는지 논거를 명시하여야 청중이 받아들일 수 있게 된다.

다른 사례를 하나 더 들어보면 다음과 같다.

주장 원자력발전소는 환경을 파괴한다.

근거 원자력발전을 하면 방사능을 내뿜는 핵폐기물이 나온다.

논거 방사능은 주변 생명체의 돌연변이, 사망을 일으켜서 환경을 파괴하는 유해한 물질이다.

'방사능'의 개념을 잘 알고 있는 사람이라면, 굳이 논거를 제시하지 않더라도 자연스럽게 방사능으로 인해 환경이 파괴되는 점에 동의할 수 있다. 그러나 방사능이라는 말은 들어봤지만 이것이 무엇인지 모르는 일반 청중의 입장에서는 '핵폐기물이 정말 환경을 파괴하는가?' 하는 의문을 가질 수 있다. 이러한 경우에는 청중의 수준에 맞게 논거를 설명함으로써, 청중이 근거를 수용하여 주장을 받아들이는 데 이르도록 할 수 있다.

이상 살펴본 주장과 근거, 그리고 논거를 이해하는 것은 자신의 입장을 논리적으로 구성하고 상대방의 주장을 효과적으로 반박하는 데 유용하다. 특히 상대방의 근거와 논거가 무엇인지를 이해한다면, 그 근거와 논거의 사실 여부를 지적함으로써 상대방의 입장을 논파할 수 있을 것이다.

2장 논제와 쟁점

 토론은 특정한 논제에 관한 말하기이다. 따라서 논제를 이해하는 것은 토론을 성공적으로 수행하는 데 대단히 중요하다. 아무리 훌륭한 명사수라 하더라도 표적이 어디 있는지를 알아야 사격을 할 수 있는 것처럼, 뛰어난 토론자라 하더라도 논제를 착각하거나 오해를 하면 제대로 토론을 수행할 수 없다.
 논제는 토론에서 논하고자 하는 내용이다. 토론에서는 논제를 수용할 것인가 말 것인가를 논하게 되므로, 토론자는 논제를 긍정하거나 부정하는 입장을 지지하게 된다.
 긍정 측은 논제를 수용해야 한다는 입장이고, 부정 측은 논제를 수용해서는 안 된다는 입장이다. 토론자들은 논제에 관하여 긍정 측 또는 부정 측 입장을 선택하여 그 입장을 청중과 상대방이 수용할 수 있도록 토론을 수행해야 한다.

논제 《최저임금을 지역별로 다르게 적용해야 한다.》

| 긍정 | 최저임금을 지역별로 다르게 적용해야 한다.

| 부정 | 최저임금을 지역별로 다르게 적용해서는 안 된다.

    논제를 올바르게 이해하려면, 우선 논제의 유형을 이해할 필요가 있다. 논제의 유형마다 논제가 갖는 특성이 다르고, 그에 따라 토론이 다르게 전개되기 때문이다.

    토론의 논제는 논제의 주된 내용에 따라 사실논제, 가치논제, 정책논제로 나누어 볼 수 있다. 이와 같이 논제를 구분하는 이유는 논제에 따라 토론에서 주로 다투게 되는 지점, 즉 쟁점이 달라지기 때문이다.

    쟁점은 논제를 수용할 것인지 여부를 결정하는 데 있어서 토론 상에 충돌이 일어나는 지점을 말한다. 예를 들어 '통일이 되면 국방비가 증가한다.'와 같은 사실논제에서는 어떤 것이 사실인지를 주로 논하게 되지만, 《통일세를 징수해야 한다.》와 같은 정책논제에서는 이러한 문제를 왜 해결해야 하는지를 논하게 된다. 이처럼 논제의 유형과 쟁점을 분석하면 보다 효과적으로 토론을 준비할 수 있다. 다음 사례를 통해 논제에 따라 어떠한 쟁점으로 대립하고 있는지를 살펴보자.

단계	논제의 유형	유형에 따른 쟁점의 파악	구체적인 쟁점의 도출
예시	정책논제	비용효과	· 정책을 도입하는 데 드는 비용은? · 정책에 따른 효과는?

긍정 통일세를 징수하여야 합니다. 통일비용은 X원으로 추산됩니다. 통일이 된 경우에는 이만한 돈을 조달할 방법이 없습니다. 미래에 발생할 통일에 대비하기 위해 Y원 정도를 세금의 형태로 미리 준비하는 것은, 마치 보험과 같이 미래에 나타날 큰 문제를 해결하는 수단으로 우리의 미래를 준비하는 것입니다.

부정 통일세를 징수하는 것을 반대합니다. 통일비용은 X원으로 추산됩니다. 이 돈을 세금으로 징수하는 것은 국민들의 소득을 Z원 감소시키는 것입니다. 그렇다고 당장 징수한 세금으로 무엇을 할 수 있는 것도 아닙니다. 결국 통일세를 징수하는 것은 어려운 경기상황에서 가계경제를 위축시키는 결과를 초래할 것입니다.

위의 논제는 정책논제이다. 이하 정책논제의 쟁점에서 따로 살펴보겠지만, 정책논제에서는 정책을 도입할 경우 발생하는 비용과 정책으로 달성되는 효과가 주된 쟁점이 된다. 따라서 토론자는 토론을 준비하면서 정책의 비용과 효과에 관한 자료 조사, 연구를 토대로 이에 관한 자신의 주장을 만들게 된다. 긍정 측은 '통일비용을 조달하기 위해서 통일세가 효과적이다.'라는 식으로 주장하여 정책의 편익·효과를 높게 평가할 수 있고, 부정 측은 '통일세를 징수하면 가계경제가 위축되는 등 치러야 할 사회적 비용이 크다.'는 식으로 정책의 비용 측면에 주목할 수 있다. 이와 같이 논제에 따라 토론의 쟁점이 달라지고, 토론자들은 쟁점에 따라 토론을 준비하여 수행할 수 있다.

사실논제

사실논제의 의의

  사실논제는 사실 여부를 다루는 논제이다. 사실논제를 두고 벌어지는 토론을 사실토론이라고 한다. 긍정 측은 '사실논제가 맞다.', 부정 측은 '사실논제가 아니다.'와 같은 형태로 입장을 밝히게 된다.

  사실은 실제로 벌어진 어떠한 사건이나 행위를 의미한다. 그렇기 때문에 사실 여부를 토론할 수 있는지 의문이 생길 수 있다. 그러나 사실토론에서의 사실은 일반적인 사실, 소위 '팩트'와 다음과 같은 점에서 다르다.

  첫째, 사실토론은 그 사실이 확정되지 않은 미래에 대해서도 다룰 수 있다. 이는 사실토론이 어느 것이 절대적인 사실인지를 규명하는 것이 아니라, 어느 것이 실제로 벌어졌고 벌어질 것인지를 추정하면서 어느 것이 사실에 근접했는지를 논하는 토론이기 때문이다.

과거 우주는 빅뱅으로 탄생했다.

현재 우주는 팽창하는 중이다.

미래 앞으로 우주는 다시 한 점으로 회귀할 것이다.

위와 같이 사실토론은 미래에 관한 사실이라 하더라도 토론이 가능하다. 즉, 사실토론은 절대자의 입장에서 확고한 사실을 찾아가는 토론이 아니라 어느 것이 상대적으로 청중에게 받아들여질 사실인지를 논하는 토론이다.

둘째, 사실토론은 사실 여부를 규명하는 것이 아니라 판단하는 토론이다. 즉, 어느 것이 사실인지를 토론할 때는 주관적인 판단이 개입되는 것이다.

철호는 강제로 영미의 돈을 빼앗았다.

'강제로 빼앗았다.'는 것은 주관적인 판단에서 기술된 것이라고 할 수 있다. 실제로는 철호가 강제가 아니라 급하게 무언가를 들고 가는 모습이 강제라고 보였을 수도 있고, 돈을 빼앗은 게 아니라 영미가 갚지 않은 돈을 철호가 회수한 것일 수도 있다.

이러한 문제는 우리가 사용하는 언어에 주관성이 포함되어 있기 때문에 일어난다. 그에 따라 사실토론에서는 무엇이 순수한 사실인가가 아니라 어떤 것을 사실로 받아들일 것인지에 관해 논하게 되는 것이다.

그러나 사실토론이 주관적인 판단만을 논하는 것은 아니다. 오히려 주관적인 판단에 도달하기 위한 기초 사실들은 객관적인 입증절차를 거쳐야 한다.

판단을 포함한 사실 K-POP은 전 세계적으로 인기가 있다.

입증 방탄소년단의 북미투어는 20만 명 규모 공연이 전부 매진되었다. K-POP의 수출액은 2017년 490,135,000달러로 약 10년 전인 16,468,000달러의 약 30배로 성장하였다.

'인기가 있다.'는 말은 주관적 판단이 개입될 여지가 있다. 그렇지만 주관적 판단 중 어느 것이 타당한지를 논하기 위해서는 공연, 수출액 등 기초 사실들이 필요하다.

다음은 사실논제의 다양한 예시들이다. 이하 예시에서 ○○사실은 ○○에 관한 사실을 의미한다.

◇ 과거 사실에 대한 판단

역사사실   조선시대에는 일본과의 민간교류가 활발했다.

법적사실   A가 B를 폭행한 것은 정당방위이다.

과학사실   한반도에 공룡이 서식했다.

◇ 현재 사실에 대한 판단

정책사실   체육교과 축소 이후 학생들의 평균 체력이 저하되었다.

연구사실   유아기 조기교육은 언어 학습에 도움이 되지 않는다.

◇ 미래 사실에 대한 예측

사회사실   K-POP은 남미에서 유행할 것이다.

사실토론의 쟁점

사실토론의 쟁점은 ① 개념 정의, ② 사실 확인, ③ 사실 해석으로 나누어 볼 수 있다.

① 개념 정의

개념 정의는 모든 논제에서 다루어지는 쟁점으로, 논제에 서술되어 있는 개념이 무엇인지를 밝히는 것이다. 만일 개념에 관하여 정의가 제대로 이루어지지 않으면, 토론자들은 같은 논제로 서로 다른 토론을 수행하게 될 수도 있다. 따라서 올바르게 토론을 수행하기 위해서는 개념 정의가 반드시 필요하다.

논제 《A는 B에게 뇌물을 제공하였다.》

주요개념   뇌물, 제공

예를 들어 위 사례의 개념들을 엄밀하게 정의하지 않고 토론을 수행한다고 가정하자. 한쪽은 뇌물을 'A가 B에게 경제적 혜택을 주는 것'으로 해석할 수도 있다. 이때는 A가 B에게 돈을 주기만 해도 뇌물이 된다. 또 다른 한쪽은 'A가 B에게 부당한 업무를 수행하게 만들기 위해서 경제적 대가를 지급한 것'을 뇌물로 볼 수도 있다. 이때는 B가 돈을 받았다고 해서 그것만으로 뇌물이라 볼 수는 없다. '제공'도 문제가 된다. 직접 제공하는 것인지 아니면 입장료를 할인해주는 것과 같이 간접적으로 혜택을 주는 것도 제공인지에 관해 생각이 다를 수 있다.

이 때문에 토론자들은 서로의 입장에 유리하게 개념을 정의하고자 하고, 각자의 해석이 타당한 것이라고 주장하게 된다.

논제 《A는 B에게 뇌물을 제공하였다.》

긍정 뇌물은 아무런 이유 없이 경제적 대가를 주는 것을 의미합니다. 이때 제공은 직간접적으로 A가 B에게 경제적 대가를 주려는 의도로 한 행동을 의미합니다. A는 B와 친척도 아닌데 100만 원 상당의 복권을 주었습니다. 그리고 이 중 일부가 당첨되었습니다. 따라서 A는 B에게 뇌물을 제공했습니다.

부정 뇌물은 부당하게 직무를 수행하도록 만들기 위해 경제적 대가를 주는 것을 의미합니다. 이때 제공은 직접적인 경제적 대가를 준 것을 의미합니다. A는 B와 무관합니다. A가 돈을 준다고 해도 B가 일을 다르게 할 이유가 없습니다. 그리고 B는 복권을 받았습니다. 복권에서 얼마가 나올지는 알 수가 없습니다. 0원이 나올 수도 있죠. 직접적 경제적 대가를 지급했다고 보기 힘듭니다. 따라서 A가 B에게 뇌물을 제공했다고 볼 수 없습니다.

개념 정의에서 유의할 점은, 자신이 입증하기 쉬운 정의를 고집해서는 안 된다는 것이다. 토론의 목적은 입증이 아니라 청중을 설득하는 것이기 때문이다. 개념을 편협하게 정의하면 청중에게 좋은 평가를 받기 힘들다. 예를 들어 뇌물의 개념을 '돈을 주고 받은 것'이라고 정의하면, 청중은 '거래를 하다가 돈을 받을 수도 있을 텐데 단순히 돈만 주면 뇌물이라는 건 좀 이상해.'라고 생각하게 된다. 따라서 개념 정의에 관하여 쟁점을 논할 때는 청중의 생각에 부합하는 선에 따르는 것이 일반적이다.

이때 청중의 생각에 부합하기 위해서는, 첫째, 단어가 일반적으로 사용되는 의미에 부합한지를 보아야 한다. 특히 여러 의미를 가진 단어의 경우에는 잘 쓰이지 않는 의미를 활용해서 논제를 정의하려고 해서는 안 된다. 예를 들어 '협의체를 구축해야 합니다.' 라는 문장에서 '구축'은 일반적으로 '시설물을 쌓아 올리다'는 의미인 구축(構築)으로 쓰인다. 그런데 구축이 '쫓아내다'라는 의미의 구축(驅逐)이라고 정의하면 청중들은 의아하게 생각할 것이다.

둘째, 논제의 맥락을 고려해야 한다. 논제와 관계없이 단어를 해석하면 청중들은 토론자가 논제를 제대로 이해하지 못하고 있다고 생각하기 쉽다. 예를 들어 'K-POP은 남미에서 유행할 것이다.'를 주장하는 상황을 가정해보자. 이때 K-POP을 '한국 대중에 의해 불린 가요'라고 정의해서 아리랑과 한오백년 같은 민속음악을 K-POP에 포함한다면, 청중은 의아하게 느끼게 된다. 왜냐하면 일반적으로 전 세계적으로 확산된 K-POP은 민속음악이 아닌 아이돌 중심의 댄스 음악이기 때문이다. 그렇기 때문에 일반적 의미와 맥락을 고려하여 합당하게 개념을 정의함으로써 청중이 정의에 거부감을 갖지 않도록 하여야 한다.

② 사실 확인

사실 확인은 사실논제에 관한 토론자의 입장을 지지하는 객관적 사실을 규명하는 것을 의미한다. 예를 들어 '독재정권을 통해 한국경제는 성장하였다.'를 입증한다고 생각해보자. 그리고 경제성장에 대해 총생산의 증가를 의미한다고 정의한다면, 이러한 총생산의 증가를 규명해야 한다.

논제 《독재정권을 통해 한국경제는 성장하였다.》

개념 정의 경제성장은 총생산의 증가를 의미한다.

사실 확인 국내총생산이 증가하였다.

사실을 확인할 때 가장 중요한 것은 증거이다. 증거는 사실을 뒷받침하는 것을 의미한다. 오리너구리라는 동물의 존재를 유럽에 소개했을 때 사람들은 거짓말이라고 믿었지만, 실제 동물을 가져가자 오리너구리가 실재하는 동물인 것을 인정하게 되었다. 이와 같이 사실은 증거를 통해 비로소 사실로서의 위상을 갖게 된다. 다음 사례를 살펴보자.

논제 《철호는 미진에게 돈을 빼앗았다.》

부정 철호는 미진에게 빌려준 돈을 받았을 뿐이다.

긍정 증거가 있는가?

부정 미진이가 철호에게 쓴 차용증을 증거로 제시한다.

위와 같이 철호가 미진에게 빌려준 돈을 받았다는 사실을 입증하기 위해 차용증을 제시하였다. 물론 실제 토론에서 차용증과 같은 물적 증거를 하나하나 직접 제시하는 것은 힘들다. 또한 아카데미식 토론에서는 공정한 토론을 위해 시청각 자료를 활용하는 것을 금지한다. 그렇기 때문에 토론에서는 물적 증거를 직접 제시하기보다, 물적 증거들을 기반으로 만들어진 문헌 정보를 적극 활용하게 된다.

논제《수시 중심의 대입제도는 교육 불평등을 증가시켰다.》

> 긍정 〉 정시 중심이던 ○○년, 신입생 부모의 평균소득은 N원이었다. 수시 중심인 현재, 신입생 부모의 평균소득은 M원으로 크게 증가했다. 이는 수시가 확대될수록, 고소득층의 자녀가 대학을 가기 유리하다는 점을 보여주고 있다.

위 사례에서는 신입생 부모의 월급통장이 아닌, 평균소득이라는 통계 수치를 활용하여 제시한 것을 알 수 있다.

③ 사실 해석

사실에 관하여 해석, 평가가 다른 것은 앞서서 밝힌 바와 같이 사실을 기술하는 데 쓰이는 단어에 주관이 개입될 여지가 있기 때문이다. 같은 사실이라 하더라도 해석의 여지가 있고, 그에 따라 사실논제에 관한 판단이 달라질 수 있다.

논제《독재정권을 통해 한국경제는 성장하였다.》

> [긍정] ○○년 OECD 보고서에 따르면 한국은 독재정권 시기 국가총생산이 X% 증가했다. 1인당 국민소득도 Y% 늘었다. 더 많이 생산하고 더 많이 쓸 수 있게 되었다. 따라서 한국경제는 성장했다고 볼 수 있다.

> [부정] 그게 독재정권이 집권했기 때문인가?

논제는 '독재정권을 통해 한국경제는 성장하였다.'이고, 독재정권을 지나 한국경제가 성장한 것은 분명한 사실이다. 그러나 이에 대한 평가는 달라질 수 있다. 독재정권을 통해서 오히려 시장경제의 잠재력이 약화되었다고 볼 수도 있고, 심지어 독재정권 시기의 경제성장은 세계경제성장과 더불어 미국의 원조에 의한 것이므로, 독재정권이 공헌한 바는 없다고 해석할 수도 있다. 물론 그 반대로 독재정권을 통해 자본집중, 혁신이 이루어졌다고 반박할 수도 있다. 중요한 것은 사실논제를 입증하기 위해서는 사실논제의 개념 정의, 그 사실논제를 지지하는 하위 사실의 확인만으로는 충분하지 않고, 주관적인 판단이나 책임의 정도를 파악하는 과정을 거쳐야 한다는 것이다. 다른 사례를 하나 더 살펴보자.

논제 《A는 B의 자살을 방조했다.》

개념 정의	'자살'은 스스로 자신의 의지에 따라 목숨을 끊는 것을 말한다. '방조'는 B가 자살을 시도할 것과, 그 시도를 저지하지 않으면 죽음에 이를 것이라는 점을 모두 알고 있음에도 불구하고 어떠한 조치를 취하지 않아 자살이 이루어지도록 두는 것이다.
사실 확인	B는 뛰어내렸다. B에 대한 협박이나 강박과 같은 행위는 없었다. A는 이를 모두 알고 있었다.
사실 해석	B의 의지가 너무 완고했고, A는 B가 죽을 수도 있다고 생각했지만 죽을 것이라는 확신은 없었다. A가 B의 죽음을 방조했다고 보는 것은 다소 지나치다.
최종 입장	A는 B의 자살을 방조하지 않았다.

 A는 B가 자살하는 것을 알고는 있었지만 그것을 과연 방조라고 보아야 하는지는 의문이 들 수 있다. 그리고 B가 자살하려는 의지가 얼마나 확고했는지도 판단하기도 쉽지 않다. B가 A에게 '나 죽을 거야.'라고 말하고 자살한 것과, B가 '힘들다.'라고 말하면서 높이가 3m정도로 애매한 높이에서 뛰어내려 사망한 것에 관하여 같은 책임을 물을 수는 없는 것이다.
 이와 같이 어떠한 사실이 확인된 경우라 하더라도 그 사실을 해석하는 지점에 관하여 토론이 이루어질 수 있다.

가치논제

가치논제의 의의

가치논제는 어떠한 가치를 중시할 것인지 여부를 논하는 논제이다. 긍정 측은 '논제와 같은 가치 판단이 옳다.', 부정 측은 '논제와 같은 가치 판단은 그르다.'와 같이 주장하게 된다. 가치논제로 이루어지는 토론을 가치토론이라 한다.

가치(value)란 '사람들이 어느 것을 우선시하는지에 관한 생각'을 의미한다. 가치는 여러 가지 것을 모두 얻을 수 없을 경우 선택의 기준이 된다. 우리가 길거리 돌멩이와 금괴 중 아무 것이나 고를 수 있을 때 금괴를 고르는 것은 금괴가 더 높은 가치(값)를 갖고 있다고 생각하기 때문이다. 또한 우리가 사람을 존중하고 함부로 대하면 안 된다고 생각하는 것은 사람을 존중하는 것이 함부로 대하는 것보다 가치 있는 일이라고 생각하기 때문이다. 이와 같이 사람들은 더 높은 가치를 갖는 일을 하고, 상대적으로 낮은 가치를 갖는 일은 하지 않게 된다. 이처럼 가치는 선택의 길잡이로 기능한다.

가치토론이 사회에서 특히 중요한 것은 어떠한 가치를 추구하느냐에 따라 사회에 큰 변화를 초래하기 때문이다. 예를 들어 인권을 크게 중시한다면 '사형제', '태형(笞刑)'과 같은 제도는 선택하지 않게 될 것이다. 또한 '자유'를 크게 중시한다면 '총기 사용 자유화'가 선택될 수도 있다. 가치는 그 자체로서 정책은 아니지만, 어떠한 정책이나 행동을 초래하는 근원인 것이다. 따라서 사회적으로 어떠한 가치를 추구할 것인지 논하는 것은 중요하다. 그런데 사람마다 가치관이 다르기 때문에, 가치토론을 통해서 '어느 가치를 추구할 것인가?'에 관하여 사회적 합의를 도출할 필요가 있다. 사례를 통해 살펴보자.

성장이 분배보다 중요하다.

물론 성장과 분배를 모두 선택할 수 있는데 하나만 추구하는 사람은 없을 것이다. 그렇지만 세계경제의 침체, 한정된 자원과 같은 현실의 제약으로 인해서 어느 것 하나는 상대적으로 선택되고, 다른 하나는 소홀하게 될 수밖에 없다. 그에 따라서 현재 상황을 고려했을 때, 성장을 상대적으로 중시하는 사람도 있고, 분배를 더 중시하는 사람도 있을 것이다. 이와 같이 추구하는 가치가 달라지는 것은 사람마다 생각과 경험, 그리고 현실을 바라보는 관점이 다르기 때문이다.

따라서 이들이 토론을 통해 합의에 이르기 위해서는 단순히 가치에 관한 개인의 취향을 논하는 데 그치면 안 되고, 왜 우리 사회에서 그러한 가치가 필요한가를 함께 고민하는 토론이 이루어져야 한다. 즉, 가치토론은 '나는 A가 더 좋아!'와 같이 개인적인 가치의 선호를 비교하는 것이 아니라, '지금은 A가 더 중요해!'와 같이 현실에서 어떠한 가치를 추구하는 것이 바람직한지를 다룬다.

가치토론에서 유의해야 할 점은, 가치토론은 하나의 가치만 다루지 않는다는 것이다. 표면상 논제가 하나의 가치만 제시하고 있다고 하더라도 숨어있는 또 다른 가치가 존재한다. 즉, 가치토론은 둘 이상의 가치를 비교하는 토론이라고 할 수 있다. 예를 들어서 '교육은 평등하게 이루어져야 한다.'는 논제가 있다면, 단순히 평등을 선택할 것인지 말 것인지가 아니라, 평등을 선택하고 수월성·효율성을 포기할 것인지 아니면 평등을 포기하고 수월성·효율성을 선택할 것인지 논의되어야 한다는 것이다. 이와 같이 가치토론에서는 명시되지 않은 다른 가치를 반드시 고려해야 한다.

다음은 가치논제의 사례들이다. 빨간 글씨는 대립하는 가치들이다.

◇ 특정 가치에 대한 강조

고등학생의 용모에 대한 규제는 바람직하다. … **규율 vs 자율**

중증환자의 안락사는 윤리적이다. … **자유의지 vs 생명**

인간의 생명은 누구에 의해서도 침탈될 수 없다. … **인권 vs 치안**

◇ 가치 간의 비교우위 설정

언론의 자유는 사생활 보호보다 중요하다. … **알 권리 vs 사생활**

경제발전보다 환경보호가 중요하다. … **발전 vs 환경**

교육에 있어 형평성보다 수월성이 중요하다. … **형평성 vs 수월성**

복지서비스는 선별적이 아니라 보편적으로 제공되어야 한다.
… **선별주의 vs 보편주의**

위의 사례에서 살펴볼 수 있듯, 가치논제는 명시적으로 가치 간의 비교가 이루어진 논제가 있고, 하나의 가치만 드러내는 논제도 있다. 그러나 하나의 가치만 드러내었다고 하더라도, 언급되지 않은 다른 가치가 있음을 확인할 수 있다. 예를 들어서 '중증환자의 안락사는 윤리적이다.'라는 가치논제의 경우에는 단순히 안락사가 윤리적인 수단인지를 묻고 있지만, 결국에는 자신의 삶의 질을 고려하여 생명을 끊는 권한을 인간에게 부여할 것인지 아니면 생명은 끊을 수 없는 것인지에 관하여 가치 판단이 대립하고 있다.

가치토론의 쟁점

가치토론의 쟁점은 ① 개념 정의, ② 현실에 대한 판단, ③ 가치 선택 시 나타날 결과이다.

① 개념 정의

개념 정의는 사실논제와 마찬가지로 가치논제를 다룰 때에도 중요하다. 다만 가치논제에는 사실논제에 비해서 조금 더 다채로운 정의가 나타날 수 있다. 사실논제도 주관적인 판단이 개입될 수 있지만, 가치논제는 그 정도가 매우 크기 때문이다. 특히 사실논제에 주어진 용어들이 구체적인 개념어들이라면 가치논제에 언급될 가치 관련 용어들은 추상적이므로, 다양하게 정의되곤 하는 것이다. 예를 들어 '자유가 평등보다 중요하다.'는 논제가 있다면 '자유'가 경제적 자유인지, 정치적 자유인지 등에 관해 다양한 정의가 가능할 것이다.

논제 《경제발전보다 환경을 지키는 것이 중요하다.》

개념 정의1	인간은 경제발전을 포기하고, 주어진 환경을 그대로 보존하는 데 모든 노력을 다해야 한다.
개념 정의2	인간은 환경을 보호하면서 지속 가능한 발전을 해야 한다.

위 사례에서 토론자는 환경을 현상유지 하는 게 목표인지, 아니면 경제를 발전할 수 있을 정도로 환경 상태를 관리하는 게 목표인지, 아니면 원시상태의 환경을 만들어 산업발전 이전으로 회귀하는 게 목표인지 다양하게 정의를 설정할 수 있다. 물론 청중을 설득하려면 극단적인 정의를 할 수는 없을 것이다. 그러나 가치토론에서의 개념 정의는 사실토론에 비해 상대적으로 치열하게 이루어진다.

② 현실에 대한 판단

'피자가 좋아, 치킨이 좋아?' 라는 질문에 대해서 언제나 같은 답을 요구할 수는 없다. 점심에 치킨을 먹었으면 피자가 더 좋을 수도 있고, 내일 피자를 먹을 거라면 치킨이 더 좋을 수 있다. 이와 같이 가치를 판단하는 데 있어서 현실적인 제약, 상황 등이 고려되어야 한다.

예를 들어 '경제발전이 환경을 지키는 것보다 중요하다.'는 말을 이미 경제가 충분히 발전한 선진국에 제시한다면 부정 측 입장이 힘을 받을 것이다. 반면 경제발전이 되지 않아 삶의 질이 높지 않은 개발도상국의 경우에는 긍정 측 입장이 힘을 받게 된다. 이와 같이 가치 선택을 해야 하는 현실을 어떻게 바라볼 것인지가 가치토론의 쟁점이 된다.

논제 《경제발전보다 환경을 지키는 것이 중요하다.》

개념 정의   환경을 지키는 것은 지속 가능한 발전을 위해 현재 상태의 환경을 보호하는 것을 말한다.

현실 판단1   현재 환경파괴가 지속되고 있다. 동식물 X종이 멸종했다.

현실 판단2   현재 환경파괴는 그리 심각하지 않다. 우리나라의 녹지율은 Y%다.

위 사례에서 환경을 얼마나 중시할 것인지 판단하기 위해 현재 환경을 평가하고 있다. 환경이 심각하게 훼손되면 환경이, 환경이 생각보다 건강하다면 상대적으로 경제가 우선시 될 수 있다.

③ 가치 선택 시 나타날 결과

현실에 가치를 적용하였을 때 나타날 결과도 쟁점이 된다. 가치를 긍정할 경우 더 좋은 결과가 나타날 것이라고 해야 긍정 측 입장이 받아들여질 것이고, 반대로 안 좋은 결과가 예상된다면 부정 측 입장이 받아들여지게 된다. 여기서 주의할 점은 가치를 선택할 경우 나타날 결과를 분석할 때, 즉각적인 현실(단기적 분석)과 더불어 미래(장기적 분석)도 고려해야 한다는 것이다.

논제《경제발전보다 환경을 지키는 것이 중요하다.》

개념 정의	환경을 지키는 것은 지속 가능한 발전을 위해 현재 상태의 환경을 보호하는 것을 말한다.
현실 판단	현재 환경파괴가 지속되고 있다. 동식물 X종이 멸종했다.
가치 선택 시 결과	환경을 보호한다면, 동식물의 멸종을 막을 수 있고, 쾌적한 삶을 누릴 기반이 마련될 것이다.

이때 가치 선택 시 결과는 다음과 같이 나누어 볼 수 있다.

가치 선택에 따른 유형	예시
가치를 선택했을 때 긍정적인 점	환경을 보호하면, 삶의 질이 향상된다.
가치를 선택했을 때 부정적인 점	환경을 보호하면, 경제발전이 둔화된다.
가치를 선택하지 않았을 때 긍정적인 점	환경을 보호하지 않으면 자유로운 경제활동이 가능해진다.
가치를 선택하지 않았을 때 부정적인 점	환경을 보호하지 않으면 동식물의 멸종이 가속화된다.

　실제로는 가치를 선택했을 때 드러나는 긍정적인 점은 가치를 선택하지 않았을 때 부정적인 점과 연결되고, 가치를 선택했을 때 드러나는 부정적인 점은 가치를 선택하였을 때 드러나는 긍정적인 점과 연결된다. 이와 같이 가치를 선택하고 현실에 적용하였을 때 예상되는 결과를 어떻게 바라볼 것인지가 중요한 쟁점이 된다.

　오른쪽 사례는 가치토론을 가정하고 쟁점들을 정리한 것이다. 이를 통해 가치토론에서 어떠한 내용을 논할 수 있을지 살펴보자.

논제 《성장보다 분배가 중요하다.》

개념 정의		성장은 경제총생산의 성장이고, 분배는 지니계수로 대표되는 소득 분배의 정도를 의미한다.
현실 판단	긍정	경제총생산은 2만 9천불로 세계 10위권이고, 지니계수는 0.4로 전년보다 악화되었다.
	부정	경제총생산은 답보상태에 있고, 지니계수는 전 세계적인 수준과 비교할 때 크게 나쁜 수준이 아니다.
가치 선택 시 결과	긍정	성장을 중시해서 분배를 소홀히 하면 서민들의 삶의 질이 나빠진다. 분배 중심의 정책은 내수를 활성화해서 성장기반을 향상시킬 것이다.
	부정	분배를 중시하면 신흥 경제성장국에게 밀려 경제가 크게 둔화될 것이다. 그러면 분배여력이 사라진다.
최종 입장	긍정	성장보다는 분배를 중시해야 한다.
	부정	성장을 분배보다 중시해야 한다.

정책논제

정책논제의 의의

정책논제는 어떠한 정책을 도입할 것인지에 관해 토론하는 논제이다. 긍정 측은 '논제와 같이 정책이 도입되어야 한다.', 부정 측은 '논제와 같이 정책을 도입해서는 안 된다.'와 같이 주장하게 된다. 정책논제로 이루어지는 토론을 정책토론이라 한다.

정책(policy)은 일반적으로 집단의 의사결정을 통해 추진되는 제도나 규율을 의미한다. 따라서 정부의 결정 외에도, 학교나 기업의 결정도 정책논제가 될 수 있다. 민주주의의 의사결정 수단으로서 토론의 특징을 가장 잘 보여주는 논제라고 할 수 있다. 민주주의 정부에서는 정부가 무언가를 추진하기 위해 다양한 의견을 수렴하고, 이 과정에서 제도를 도입할 것인지 말 것인지 토론이 이루어지기 때문이다.

다만, 정책토론은 무언가를 어떻게 할 것인지 정하는 의사결정을 위한 수단이므로 개인적인 의사결정을 정할 때에도 활용될 수 있다. 사실토론이 '어떤 일이 실재하는가?'와 같은 인식, 가치토론이 '어떤 것이 바람직한가?'와 같은 판단에 초점을 맞춘다면 정책토론은 '그래서 무엇을 할 것인가?'에 관한 결정을 다루는 것이기 때문이다. 예를 들어 '몸이 안 좋다.'는 문제를 해결하기 위해 '운동을 한다.'와 같은 의사결정을 고민하는 경우를 생각해보자. 이때 운동을 통해 문제를 해결할 수 있는지 그리고 운동을 하게 됨에 따라 소요되는 비용과 효과를 따져보고 결정할 수 있을 것이다. 이와 같이 정책토론은 여러 가지 형태의

'결정(decision)'을 분석적으로 하는 데 효과적인 수단으로 활용될 수 있다.

다음은 정책논제의 다양한 예시들이다.

◇ **사회 분야별 정책**

교육 정부는 교육발전을 위해 특목고를 폐지해야 한다.

복지 정부는 출산을 장려하는 정책을 확대해야 한다.

고용 공기업은 장애인 고용 비율을 높여야 한다.

기업 재벌기업은 사회공헌활동을 적극적으로 실행해야 한다.

기술 국가 기술 발전을 위한 특별산업단지를 조성해야 한다.

국방 국방력 증진을 위해, 직업군인 선발 비중을 높여야 한다.

◇ **특정 단체 내/개인 간의 정책**

학교 ○○고등학교의 등교시간을 30분 더 늦춰야 한다.

기업 신사업 개발을 위한 사내 조직 신설이 필요하다.

정책논제를 기술할 때 유의할 점은, 논제를 통해 제시되는 정책이 현재 상황을 변화시키는 것이어야 한다는 것이다. 즉, 긍정 측 입장은 반

드시 현 상태를 변화시키는 내용으로 기술되어야 한다. 이는 정책이 사회를 보다 나은 것으로 변화시키기 위해 제시된다는 특징을 갖기 때문이다. 만일 현 상태를 유지하는 입장이 긍정 측 입장으로 설계된다면, 토론에서 구체적인 정책을 다룰 수 없게 된다. 다음 사례를 통해 살펴보자.

○ 올바른 입장

| 긍정 | 대통령 임기를 4년 중임제로 바꾸어야 한다. |
| 부정 | 대통령 임기를 4년 중임제로 바꾸어서는 안 된다. |

× 잘못된 입장

| 긍정 | 대통령 임기를 지금 그대로 두어야 한다. |
| 부정 | 대통령 임기를 지금 그대로 두어서는 안 된다. |

위 사례에서 확인할 수 있듯, 긍정 측이 현상을 유지하자는 입장인 경우에는 현상 유지를 할 것인지 말 것인지에 관하여만 토론이 이루어지고, 구체적인 정책을 다룰 수 없게 된다.

또한 정책논제는 '정책을 도입해야 한다.'와 같이 당위적이고 분명하게 기술되어야 한다. 이는 찬성과 반대 입장을 명확하게 구분하기 위함이다.

✕ 잘못된 사례

논제《**정부는 특목고를 유지해야 한다.**》

현 상태를 유지하자는 내용으로 논제가 기술되었으므로, 바람직하지 못한 정책논제이다. 이대로 토론이 진행된다면 부정 측은 특목고 제도를 일부 변경해야 한다는 식으로 논할 수 있게 되므로, '특목고'라는 제도 자체보다는 변화의 필요성을 진단하는 쪽으로 토론이 진행될 것이다. (그리고 이러한 경우에는 부정 측이 지나치게 유리해진다. 왜냐하면 '어떠한 문제가 존재하므로 변화해야 한다.'고만 주장하면 되기 때문이다.)

논제《**정부는 특목고를 폐지하는 방안을 고려할 수 있다.**》

애매하게 기술되었으므로, 잘못된 논제이다. 이 논제로 토론을 진행할 경우에는 긍정 측은 '고려할 수 있다.'는 식으로 진행하므로, 부정 측은 '고려하는 데 유의해야 한다.', '고려해서는 안 된다.' 등과 같이 입장이 두루 뭉술해진다.

○ 올바른 사례

논제《**정부는 특목고를 폐지해야 한다.**》

긍정 측은 말 그대로 '특목고를 폐지해야 한다.', 부정 측은 '특목고를 폐지해서는 안 된다.'와 같이 명확하게 대립을 할 수 있게 된다.

정책토론에서는 정책의 도입 여부를 결정해야 하고, 정책은 사회라는 현실 속에서 이루어지는 선택이다 보니 사실과 가치를 동시에 논하게 된다. 이러한 측면에서 정책토론은 사실토론과 가치토론이 종합된 토론이라고도 볼 수 있다.

정책토론의 쟁점

정책토론의 쟁점은 ① 개념 정의, ② 현실변화의 필요성, ③ 정책의 실현가능성, ④ 정책의 문제해결 가능 여부, ⑤ 정책의 비용과 효과다.

개념 정의	논제에서 제시된 단어·개념들은 무엇인가?
현실변화의 필요성	현실을 바꾸어야 하는가?
정책의 실현가능성	그 정책은 실현가능한 것인가?
정책의 문제해결 가능 여부	정책으로 현실의 문제점을 개선할 수 있는가?
정책의 비용과 효과	정책을 실천하는 데 비용이 많이 들지 않는가? 효과는 충분한가?

① 개념 정의

 정책토론에서도 개념 정의가 중요한 쟁점이 된다. 논제에서 주어진 단어의 의미를 밝힘으로써 논제를 통해 도입하고자 하는 정책이 무엇인지를 정의하는 것이다. 특히, 정책토론에서는 정책이 제시되므로, 그 정책의 의미를 명확하게 정의하는 것이 중요하다. 다만 정책은 정부나 집단이 결정한 것이므로, 정책의 단어를 사전적으로만 정의해서는 정확한 의미를 알 수 없다. 사례를 들어 살펴보자.

논제 《근로장려세제(Earned Income Tax Credit)를 도입해야 한다.》

사전적인 정의	근로를 장려하는 세금 제도
정책의 의미에 기반한 정의	근로를 장려하기 위해 노동시간을 많이 투입할수록 보조금을 지급하는 제도

논제 《종합부동산세를 도입해야 한다.》

사전적인 정의	종합하여 부동산에 세금을 매기는 제도
정책의 의미에 기반한 정의	일정 금액 이상의 부동산을 보유한 사람에게 매기는 세금

근로장려세제, 종합부동산세와 같은 정책명은 함축적으로 만들어지기 때문에, 사전적인 분석만으로는 정확한 의미를 알기 어렵다. 따라서 정책의 개념, 정의를 반드시 별도로 확인해야 한다. 다만 이처럼 공식적인 정책은 개념이 이미 정의된 경우가 많아 어떻게 정책과 단어들을 정의할 것인지를 두고 치열하게 대립하는 경우는 드물다. 그렇다 하더라도 정책 개념을 잘못 설정하지 않도록 유의하여야 한다.

그러나 정책임에도 불구하고 명확하게 정의가 되지 않은 경우가 있다. 예를 들어 '교내 주류 판매금지'라는 정책이 있다고 하자. 이러한 정책은 어떤 주류를 어떤 지역에서 판매를 금지하는 것인지 정해져 있지 않다. 이와 같이 논제에서 명확하게 설정되지 않은 정책인 경우에는 이러한 정책을 얼마나 합당하게 정의할 것인지가 여전히 문제된다. 가령 교내 주류 판매금지를 주장하면서 교내를 '강의실'로만 한정해야 한다고 주장하면, 어차피 강의실에서는 술을 팔지 않기 때문에 입증은 쉬워지겠지만 합당한 정의가 아니므로 청중을 설득하기는 어려워진다. 따라서 긍정 측은 논제가 주어진 상황, 그리고 논제에 제시된 단어들의 일반적인 정의에 기초하여 청중이 수용할 수 있는 정의를 제시하여야 한다. 특히 여러 의미를 가지는 단어의 경우에 잘 안 쓰이는 의미를 맥락 없이 주장하거나, 상황과 동떨어진 정의를 해서는 안 된다.

② **변화의 필요성**

정책은 문제를 해결하기 위해 도입하는 것이다. 아무런 문제가 없다면 정책을 도입할 이유가 없다. 그렇기 때문에 정책 도입을 긍정하는 입장에서는 정책이 도입되지 않은 현실에 문제가 존재하고, 그 문제가 심각하며 현재와 미래에 안 좋은 결과를 초래할 것이라는 점을 언급해야 한다. 반면 정책 도입을 부정하는 입장에서는 그러한 문제가 실재하는 것이 아니고, 생각보다 심각하지 않거나 일시적인 현상이며, 현재와 미래에 나쁜 결과를 초래하지 않을 것이라고 주장해야 한다.

예를 들어서 '한미 자유무역협정(FTA)을 체결해야 한다.'는 주장에 관하여 긍정 측은 지금 경제성장이 둔화되고 있다는 문제를 제시하면서 이대로는 우리나라 경제가 힘들어지기 때문에 FTA를 체결해야 한다고 주장할 수 있다. 반면 부정 측은 현재의 경제문제는 일시적인 것이므로 FTA에 필요하지 않다고 주장하게 된다.

아래의 사례를 통해 '변화의 필요성'을 드러내는 방법을 살펴보자.

논제 《비례대표제를 확대해야 한다.》

문제   현재 선거제도는 소선거구 단순다수제 중심인데, 이것으로는 국민의 의사를 제대로 반영할 수 없다. 49% 득표로 낙선할 수 있고, 23% 득표로도 당선될 수도 있기 때문이다. 이로 인해 득표와 의석 수가 비례하지 않는 '비비례성'의 문제가 발생한다. 일례로 A당은 40%의 득표만으로 150석, 절반이 넘는 의석 수를 확보했다. 이는 A당을 지지하는 소수의 국민들이 전 국민을 대표하게 되는, '과다 대표'의 문제를 초래한다. 이 경우 국회는 국민의 뜻을 제대로 반영할 수 없어 국민의 의사에 따른 정치인 민주주의를 제대로 구현할 수 없다.

비례대표제는 정당 지지율을 의석으로 전환하는 제도이다. 이는 현재 소선거구 단순다수제라는 선거제도 하에서는 국민의 지지율과 의석 수가 비례하지 않는 '비비례성(非比例性)' 문제를 해결하기 위한 제도이다. 이와 같이 긍정 측은 정책을 주장할 때 문제점을 제시하면서 정책을 도입해야 하는 변화의 필요성을 제시하게 된다.

③ 정책의 실현가능성

정책이 실현가능한지 여부도 정책토론의 쟁점이 된다. 아무리 좋은 정책이라 하더라도 그 정책이 실현가능한 것이 아니라면 도입될 수 없으므로, 논할 가치가 낮기 때문이다.

논제 《전 국민에게 10억씩 배분한다.》

문제점 국민들의 소득 수준이 낮아 경기가 침체되어 있다.

실현가능성 인구 5,000만 명 기준으로 5경이 필요하다.

10억씩 배분하면 소비도 늘어갈 것이고, 경기도 활성화될 것이라 볼 수도 있다. 하지만 이 정책은 과도한 비용이 들기 때문에 실현가능하다고 볼 수 없다. 위 사례와 같이 많은 비용이 드는 경우가 아니라도 실현하기 힘든 정책은 많다. 가령 '빗물을 쓰는 경우 사용료를 지불해야

한다.'와 같은 사례를 생각해보자. 이 경우 하늘에서 떨어지는 비를 지붕으로 받아쓰는 것마저 규정한다는 점에서 실현가능성이 높은 정책이라고 볼 수 없다. 이는 볼리비아에서 실제로 벌어졌던 일이다. 볼리비아는 경제가 어려워지자 물의 공급권을 다국적 기업인 벡텔에게 팔았는데, 이로 인해 물이 비싸지자 사람들은 지붕으로 빗물을 받아쓰기 시작했다. 그러자 벡텔은 사람들이 빗물을 써서 자신들이 피해를 받았다고 주장하면서 「빗물사용방지법」을 제정하였다가 엄청난 반대를 겪고 무산되었다.

실현가능성은 사회, 경제, 기술, 관습 등 여러 가지 측면에서 판단할 수 있다. 대다수 국민들이 공감하지 않거나, 극심한 비용이 초래되거나, 기술적으로 불가능한 방법이라면 실현가능성이 낮다고 볼 수 있다.

물론 정책토론에 제시된 정책들은 실현가능한 것들이 대부분이다. 불가능한 정책을 제시할 경우 긍정 측이 지나치게 불리해지기 때문이다. 그렇다 하더라도 실현과정에서 발생하는 부작용 등을 언급함으로써 실현 자체는 가능하지만 정책이 실제로 이루어지는 데 어려움이 크다는 식으로 실현가능성을 언급할 수 있다.

④ 정책의 문제해결 가능 여부

논제에 주어진 정책이 실제로 문제를 해결할 수 있는 것인지도 쟁점이 된다. 정책토론에서는 변화의 필요성을 언급하기 위해서 문제를 언급하는 경우가 많다. 그러나 문제가 제시되었다고 해서 정책이 바로 도입되어야 할 당위성이 인정되는 것은 아니다. 정책이 실제로 문제를 해결할 수 있는 것인지를 밝힐 때 비로소 정책이 채택될 수 있다.

논제 《대규모 토목공사를 해야 한다.》

문제점	서민경제가 어렵다. 경제를 활성화해야 한다.
실현가능성	국가 예산상 감당할 수 있다. 환경단체의 반발이 있지만 조율할 수 있다.
문제해결 가능 여부	토목공사를 한다고 경제가 활성화될 것인지 불확실하다.

위 사례와 같이 문제와 정책이 제시된다 하더라도, 실제로 토목공사를 한다고 경제가 살아날 것인지에 관해서는 의문이 들 수 있다. 이 경우 문제해결 가능 여부에 관하여 대립할 여지가 있다.

다만 아직 실현되지 않은 정책이 문제를 실제로 해결할 수 있는지 여부를 확실하게 판단하는 것은 어렵다. 이러한 경우에는 정책을 도입한 다른 나라들의 사례를 제시하거나, 아니면 정책을 도입한 경우를 가정한 연구결과를 활용하는 식으로 쟁점에 대응할 수 있다.

논제 《대규모 토목공사를 해야 한다.》

◇ 문제해결 가능 여부

긍정 　미국은 뉴딜정책이라는 대규모 토목공사를 통해 경제를 일으켰다. 대규모 토목공사를 하면 건설경기가 살아나서 경제가 활성화된다.

부정 　뉴딜은 국가의 대규모 공공사업이었지 토목공사에 한정된 것은 아니었다. 따라서 뉴딜정책이 성공했다고 해서 대규모 토목공사가 정당화될 수는 없다. 대규모 토목공사를 하면 일시적으로는 건설경기가 살아나지만, 토목공사가 끝나면 경제가 다시 둔화될 것이다.

⑤ **정책의 비용과 효과**

　정책을 시행하는 데는 비용이 소요된다. 따라서 정책을 결정하고 집행하는 정부는 예산 제약(budget constraint)에 직면해있다. 직장인이 무엇이든 사고 싶지만 월급의 제약이 있는 것처럼 말이다. 따라서 정책의 비용과 효과를 고려하여 가장 탁월한 정책을 결정해야 한다. 일종의 '가성비(가격 대비 성능 비율)'과 같이, 정책비용 대비 효과를 고려하게 되는 것이다. 이는 예산을 효율적으로 사용하기 위함이다. 긍정 측은 그 정책의 비용과 효과를 고려했을 때 충분히 효율적인 정책이라고 주장하고, 부정 측은 비용이 과다하고 효과가 적어 비효율적이라는 식으로 반박하게 된다. 예를 들어 《신공항을 건립해야 한다.》라

정책논제가 있다면, 공항의 건설비용과 경제적 효과를 비교해야 하는 것이다.

논제 《○○시와 ▽▽시 간 고속철도를 설치해야 한다.》

문제점	▽▽시는 경제적으로 낙후되어 있다.
실현가능성	고속철도 설치는 가능한 대안이다.
문제해결 가능 여부	▽▽시가 ○○시와 고속철도로 연결되면 2시간 이내에 교류를 할 수 있어 관광객이 다수 유치되고, ▽▽시의 경제가 활성화될 수 있다.
비용	◇◇시 고속철도 설치 사례를 고려하였을 때 설치에 약 4조가 필요하고, 연간 관리비용이 100억 정도 필요하다.
효과	▽▽시로 관광 오는 사람이 늘어난다고 해도 연간 50만 명 정도 수준으로 전망되고, 그에 따라 경제 활성화 효과는 5,000억 원에 불과하다.

위 사례와 같이 비용이 효과보다 크다면 그 정책을 도입해야 할 이유가 없을 것이다.

비용과 효과를 분석할 때 주의해야 할 것은, 비용을 단순히 지출한 금액으로 보거나 효과를 얻은 금액으로 산정할 수 없다는 것이다. 예를 들어 대규모 토목공사를 하게 되면 공사비뿐만 아니라 해당 환경이 파괴됨에 따라 초래되는 손실도 있다. 이러한 부분까지 비용으로 포함될 수 있다.

반면 효과를 생각할 때는 토목공사를 통해 갖추어질 시설물뿐만 아니라, 토목공사에 투입된 예산을 임금으로 받은 노동자들의 소득 증대도 고려해야 한다. 뿐만 아니라 소득이 증대되어 노동자들의 소비가 늘어남에 따라 나타나는 경제 전반적인 변화도 고려되어야 한다.

이러한 점들 때문에 비용과 효과를 정확하게 측정하는 것이 현실적으로는 쉽지 않다. 그러나 비슷한 정책의 사례를 제시하거나, 연구를 통한 전망 자료 등을 활용함으로써 비용과 효과를 제시할 수 있다. 예를 들어 통일세의 경우 현재 걷지 않아 비용과 효과를 전망하기 힘들지만, 독일의 사례 그리고 각종 연구논문의 분석결과를 활용할 수 있는 것이다.

물론 정책을 긍정하는 입장은 효과를 상대적으로 높게 평가하고, 정책을 부정하는 입장은 비용을 상대적으로 크게 바라볼 것이다. 따라서 여러 해석된 자료들을 종합하여, 비용과 효과에 관해 어떤 시각이 적절한지 정책토론에서 논의하는 것이 정책토론의 쟁점이 된다.

이상 살펴본 논제별 쟁점들은 논제를 이해하고 토론을 준비하는 데 활용할 수 있다. 다음 사례를 통해 살펴보자.

논제 《최저임금을 1만 원으로 인상해야 한다.》

◇ 긍정

개념 정의	최저임금은 1시간당 노동자가 수령하는 최저의 임금이며, 인상은 2020년까지 하는 것으로 본다.
변화의 필요성	최저임금이 낮아 저소득층이 양산되고, 이러한 불평등이 경제를 침체시키는 원인으로 작용한다.
실현가능성	최저임금위원회를 통해 임금을 결정하기 때문에 실현 가능하다. 최저임금 인상을 지지하는 사람도 충분하다.
문제해결 가능성	최저임금이 인상되면 저소득층의 소득이 증가한다.
비용과 효과 분석	최저임금으로 피해를 입는 집단에 지급하는 일자리 안정자금은 X원이다. 반면 최저임금 인상을 통해 얻는 경제적 이득은 Y원으로 추산되며, Y원이 X원보다 크다. 고로 정책을 도입하는 것이 이득이다.

◇ 부정	
개념 정의	최저임금은 1시간당 노동자가 수령하는 최저의 임금이며, 인상은 2020년까지 하는 것으로 본다.
변화의 필요성	현재의 최저임금은 우리나라 경제수준으로 볼때 적절한 수준이다.
실현가능성	우리나라 자영업자 비율이 높기 때문에 최저임금 인상에 관해 저항이 매우 심할 것이다.
문제해결 가능성	최저임금이 인상되면 무인기계가 도입되어 고용이 감소함에 따라 저소득층의 소득이 오히려 감소할 것이다.
비용과 효과 분석	최저임금으로 피해를 입는 집단에 지급하는 일자리 안정자금은 X원이다. 반면 최저임금 인상을 통해 얻는 경제적 이득은 Z원이다. X원이 Z원보다 크다. 따라서 정책을 도입하는 것이 손해다.

3장

아카데미식 토론

아카데미식 토론 vs 자유토론

토론은 크게 아카데미식 토론과 자유토론으로 나누어진다. 형식을 갖춘 토론을 아카데미식 토론, 형식이 없거나 있다 하더라도 매우 적은 수준이라면 자유토론으로 볼 수 있다. 일반적으로 발언 순서와 시간이 정해진 토론이라면 아카데미식 토론으로 분류할 수 있다.

   토론은 아카데미식 토론으로 연습하는 것이 좋다. 규칙이 없는 자유토론의 경우 토론 초심자들은 어떻게 준비할지 막막한 경우가 많다. 무엇을 말해야 할지, 어떠한 말을 들을 것인지 예상하기 힘들기 때문이다. 반면 아카데미식 토론은 정해진 규칙에 따라 말할 내용을 마련하면 되고, 상대방이 어느 시간 동안 어떠한 말하기를 할 것이라는 점을 알 수 있어 토론을 준비하기 편하다. 청중도 마찬가지이다. 규칙이 정해져 있어서 어느 순서에서 누가 어떠한 목적으로 말할지 알 수 있기 때문이다. 즉, 토론을 하는 사람이나 듣는 사람 모두에게 있어 아카데미식 토론은 매우 유용한 방식이다.

따라서 아래에서는 아카데미식 토론을 위주로 설명한다. 다양한 아카데미식 토론들을 소개하고, 각각 토론 방식의 특징 등을 살펴볼 것이다. 다만 자유토론 역시 우리 실생활에서 자주 목격되는 토론이므로 그 특징을 간략하게 짚고 시작하도록 한다.

자유토론

자유토론은 형식이 없거나 매우 간략한 형태의 토론이다. 아카데미식 토론이 발언 시간까지 엄격히 정해진 것과 달리, 자유토론은 발언 시간이 비교적 자유롭다. 또한 자유토론은 토론자의 발언 자유도가 높다는 점이 특징이다. 이는 토론자가 발언 길이와 순서에 제약 없이 자신이 하고 싶은 말을 할 수 있다는 것을 의미한다. 그에 따라 수준 높은 토론자가 자유토론에 임할 경우 청중에게 깊이 있는 생각을 전달할 수 있다는 장점이 있다. 특히 논제를 이해하기 위해서 많은 배경지식이 필요한 경우에는 자유토론을 통해서 해당 논제가 문제가 된 이유, 해법 등을 충분히 설명하는 것이 효과적일 수 있다.

예를 들어서 '이어도는 우리나라 땅이다.'라는 논제가 있다고 하자. 이때 그냥 '이어도는 우리나라 땅이 아니다.'라고 말하면 대중의 반감을 사기 쉽다. 그러나 실제 '이어도'는 이름과 달리 바다에 잠겨있는 암

초로, 국제법에 따르면 땅이라고 주장할 수 없다. 다만 이어도가 누구의 영해에 속하는지가 문제될 뿐이다. 이러한 복잡한 사정들을 밝히기 위해서는, 토론자에게 충분한 시간을 주고 설명할 수 있도록 해야 하는데, 자유토론은 시간 조절이 가능하다는 점에서 유리한 점이 있다.

그러나 이는 한 토론자의 발언 기회 획득이 상대 토론자 발언 기회의 상실로 이어진다는 점에서 단점이 되기도 한다. 즉, 토론자들이 균형 있게 생각을 전달하기보다, 발언 기회를 독점하려는 토론자에 의해서 토론이 휘둘릴 수 있는 것이다. 위의 사례로 이어서 보자면, 한 토론자가 계속해서 이어도에 관한 이야기를 하면서 토론 시간을 허비할 수도 있는 것이다. 쉽게 말해서 토론이 강의가 되어버릴 수 있다. 그리고 이는 토론하기 위해 나온 상대 토론자, 그리고 양측의 이야기를 듣고자 하는 청중에 대한 큰 실례이다. 실제로 자유토론으로 진행된 TV토론이 끝나고 일부 토론자들의 불통, 자기 할 말만 하는 행태를 성토하는 기사가 나오는 것을 종종 확인할 수 있다. 이러한 점이 자유토론의 약점이라고 할 수 있다.

또한 자유토론은 토론의 유연성이 높다는 점이 특징이다. 아카데미식 토론에서는 주장, 반론, 교차조사를 정해진 시간과 순서에 해야 하지만 자유토론은 그런 제약이 없다.

그러나 유연성이 높다는 것은 동시에 청중이 토론을 이해하기 어렵게 만드는 요소이기도 하다. 서로 주장을 하다가 갑자기 화제가 전환되는 등의 상황이 벌어진다면, 청중은 전체 토론을 균형 있게 바라볼 수 없게 된다.

이와 같은 이유로 인하여 자유토론을 성공적으로 진행하기 위해서는 수준 높은 토론자와 사회자를 필요로 한다. 사회자는 청중을 고려하여 충분히 하나의 쟁점이 논의될 수 있게 배려하고, 복잡한 내용은 정리하여 청중에게 제시하며, 발언이 한쪽에 편중되는 것을 막는, 일종의 조정자 역할을 수행한다.

아카데미식 토론 (CEDA, 칼 포퍼, 의회식, 퍼블릭 포럼 디베이트)

아카데미식 토론은 발언 시간, 순서와 같은 형식이 규칙으로 명확히 정해져 있는 토론이다. 규칙이 명확하므로 공정한 토론을 진행할 수 있다. 자유토론에서는 토론시간이 일부 토론자에 편중되기 쉬우나, 아카데미식 토론은 발언 시간과 순서가 정해져 있어 토론자 양측이 균형 있게 발언할 수 있다. 따라서 토론문화가 발달한 미국, 영국 등에서 교육 목적으로 자주 활용된다. 특히 학생들이 참여하는 토론대회는 아카데미식 토론으로 진행되는 경우가 많다.

또한 아카데미식 토론에서는 해당 발언 순서에 토론자가 수행하여야 할 역할이 정해져있다. 이는 다시 말해, 토론자가 어떤 발언을 할지 준비할 수 있다는 것을 의미한다. 따라서 토론에 처음 임하는 사람이라 하더라도 규칙에 따라 토론을 준비하고 연습할 수 있다.

아카데미식 토론은 그 형식에 따라 여러 가지로 구분되지만, 이 책에서는 그 중에서도 자주 활용되는 세다(CEDA)토론, 칼 포퍼 토론, 의회식 토론, 퍼블릭 포럼 디베이트를 다루도록 한다.

세다토론

세다(CEDA)토론은 교차조사 토론협회(Cross Examination Debate Association)의 토론방식으로, 반대신문식 토론이라고도 불린다. 명칭에서 알 수 있듯이 '교차조사'가 있다는 것이 특징이다. 또한 세다토론은 정책토론의 한 유형이라고 할 수 있을 정도로, 정책논제를 일반적으로 다룬다.

전술한 바와 같이, 세다토론의 가장 큰 특징은 상대방의 발언을 검증하는 시간을 '교차조사'를 통해 마련한 점이다. 교차조사는 상대방의 입론이 타당한지 여부를 검증하는 시간으로, 주어진 내용을 읽는 입론과 달리 다양한 상황이 발생할 수 있어 아카데믹 토론의 경직성을 완화해주고, 토론의 역동성을 살려주는 기능을 수행한다.

다만, 세다토론의 교차조사에서 주의할 점은 교차조사는 질문자에게 주도권이 있다는 것이다. 예를 들어 부정 측 토론자 2가 긍정 측 토론자 1을 대상으로 교차조사 할 경우, 긍정 측 토론자 1이 역으로 질의하거나 부정 측 토론자 2를 무시하고 발언해서는 안 된다. 따라서 교차조사의 주도권을 가진 토론자는 자신에게 주어진 주도권을 활용하여 상대측 토론자의 입론을 철저히 검증해야 한다.

세다토론은 논제에 찬성하는 긍정 측(2명), 반대하는 부정 측(2명)이 각각 입론 2번, 교차조사 2번, 반론 2번을 수행하는 형식으로 이루어진다. 토론자 1명이 입론, 교차조사의 질의, 교차조사의 답변, 반론을 한 번씩 수행하게 되므로 토론의 여러 발언들을 고루 연습하기에 적합하다. 또한 입론 이후 교차조사가 바로 이어지고, 교차조사 이후에는 입론이 이어지게 되어 있어 토론 발언들이 긴밀하게 연결되어 있다. 더불어 긍정 측이 주도하는 발언 이후에는 반드시 부정 측이 주도하는 발언 기회가 나오도록 구성되어 있어 긍정과 부정 측 토론자 간 상호작용이 활발하게 이루어진다.

세다토론의 순서

순서	긍정 측	부정 측
1	토론자 1 입론(6분)	
2		토론자 2 교차조사(3분)
3		토론자 1 입론(6분)
4	토론자 1 교차조사(3분)	
5	토론자 2 입론(6분)	
6		토론자 1 교차조사(3분)
7		토론자 2 입론(6분)
8	토론자 2 교차조사(3분)	
9		토론자 1 반론(4분)
10	토론자 1 반론(4분)	
11		토론자 2 반론(4분)
12	토론자 2 반론(4분)	

※ 작전시간은 상대 발언 순서가 끝난 후 1분씩 총 2회 사용가능

위 표는 세다토론의 순서와 시간을 정리한 것이다. 다만 시간은 대회 사정 혹은 시간적 제약에 따라 일부 조정할 수 있다. 보다 짧은 토론을

위해서는 입론을 3분, 교차조사를 2분, 반론 2분으로 변경하는 것도 가능하다.

세다토론의 특징을 설명하자면 다음과 같다.

첫째, 긍정 측을 배려하는 차원에서 시작과 끝을 긍정 측이 담당하도록 설계되어 있다. 세다토론은 기본적으로 정책토론이 대부분이다. 따라서 긍정 측은 '새로운 정책을 도입한다.'는 입장을, 부정 측은 '새로운 정책을 도입해서는 안 된다.'는 입장을 설득하게 된다. 즉, 긍정 측은 입증의 부담, 부정 측은 반박의 부담을 짊어지고 있다. 그런데 일반적으로 입증의 부담이 반박의 부담보다 크다. 이는 정책토론의 쟁점인 변화의 필요성, 문제해결 가능성, 비용과 효과 등 많은 것을 납득시켜야 하기 때문이다. 반면 부정 측은 앞서 제시한 내용 중 하나만 반박하는 데 성공하면 충분하다. 다소 과장해서 비유하자면, 긍정 측은 문제 5개를 모두 맞춰야 하고, 부정 측은 긍정 측이 하나만 틀리게 하면 되는 셈이다. 이러한 긍정 측의 불리함을 고려하여 청중에게 기억되는 데 유리한 순서인 처음과 끝을 긍정 측에게 할당한 것이다.

둘째, 긍정과 부정 측 모두 동등한 발언 기회를 갖는다. 한 사람이 연속해서 발언하는 경우가 없으며, 입론 다음에는 교차조사가 나오게 되어 있다. 이는 토론 진영과 토론자 간 발언을 균형 있게 하도록 설계한 것이다. 이를 토대로 순서를 떠올려보자. 만일 긍정 측 토론자 1이 입론한다면, 다음으로는 부정 측이 교차조사를 해야 한다. 그런데 부정 측 토론자 1은 그 다음에 입론을 하여야 하므로 부정 측 토론자 2가 교차조사를 하게 되는 것이다. 이와 같이 토론 진영과 토론자가 교차하는 형태로 역할을 수행하도록 되어 있다.

위의 과정을 거쳐 입론과 교차조사를 모두 한 번씩 하면, 토론자들은 반론을 수행하게 된다. 이때 반론에서 주의할 점이 있다. 반론에서 입론과 교차조사에서 언급되지 않은 내용을 추가하는 것은 규칙 위반이라는 것이다. 이는 세다토론이 상호검증을 중시하기 때문이다. 토론이라는 상호작용을 피해 근거나 유리한 증거 등을 감추고 있다가 상대가 검증할 수 없는 반론 시간에 제시하는 것은 세다토론의 정신에 어긋나는 것이다.

칼 포퍼 토론

칼 포퍼 토론은 영국의 철학자 칼 포퍼의 이름을 딴 토론이다. 칼 포퍼는 인간의 이성이 불완전하다고 주장한 학자이다. 그렇기 때문에 이를 보완하기 위해 소통과 반증이 필요하다고 보았다. 인간의 지식은 그것이 이성을 통해 도출된 것이라 하더라도 오류일 수 있으므로, 합리적 비판을 허용해야 하고, 이를 통해 지식이 발전한다는 것이다.

사례를 들어 생각해보자. 사람들은 포유류는 새끼를 낳는다고 생각했다. 그러나 호주를 탐험하다가 오리너구리를 발견하게 되었다. 포유류지만 알을 낳고, 부리는 오리의 것과 비슷하며 발에는 물갈퀴가 있는 이 생물이 등장함에 따라 포유류가 새끼를 낳지 않는 경우가 있다는 것이 밝혀졌다. 이를 통해 '포유류는 새끼를 낳는다.'는 지식이 반증을 통해 무너지고 포유류에 관한 지식체계는 더욱 발전하게 된다. 칼 포퍼 토론은 이와 같이 반증을 적극적으로 독려하기 위한 방식으로 설계되었다.

아카데미식 토론은 보통 한 팀에 2명이 있지만, 칼 포퍼 토론은 3명이 한 팀을 이루어 토론을 한다.

칼 포퍼 토론의 순서

순서	긍정 측	부정 측
1	토론자 1 입론(6분)	
2		토론자 3 교차조사(3분)
3		토론자 1 입론(6분)
4	토론자 3 교차조사(3분)	
5	토론자 2 반론(5분)	
6		토론자 1 교차조사(3분)
7		토론자 2 반론(5분)
8	토론자 1 교차조사(3분)	
9	토론자 3 반론(5분)	
10		토론자 3 반론(5분)

칼 포퍼 토론의 특징은 다음과 같다. 우선 세다토론과 달리 모든 토론자가 입론을 준비하지 않는다. 양측이 각자 한번의 입론 기회를 통해 주장을 펼치고 상대방의 입론을 반증하는 데 초점을 맞추게 된다. 또한 양측의 토론자 1은 입론과 교차조사, 2는 반론, 3은 반론과 교차조사를 담당하게 되므로 역할 수행이 세다토론에 비해 불균등하다. 특히 토론자 2는 비중이 상대적으로 줄어들게 된다. 그리고 반론도 교차

조사의 대상이 된다는 점이 특기할 만하다. 세다토론은 입론에 대하여만 교차조사를 하지만, 칼 포퍼 토론에서는 상대 입론에 대한 교차조사와 반론에 대한 교차조사가 모두 이루어지므로 보다 활발한 상호작용이 가능하다.

또한 칼 포퍼 토론은 세다토론과 달리 입론이 하나이므로, 그만큼 그 하나의 입론에 토론자의 주장과 근거 등 모든 것을 잘 담아 구성해야 한다. 동시에 자신의 입론을 잘 드러내는 것보다, 상대방의 입론을 검증하는 과정이 훨씬 길기 때문에 비판적인 사고가 중요하다. 세다토론이 자기 입론을 수성(守城)하는 데 특화된 토론이라면 칼 포퍼 토론은 상대 입론에 대한 공성(攻城)에 가까운 토론이라고 할 수 있다.

의회식 토론

의회식 토론은 영국 의회의 특징이 반영된 토론으로, 실제 의회에서 벌어지는 토론처럼 토론자 간 역할을 부여하고 그에 따라 발언이 이루어지는 것이 특징인 토론이다.

의회식 토론은 실제 의회에서 정책이 논의되는 것처럼, 사실이나 가치논제보다는 정책논제를 주로 논하게 된다. 또한 토론 내 역할은 정책을 입안하려는 쪽, 즉 긍정 측이 국무총리와 여당의원으로 구성되고, 정책 입안을 저지하려는 쪽, 즉 부정 측이 야당대표와 야당의원으로 구성된다. 국무총리가 여당의원보다, 야당대표가 야당의원보다 발언 기회가 많다. 이하 토론의 순서를 살펴본다.

의회식 토론의 순서

순서	긍정 측	부정 측
1	국무총리 입론(8분)	
2		야당대표 입론(8분)
3	여당의원 입론(8분)	
4		야당의원 입론(8분)
5		야당대표 반론(4분)
6	국무총리 반론(4분)	

※ 발언권은 상대 입론 시간에 신청할 수 있으며, 상대방이 받아들이는 경우 질문 가능

의회식 토론은 실제 의회에 정책을 제안하는 절차를 고려하여 순서를 설계한다. 국무총리는 정부의 책임자로서 정책을 제안하므로, 국무총리 입론으로 시작된다. 이후 지위에 따라 순서대로 긍정과 부정 측이 각각 입론을 전개하며, 마지막으로 각 진영의 대표자인 국무총리와 야당대표가 반론을 한다. 의회식 토론도 세다토론과 마찬가지로 논제를 긍정함에 따라 입증의 부담을 짊어지고 있는 정부 측(국무총리)가 마지막 반론을 하면서 마무리 된다.

의회식 토론에는 교차조사 시간이 별도로 없으나 발언권(point of information)을 신청하여 상대방에게 질문을 할 수 있다. 발언권은 상대방이 말하는 도중에 제기하는 질문으로, 토론 도중 신청의사를 밝혀 발언할 수 있다. 발언권 신청 방법으로는 여러 가지가 있다. 팔을 귀

에 붙을 정도로 곧게 들어 발언권을 신청할 수도 있고, 상대방이 입론을 읽는 중간에 '그 지점에 대하여 질문하겠습니다.'라고 발언할 수도 있다. 이는 규칙으로 정하기 나름이다. 이때 발언권을 받아들일지 말지는 입론을 하는 상대방의 마음에 달려있다. 따라서 실제로는 발언권 신청을 거부당할 수도 있다. 그러나 계속하여 발언권 신청을 무시하는 것은 소통을 거부하는 행위로 청중에게 비추어질 수 있으므로, 실제로 발언권을 적어도 한 번은 수용하는 것이 일반적이다.

퍼블릭 포럼 디베이트

퍼블릭 포럼 디베이트는 2002년부터 만들어진 아카데미식 토론의 한 유형이다. 미국의 디베이트 협회 중 하나인 NFL(National Forensic League, 개명 후 NSDA-National Speech and Debate Association)에서 만들었다. 이 방식은 퍼블릭 포럼, 공중(公衆)이라는 이름처럼 일반인들이 참여하는 경우를 가정하여, 보다 쉬운 아카데미식 토론을 표방하여 만들어졌다.

따라서 이 토론 방식은 일반적인 지적 수준을 가진 청중을 설득하는 것을 가정하여, 청중이 이해하기 쉬운 용어를 사용할 것을 권장한다. 더불어 철학적이거나 형이상학적인 논제보다는, 실생활과 사회에서 실제로 문제가 되는 현실 문제를 논제로 활용한다.

퍼블릭 포럼 디베이트의 순서

순서	먼저 발언	나중 발언
1	토론자 1 입안(4분)	
2		토론자 1 입안(4분)
3	각 팀의 토론자 1 교차질의(3분)	
4	토론자 2 반론(4분)	
5		토론자 2 반론(4분)
6	각 팀의 토론자 2 교차질의(3분)	
7	토론자 1 요약(2분)	
8		토론자 2 요약(2분)
9	전원 교차질의(3분)	
10	토론자 2 마지막 초점	
11		토론자 2 마지막 초점

퍼블릭 포럼 디베이트의 경우 발언 순서를 긍정과 부정에 따라 고정하지 않는다. 동전 던지기에서 이긴 쪽이 발언 순서나 발언 진영을 선택한다. 진 쪽은 이긴 쪽이 고른 나머지를 선택한다. 즉, 이긴 쪽이 발언 순서를 먼저 하기를 희망하면, 진 쪽은 발언 순서를 나중에 하게 되는 대신에 긍정 측을 선택할지, 부정 측을 선택할지 결정할 수 있다. 따라서 긍정 측이 정책을 제안하고 부정 측이 이를 반대하는 토론이 아니라, 역으로 부정 측이 정책을 먼저 반대한 후 긍정 측이 정책을 옹호하는 형태의 토론이 될 수도 있다. 이때 토론은 긍정 측이 부정 측의 우려를 불식시키는 모양새가 된다. 이러한 점을 고려하여 토론자들은 발언

순서와 진영을 전략적으로 선택해야 한다.

더불어 교차조사가 아니라 교차질의(crossfire)인 것도 특징이다. 교차조사는 일방이 다른 상대를 주도권을 갖고 신문(訊問)하는 형태였다면 교차질의는 자유롭게 질의응답하는 것을 지향한다. 따라서 주도권 없이 자유토론과 유사한 형태로 질의와 답변을 하게 된다. 그에 따라 토론 순서는 입론을 각 입장이 한 번씩 발언하고 교차질의하고, 반론을 한 다음 다시 교차질의를 하며, 요약을 하고 다시 교차질의를 하는 형태로 진행된다. 즉, 퍼블릭 포럼 디베이트는 발언 순서가 명확한 아카데미식 토론과 상호작용이 다양하게 등장하는 자유토론을 적절히 혼합한 형태로 이해할 수 있다.

퍼블릭 포럼 디베이트의 또 다른 특징은 요약과 마지막 초점(final focus)이다. 이는 이 토론방식이 일반 시민들을 대상으로 하는 점을 보여준다. 토론이 명료해질 수 있도록 요약을 제시하고, 마지막 초점에서 어느 초점(focus)에 맞추어야 하는지를 드러냄으로써 일반 시민들의 판단을 돕도록 배려하고 있는 것이다.

이때 요약은 앞서 입론과 교차질의, 반박을 통해 드러낸 자신의 유리한 쟁점과, 상대방의 불리한 쟁점을 포함하여 정리해야 하며 새로운 쟁점이나 근거를 제시해서는 안 된다. 새로운 내용이 추가될 경우 '요약'이 아니기 때문이다. 또한 마지막 초점에서는 요약을 거쳐 자신의 가장 핵심적인 주장 혹은 상대방의 주장에 대한 가장 핵심적인 반론을 제시하여 입론에서 교차질의, 반박을 통해 복잡해진 토론이 점차 단순해지는 구조로 수렴하도록 되어 있다.

4장

토론 발언의 유형

 토론자가 토론에서 하는 말을 그 목적으로 나누어 보면 크게 입론, 반론, 교차조사로 나누어 볼 수 있다. 특히, 아카데미식 토론은 규칙을 통해 입론, 반론, 교차조사를 수행하는 순서와 절차를 규정하고 있다. 따라서 토론자들은 토론 규칙에 따라 자신이 수행할 입론, 반론, 교차조사와 같은 토론 발언들을 적절하게 준비하여야 한다. 이하에서는 입론, 반론, 교차조사가 각각 무엇인지, 어떠한 내용을 담고 있어야 하는지를 살펴보도록 한다.

입론

 입론은 토론에 따라 입안이라고도 하며, 논제에 관한 토론자의 기본적인 입장을 밝히는 발언이다. 토론자가 모든 토론 상황을 고려하여 준비할 수는 없지만, 논제에 관한 자신의 입장, 그리고 그 입장을 지지하는 근거 등을 준비하는 것이 일반적이다. 특히, 아카데미식 토론에서는 자신의 입장을 밝히는 입론(입안) 시간이 존재하고, 이 시간에는 온전히 발언 기회를 보장받을 수 있으므로, 해당 시간에 맞추어 발언 내용을 글로 준비하게 된다.

입론에 담겨있어야 할 내용은 다음과 같다. 첫째, 논제에 관한 토론자의 찬성, 반대 여부가 명확하게 드러나야 한다. 앞서 말한 바와 같이 토론은 논제에 관한 찬성과 반대가 대립하고 경쟁함으로써 최선의 의사결정을 한다는 목적을 갖고 하는 말하기이다. 따라서 입론에서도 명확하게 입장이 드러나야 한다.

둘째, 논제에 관한 개념 정의가 필요하다. 같은 논제라 하더라도 서로 해석이 다른 경우에는 토론이 원활하게 이루어질 수 없다. 가령 '핵 폐기'에 대하여 '핵무기의 완전하고 검증가능하며 비가역적인 폐기'를 생각하는 사람이 있을 수 있고, '핵연구시설의 철거'를 생각하는 사람이 있을 수 있다. 이때 양자가 '핵 폐기를 하기로 한다.'고 말하면 그것만으로는 합의에 도달하였다고 볼 수는 없다. 또한 이러한 개념 정의는 청중이 토론에 집중하고, 이해하는 데 도움을 준다는 점에서도 중요하다. 다만, 모든 입론에 개념 정의가 필요한 것은 아니다. 토론의 첫 입론에 개념 정의를 하는 것으로 충분하고, 만일 해당 입론의 개념 정의가 부당하거나 잘못된 경우에는 다음 입론을 하는 토론자가 개념 정의를 바로 잡을 필요가 있다.

셋째, 논제에 관한 입장을 지지하는 주장과, 이를 뒷받침하는 근거들이 있어야 한다. 토론은 합리적인 의사결정을 지향하는 수단이다. 따라서 단순히 주장만을 반복하는 것은 토론의 목적에서 벗어나는 행위라고 할 수 있다. 따라서 토론자는 청중이 이성적으로 납득할 수 있도록 주장과 근거를 입론에 적절히 배치해야 한다.

아카데미식 토론을 준비할 때 입론에서 고려해야 할 바는 다음과 같다. 세다토론의 경우에는 입론을 2차례에 걸쳐 나누어서 하므로, 두 입론이 내용상 균형을 갖추도록 고려해야 한다. 토론자 1이 강한 주장을 하고, 토론자 2가 상대적으로 약한 주장을 하는 것은 바람직하지 않다. 또한 토론자 2가 토론자 1과 중복되는 주장을 하는 것 역시 충실하게 토론을 준비하지 못했다는 인상을 줄 수 있다. 따라서 주장의 수와 강도(强度)에서 균형을 고려해야 한다. 이는 의회식 토론도 마찬가지이다. 반면 칼 포퍼 토론의 경우 하나의 입론으로 토론을 수행하여야 하므로 하나의 입론을 견고하게 구성하는 것이 중요하다. 퍼블릭 포럼 디베이트도 마찬가지이다. 다만, 다른 토론과 달리 퍼블릭 포럼 디베이트의 경우에는 긍정 측이 부정 측보다 나중에 말할 수 있다는 점도 고려해야 한다. 즉, 퍼블릭 포럼 디베이트에서 먼저 발언을 하게 되면 개념 정의를 해야 하고, 나중 발언이라면 개념 정의보다는 자신의 주장을 밝히는 데 집중하게 될 것인데, 이러한 점을 고려하여 분량을 조절해야 한다. 나중 발언이면 개념 정의 부분을 생략하고 상대방 입론에 대한 대응을 일부 포함하여 구성할 수 있기 때문이다.

반론

　반론은 토론을 진행하는 과정에서 상대방이 제시한 의견 등을 반박하고 자신의 주장을 다시 강화하기 위한 말하기를 의미한다. 상대방의 입론, 교차조사 내용들을 완전히 예상할 수는 없기 때문에, 어느 정도의 발언을 할지는 미리 준비할 수 있지만, 입론과 달리 온전히 준비할 수 없다. 따라서 순간순간 상황에 대한 대응, 순발력이 필요한 말하기이다.

　반론에서 포함되어야 할 내용은 다음과 같다.

　첫째, 상대방 주장에 대한 반박이 있어야 한다. 만일 상대방 주장에 대하여 반박하는 내용 없이 자신의 주장만 반복하게 된다면, 청중은 토론을 하면서 상대방과 소통을 하지 않는 토론자의 태도에 실망하게 된다. 또한 토론 상대방이 '제가 주장한 내용에 대하여 반박을 하지 않았습니다.'라고 말함으로써 상대방의 주장을 강화할 수 있는 여지를 준다. 상대방 주장에 대한 반박은 크게 2가지에 대하여 이루어질 수 있다. 상대방 입론에 제시된 주장과 근거, 상대방과의 교차조사에서 다툰 부분이 그것들이다.

　둘째, 자기주장을 다시 강화해야 한다. 이는 앞서 제시한 자신의 주장에 대한 추가적인 근거를 제시하거나, 앞서 밝힌 근거를 보다 구체화하면서 주장을 반복하는 것으로 수행할 수 있다. 토론을 하다 보면 자기주장을 강화하기보다 상대방의 주장을 반박하는 데 초점을 맞추는 사람들이 있다. 그러나 토론의 핵심은 자신의 주장을 청중이 받아들이게 하는 것인데, 상대방의 주장을 계속해서 언급하는 것은 청중이 상대방의 주장을 친숙하게 느끼게 만들어, 상대적으로 자신의 주장을 설득하는 데 불리한 결과를 초래한다. 마치 '코끼리를 생각하지마!'라고 외치면 머릿속에 코끼리가 계속 생각나는 것과 마찬가지이다. 그렇기 때문에 반론이라 하더라도 상대방의 주장에 대한 이야기만 하기보다, 자신이 입론에서 주장했던 내용, 교차조사에서 효과적으로 대응한 부분 등을 충분히 강화함으로써 청중을 설득하기 위해 노력해야 한다.

셋째, 반론에서는 새로운 주장을 제시하는 것은 지양해야 한다. 청중은 입론과 교차조사 등을 통해서 논제에 관한 각 입장의 주장을 듣고 판단을 해야 하는데, 청중에게 마지막으로 호소해야 하는 반론에서 새로운 주장을 하게 되는 경우 청중의 의사결정, 판단에 어려움이 있게 된다. 재판에서 변론이 벌어지고 있는 도중에 검사가 갑자기 새로운 기소내용을 추가할 수 없는 것과 마찬가지이다. 또한 반론에서 주장을 제시할 경우 상대방의 교차조사를 회피할 수 있는데, 이는 상호 비판, 견제를 하여 최선의 의사결정을 한다는 토론의 목적에서도 벗어난 것이다. 따라서 반론에서 새로운 주장을 하지 않도록 유의해야 한다.

아카데미식 토론 방식에 따라 반론을 할 때 주의할 점은 다음과 같다. 우선 세다토론의 경우 입론 4번, 교차조사 4번이 반론의 대상이 된다. 이때 어떤 부분에 초점을 맞추는 것이 가장 효과적일지 고려해야 한다. 모든 입론과 교차조사를 포함하여 반론을 할 경우, 반론의 범위가 너무 넓어서 청중이 이를 이해하기 힘들기 때문이다. 따라서 반론할 내용이 많다 하더라도 가장 중요하고 효과적인 내용을 몇 가지로 한정하여 반론을 하는 것이 바람직하다. 또한 세다토론은 토론자 두 명이 한 팀을 이루고, 두 명 모두 반론을 하기 때문에 중복되지 않게 역할

분담을 하는 것도 중요하다. 둘 다 같은 내용을 집중적으로 반론할 경우 상대방 주장의 허점이 그 부분밖에 없다는 인상을 청중에게 줄 수 있기 때문이다.

반면 의회식 토론의 경우에는 입론 4번, 발언권 신청에 따른 발언만 고려하여 반론을 준비하면 되므로, 세다토론에 비해 상대적으로 반론을 준비하기 쉽다. 다만 반론을 각 입장의 토론자 한 명이 담당하게 되므로, 상대적으로 반론의 부담이 더 크다고 할 수 있다.

다음으로 칼 포퍼 토론의 경우에는 입론은 1번이고 교차조사와 반론이 주를 이룬다. 세다토론과 달리 모든 발언을 집대성해서 반론하기보다 상대방이 바로 이전에 말한 내용에 대하여 반론을 하는 것이 중요하며, 특히 '반증'이라는 칼 포퍼 토론의 정신에 걸맞게 상대방의 입론에 대한 반증을 중점적으로 하는 것이 좋다. 반면 퍼블릭 포럼 디베이트의 경우 '반론', '요약', '마지막 발언'이 각각 별도로 마련되어 있다. 따라서 세다토론과 같이 반론에서 무언가를 요약하고 정리하는 것보다는, 상대방의 주장을 파훼하는 데 반론이 활용되어야 한다.

교차조사

교차조사는 상대방 입론 또는 상대방이 제시한 의견을 검증하는 과정을 말한다. 상대방에게 질의하는 형태로 이루어진다. 토론에서 교차조사를 할 경우 기대되는 효과는 다음과 같다.

첫째, 교차조사를 통해 상대방의 주요 주장을 검증할 수 있다. 입론은 누구의 방해도 받지 않고 주장을 펼칠 시간이 보장되므로, 입론에 검증되지 않은 주장이나 다소 비논리적인 내용을 포함시키는 경우도 종종 있다. 교차조사는 이러한 잘못된 주장을 지적하는 절차로서, 토론의 질을 향상시킨다.

둘째, 교차조사를 통해서 자신의 주장을 강화할 수 있다. 자신이 활용한 근거나 논거 등에 대한 토론 상대방의 인정을 이끌어낸다면, 토론자의 주장이 단순히 그 개인의 주장이 아니라 상대방도 인정하는 주장임을 드러낼 수 있기 때문이다.

셋째, 논제를 벗어나는 것을 막아준다. 토론은 논제에 관하여 이루어진다. 그런데 토론자들은 자신의 주장을 펼치다가 종종 논제에서 벗어난 발언을 하기도 한다. 예를 들어 '국공립 어린이집을 확충해야 한다.'는 논제가 있다고 할 때, 토론은 되도록 '어린이집'에 초점을 맞춰야 한다. 그런데 '어린이집 확충에 세금이 들어갑니다. 자꾸 왜 모든 것을 세금으로 하려고 합니까? 이러한 확장적인 정부정책은 잘못되었습니다.'와 같은 이야기를 할 수 있다. 이러한 발언은 논제 그 자체에 대한 입장을 밝히기보다 논제를 벗어나서 자신이 주장하고 싶고, 하기 편한 주장을 한 것에 불과하다. 교차조사는 이러한 일탈을 지적함으로써 토론이 제 방향을 찾을 수 있게 도와준다.

의회식 토론에서는 교차조사가 별도로 존재하지는 않으나 발언권 신청이 교차조사의 기능을 한다. 퍼블릭 포럼 디베이트의 경우 교차조사의 주도권이 명시되어 있지 않고 상호 자유롭게 질의할 수 있으므로 교차조사가 아니라 교차질의(crossfire)라는 용어를 쓴다.

교차조사의 사례

주장/근거 확인	앞서 원자력발전소 신설을 금지하는 근거로 환경이 파괴된다는 점을 제시하셨습니다. 맞습니까?
논거 확인	구체적으로 어떻게 환경이 파괴됩니까?
사실 확인	원자력발전의 폐기물들이 어떻게 관리되고 있는지 아십니까?
인과관계 검증	폐기물들이 차단되어 있고, 그에 따른 환경파괴 사례가 등장하지 않았다는 점 동의하십니까?
반문	대량의 에너지를 생산하는 방법 중에 환경이 파괴되지 않는 방법에는 무엇이 있습니까?
논제 확인	오늘의 논제가 무엇입니까?

　교차조사를 할 때 주의할 점은 다음과 같다. 세다토론의 경우에는 교차조사의 주도권이 명백하게 있으므로, 그 주도권을 활용하여야 한다. 또한 상대방의 입론에서 제시된 주장과 근거, 그리고 상대방이 고려하지 않은 지점을 밝혀주어야 한다. 의회식 토론의 경우 발언권 신청으로 교차조사를 해야 하는데, 교차조사 시간이 명백하게 보장되어 있지 않으므로 결정적인 순간에 교차조사를 하는 것이 바람직하다. 주로 상대방이 사실과 다른 내용을 제시하거나, 논리적으로 부당한 논증을 시

도하는 경우에 발언권을 신청하는 것이 적절하다. 이러한 경우 청중도 상대방의 발언을 듣다가 위화감을 느낄 수 있기 때문에, 발언권 신청이 받아들여지지 않는다고 하더라도 청중이 '역시 뭔가 이상하구나.'라고 생각하게 만듦으로써 상대방 주장에 동의하지 못하게 만들 수 있기 때문이다.

칼 포퍼 토론의 경우 교차조사는 앞선 입론과 반론을 대상으로 이루어진다는 점을 제외하면 특별한 점은 없으나, '반증'을 중시하는 칼 포퍼 토론답게 '논리적인 증명'이 이루어졌는지를 중점적으로 살펴보는 것이 적절하다. 상대방의 주장과 근거가 논리적으로 연결되어 있는지, 그리고 제시된 근거는 적절한 것인지를 검증해야 한다. 퍼블릭 포럼 디베이트의 경우 주도권이 없는 교차질의이다. 그에 따라 자유토론처럼 비교적 자유로운 질의가 오갈 수 있지만, 자신이 일방적으로 질문을 하거나 답변을 회피함으로써 소통하고 있지 않다는 느낌을 주지 않도록 유의해야 한다.

5장

설득을 위해 고려해야 할 요소들

청중

　토론은 청중을 설득하기 위한 말하기이다. 따라서 성공적으로 토론을 수행하기 위해서는 청중을 고려하여 설득하는 것이 보다 유리하다. 그렇다면 토론자는 청중의 무엇을 고려해야 하는 것일까? 이에 대한 답을 하기 위해서는 토론자의 메시지를 청중이 어떻게 수용하는지를 살펴볼 필요가 있다.

　일반적으로 청중은 논제를 접했을 때 논제와 자신의 관련성, 지식과 경험을 바탕으로 판단하고, 나름대로의 입장을 가지게 된다. 이를 염두에 두고 설득을 구사한다면 보다 효율적으로 토론을 수행할 수 있다. 구체적으로 살펴보면 기본적인 청중의 입장, 청중과 논제의 관련성, 청중의 지식수준, 토론자와 청중의 관계 등을 고려할 필요가 있다.

기본적인 청중의 입장

청중이 논제에 관하여 어떠한 입장을 갖고 있는지에 따라 설득의 방향이 달라진다. 청중은 논제를 접했을 때 이미 찬성과 반대에 관한 자신의 생각을 떠올리게 된다. 토론이 시작되지 않았음에도 이미 청중의 기초적인 입장은 존재하는 것이다. 청중의 입장은 아래의 표에서와 같이, '매우 반대'부터 '매우 찬성'까지 5단계로 나누어 볼 수 있다. 마찬가지로 7단계, 9단계로도 구분할 수 있다.

매우 반대	반대	모르겠음	찬성	매우 찬성

《사립 유치원에 대한 지원을 확대해야 한다.》는 논제를 생각해보자. 청중이 만약 사립 유치원장들이라면, 매우 찬성할 가능성이 높다. 반면 국공립 유치원을 보내고 싶어 하는 부모들이 청중이라면, 사립 유치원에 대한 반감으로 논제에 반대하는 입장을 갖고 있을 것이라 예상할 수 있다.

이처럼 논제에 대한 청중의 기존 입장을 고려해야 하는 이유는, 청중의 입장에 따라 설득의 전략이 달라지기 때문이다. 만일 논제에 관하여 찬성하는 입장을 청중에게 설득하는데, 청중이 매우 찬성하는 입장인 경우를 생각해보자. 이 경우 긍정 측은 매우 찬성하는 입장의 청중에게는 청중의 입장을 강화시키기 위한 설득 전략을 펼치는 것이 일반적이다. 청중이 자신의 입장이 역시 옳았다고 생각할 수 있도록 찬성의 주장과 근거를 풍부하게 제시함으로써 효과적으로 설득할 수 있다.

반면 청중이 매우 반대하는 입장인 경우를 생각해보자. 이러한 경우에는 찬성의 주장과 근거를 제시하는 것만으로는 설득하기 힘들 것이다. 왜냐하면 청중 역시 자신의 입장에 대하여 자기 나름대로의 근거를 갖고 있기 때문이다. 따라서 이러한 경우에는 토론자 자신의 입장이 옳다고 하기보다 청중이 스스로의 입장을 다시 검토하도록 만드는 것이 좋다. 예를 들어 '사립 유치원 지원을 확대해야 한다.'는 주장을 들은 청중이 국공립 유치원을 보내고 싶어 하는 부모들인 경우를 생각해보자. 이들은 '국공립 유치원을 지원해야 한다. 사립유치원을 지원하는 것은 잘못된 말이다.'라고 생각할 수 있다. 이때 토론자는 '국공립 유치원의 수가 부족하기 때문에 국공립 유치원을 지원하는 것만으로는 불충분합니다. 사립 유치원 지원을 확대해야 합니다.'와 같이 청중이 다시금 자신의 입장을 검토하게 만드는 것이 낫다.

만일 청중이 논제에 관하여 별다른 입장이 없다면, 청중이 논제에 관한 지식이나 관련성이 부족하기 때문일 수 있다. 이러한 경우에는 이하에서 살펴볼 다른 요소들을 활용하여 설득에 임할 수 있을 것이다. 이와 같이 논제에 관한 청중의 입장을 미리 예상하고 그에 맞추어 설득을 전개하는 것이 토론에서 효과적이다.

청중과 논제의 관련성

청중이 논제와 얼마나 관련되어 있는지가 설득의 고려 요소가 될 수 있다. 예를 들어 집을 구입한 사람에게 부동산 정책에 관한 논제는 단순히 토론의 논제가 아니라 자신의 현실에 맞닿아 있는 문제이다. 반면 이미 대학에 붙은 학생들은 입시제도에 관한 논제를 자신의 삶과 관련 없는 논제로 여길 것이다.

이때 주의할 점은, 여기서 말하는 관련성이 실제 관련성이 아니라 '관련이 있다'고 청중이 느끼는 바에 따라 나누어진다는 점이다. 실제로 환경문제는 모든 사람에게 관련된 문제이지만, 일부 사람들은 환경문제와 자신이 상관없다고 생각하기도 한다. 이와 같은 관련성에 관한 생각에 따라 청중이 논제에 갖는 태도도 달라진다.

일반적으로 청중은 자신에게 깊게 연관되어 있는 논제에 대해서는 비판적이고, 이성적인 입장을 취하기 마련이다. 예를 들어 내전으로 인해 발생한 난민이 유럽으로 이주한다고 했을 때는 '난민이 불쌍하다.'고 생각할 수 있지만, 그 난민이 우리 이웃이 된다고 생각하면 '왜 여기에 오지? 난민을 지원하는 것이 타당해?'라고 생각하게 된다.

따라서 토론자가 청중이 깊게 관여된 논제를 다룰 때에는 보다 비판적이고 분석적인 태도로 접근하여야 한다. 예를 들어 부동산 문제에 관심이 많은 세대들이 청중이라면, 부동산 정책이 미치는 영향에 관한 수치적인 분석과 전문가의 전망이 주장과 근거에 반영될 필요가 있는 것이다. 이러한 내용이 결여되어 있는 경우 청중은 토론자의 주장이 비논리적이라고 평가하기 마련이다.

반면 자신과 크게 관련이 없다고 생각하는 논제에 관하여는 관망적이고, 다소 무관심하게 여길 수 있다. 이러한 경우에는 청중에게 이것이 '왜' 중요한 문제인지를 언급하여 청중에게 관련되었음을 밝히는 설득 전략이 필요하다. 청중이 토론자의 이야기에 집중할 수 있어야 설득될 수 있기 때문이다.

예를 들어 아직 부동산 문제가 요원한 대학교 1~2학년 학생들이 청중인 경우에는 지금 부동산 가격이 안정되지 않을 경우 3~4년 내에 사회에 진입하였을 때 받게 될 피해를 언급할 수 있다.

청중의 논제에 관한 지식수준

청중의 논제에 관한 지식수준 역시 설득에 있어서 고려해야 할 요소이다. 이 역시 '많다', '보통이다', '적다' 등으로 나누어볼 수 있다. 그리고 청중의 지식수준을 가늠하기 위해서는 청중의 학력, 나이, 성별과 같은 특성을 활용할 수 있다. 예를 들어 청중이 논제에 관하여 학위가 있는 경우에는 청중이 지식을 많이 갖고 있다고 볼 수 있다.

청중이 논제에 관하여 지식수준이 매우 낮은 경우를 가정해보자. 이러한 경우 토론자는 자신의 주장과 근거를 전문적으로 쏟아내기보다 청중이 논제를 이해할 수 있도록 설명하는 것부터 시작해야 한다. 예를 들어 원자력발전의 위험성을 주장하기 위해서는 방사성 물질이 유해하다는 점을 청중이 이해할 수 있도록 설명해야 하는 것이다. 이때 정확하고 엄밀한 정의를 드는 것보다는 청중에게 친숙한 내용을 이용하여 비유를 드는 것도 좋은 방법이다. '방사성 물질은 쓰레기이고, 방사능은 쓰레기 냄새입니다. 그리고 원자력발전으로 나온 방사성 물질은 처리할 방법이 없습니다. 쓰레기는 쌓여가고, 쓰레기 냄새는 더욱 진동하게 됩니다.'와 같이 표현함으로써 '원자력발전' - '방사성 물질' -

'방사능'의 관계를 설명할 수 있다.

　반면 청중이 논제에 관하여 지식수준이 어느 정도 있는 경우를 가정해보자. 이러한 경우에 기초적인 지식을 설명하는 데 시간을 지나치게 할애하게 된다면, 청중들은 토론자를 얕잡아 보거나 토론자가 자신들을 무시한다고 생각할 수도 있다. 심지어는 토론이 지루하다고 느껴 집중을 못할 수도 있다. 따라서 지식수준이 어느 정도 있는 경우에는 보다 학술적이고 전문적인 근거를 활용하는 것이 효과적인 설득 전략이라고 할 수 있다.

　물론, 청중은 일반적으로 토론자에 비해서는 해당 논제에 관한 지식이 부족한 경우가 많다. 토론자는 자신의 입장을 관철하기 위해 논제를 깊게 공부하고 온 경우가 많은 반면 청중은 그만큼 준비하지 않는 경우가 많기 때문이다. 그렇다 하더라도 청중의 일반적인 지식수준을 가늠하여 어느 정도로 설명을 할지, 어느 정도로 학술적인 근거 등을 활용할지, 고민할 수 있는 것이다.

토론자와 청중의 관계

　토론자와 청중의 관계도 설득에 있어서 고려할 만한 요소이다. 토론자와 청중은 적대, 중립, 우호 등과 같은 관계를 형성한다. 처음 본 사람의 경우에는 중립적인 태도를 취하는 경우가 많을 것이고, 청중에 토론자와 아는 사람 또는 평소에 이해관계가 있는 사람이 포함되어 있다면, 청중과 토론자는 우호적이거나 적대적인 입장을 갖게 된다. 그리고 어떠한 입장을 갖는지에 따라 설득의 방식도 달라져야 한다.

만일 청중과 우호적인 입장에 있다고 생각해보자. 이러한 경우에는 청중은 토론자의 말을 보다 쉽게 신뢰하고 수용할 수 있다. 따라서 불필요하게 청중을 거스르는 말을 하지 않도록 주의하고, 자신의 주장을 충실히 강화하는 것이 일반적이다.

반면 청중과 적대적인 입장에 있다고 생각해보자. 이러한 경우 청중은 토론자의 말을 쉽게 곡해하고, 반박하기 마련이다. 이를 해결하기 위해서는 다양한 수단들이 동원될 수 있다. 첫째, 적대적인 청중마저도 동의할 수 있는 지점을 찾아서 설득을 시도하는 방법이다. 청중이 작은 사실 하나하나에 대하여 동의하다 보면 큰 주장도 어느 정도는 수용할 수 있다는 점을 공략하는 것이다. 둘째, 청중이 갖고 있는 적대적인 태도가 논제를 객관적으로 판단하는 데 방해가 된다는 점을 지적하는 방법이다. 이를 통해 청중이 논제에 관하여는 중립적인 판단을 갖도록 유도하는 것이다.

위와 같이 논제에 관한 청중의 입장, 논제와 청중의 관련성, 논제에 대한 청중의 사전 지식 수준, 토론자와 청중의 관계를 고려하여 청중을 지향하는 설득 전략을 고민하고, 이를 토론 준비에 반영하는 것이 성공적인 토론을 수행하는 데 도움을 줄 수 있다.

설득의 3요소

고대 그리스는 민주주의가 꽃피운 시기였다. 현대와 같이 광범위한 지역에 거주하는 일반 국민의 투표로 작동하는 민주주의가 아니라, 상대적으로 좁은 지역에서 자유로운 토론을 통해 서로의 의사를 논하는 민주주의가 그리스의 도시(polis)에서 자주 목격되었다. 그러나 동시에 민주주의 비극도 발견되었는데, 바로 소크라테스의 죽음이 그것이다.

당시 절대적인 진리를 주장한 소크라테스는 진리의 상대성을 주장한 소피스트와 적대적 관계에 있었다. 이 와중에 소크라테스는 자신의 지식으로 아테네 청년들을 타락시켰다는 누명을 쓰고, 배심원 투표에 의해 사형을 선고받게 된다. 이는 소크라테스의 제자였던 플라톤이 민주주의에 회의를 갖고, 세상을 거짓된 것이라 생각하면서 참된 진리, 이상(이데아)을 찾는 데 몰두하게 만드는 결과를 낳기도 했다.

아리스토텔레스는 플라톤의 제자였다. 하지만 그는 플라톤처럼 진리를 탐구하면서도 소피스트들이 청중을 움직이는 방법에도 주목했다. 그 결과 아리스토텔레스는 진리를 탐구하면서 청중을 설득할 수 있는 3요소를 「수사학」에서 로고스, 파토스, 에토스로 제시하였다.

이 세 가지 요소들은 청중을 설득하는 데 매우 효과적이다. 여기서는 각각의 의미와 영향력을 살펴본다.

로고스

로고스는 이성적으로 판단되는 말과 사고능력을 의미한다. 즉 로고스에 의한 설득이란 논리적인 이해에 의해 설득되는 것을 말한다.

로고스적인 설득은 화자가 자신의 주장을 말하고, 그에 대한 근거로 사실, 자료 등을 제시하며 입증을 하는 과정이다. 이러한 과정을 '논증' 이라고 한다. 논증을 통해 청중은 제시된 근거 내용을 이해하고 이성적인 판단을 거쳐서 화자의 주장을 받아들일 수 있다.

로고스적인 설득을 위해서는 첫째로 청중이 적절하다고 받아들일 수 있는 사실, 지식 등을 제시해야 하고, 둘째로 그 사실과 지식들을 주장까지 논리적으로 연결해야 한다. 쉽게 말해 적합한 부품들을 마련해서, 그것을 작동하도록 조립해야 하는 것이다.

로고스적인 설득의 사례를 살펴보면 다음과 같다.

주장 여름에 군사를 움직여 공격하는 것은 위험합니다.

근거 여름에는 군사력이 약해집니다.

근거의 근거1 날이 더워 활이 망가집니다.

근거의 근거2 비로 인해 병사들이 전염병에 걸릴 수 있습니다.

- 이성계 4불가론 中

위 내용은 조선 태조 이성계가 최영의 '여름에 군사를 일으켜 요동을 정벌해야 한다.'는 주장에 반박하기 위해 제시한 '4불가론' 중 일부이다. 이를 살펴보면 근거 그리고 근거를 다시 뒷받침하는 또 다른 근거들을 제시함으로써 주장에 도달하고 있다. 당시에 근거들은 모두 적절한 것으로 받아들여졌고, 또한 근거와 주장의 관계도 논리적으로 타당

하게 연결되어 있다. 따라서 로고스적인 설득과정이라고 평가할 수 있다. 보다 현대적인 사례를 들어 살펴보자.

주장 특목고를 폐지해야 한다.

근거 특목고는 사교육비 증가를 초래하여 가계에 부담을 준다.

근거의 근거 특목고 도입 이후 1인당 사교육비가 X% 증가하였다.

'1인당 사교육비가 증가한다.'는 것을 보여주는 통계자료를 근거로 제시하며, 현행 교육제도가 가계에 부담이 된다고 주장하였다. 이와 같이 사람들이 받아들일 수 있는 객관적인 자료를 제시하고 그 연관 관계를 논리적으로 설명하는 것이 로고스적인 설득과정이다.

이처럼 로고스는 논리에 대해 이해하는 과정이 필요하기 때문에 그 설득의 효과는 뒤에서 설명하고자 하는 파토스나 에토스보다는 약할 수 있다. 하지만 로고스의 요소에 의한 설득은 논리적으로 이해가 된 후에는 쉽게 흔들리지 않는다는 장점이 있다. 감정과 같이 사라지거나, 권위에 의존하는 것이 아니라 사실, 지식 등을 토대로 입증된 부분이기 때문이다.

반면 로고스적인 설득의 단점은, 설득에 이르기까지가 어렵다는 것이다. 일반적으로 사람들은 사실적 자료, 지식 등을 스스로 이해하고 그 적합성을 검증하는 것을 어려워한다. 왜냐하면 토론자에 비해 주제와 근거 자료의 연관성, 맥락 등의 사전 지식이 부족하기 때문이다. 따라서 토론자는 청자가 이성적으로 납득할 수 있도록 맥락을 이야기하고 관련된 내용을 충분히 설명해야 한다.

  로고스는 자신의 주장을 밝히는 것 외에도 상대방 주장을 반박할 때 효과적으로 사용될 수 있다. 상대방이 후술할 에토스, 파토스의 요소를 통해 설득을 할 때, 로고스적인 비판을 통해 '그래서 결국 논리가 없지 않느냐?'라고 반박할 수 있는 것이다. 상대방이 감정이나 권위에 호소하는 경우 이를 논리적으로 검증함으로써 상대방 주장의 설득력을 줄일 수 있다.

상대방 주장   청년들은 오늘도 고달픕니다. 무한경쟁의 사회는 마치 뜨거운 사막과도 같습니다. 청년들은 사막을 건너 자리를 잡고 싶습니다. 청년수당은 마치 사막의 오아시스와 같이, 경쟁을 이겨내는 데 큰 도움이 될 것입니다.

로고스를 활용한 반박   청년수당으로 취업 경쟁이 완화되었다거나 청년 일자리가 마련되었다는 실증적인 자료가 존재합니까?

  위의 사례를 살펴보자. 상대방은 청년수당을 '오아시스'에 비유하면서 청년이 힘드니까 필요하다고 주장을 했다. 그런데 정작 '왜 필요한지'에 관한 기술은 없다. 힘든 현실에 대한 공감을 촉구하면서 공감을 유도하였을 뿐이다. 이때 '청년수당이 청년의 취업에 기여한 것이 있는지'에 관하여 근거를 요구함으로써 상대방의 로고스적인 설득이 부족함을 확인할 수 있다.

파토스

파토스는 청자들이 갖는 감정, 마음의 상태를 말한다. 파토스를 활용한 설득은 청중의 마음을 움직이는 설득으로, 화자의 주장에 청자가 공감, 즉 마음을 함께하게 만드는 것이다. 주장을 받아들여야 하는 이유에 대해 구구절절 설명하지 않더라도, 청자가 경험하였던 상황을 상기시키거나 그에 따른 감정을 유도한다면 쉽게 공감을 얻어낼 수 있다.

파토스적인 설득의 사례로, 국제구호단체의 후원자 모집 광고를 들 수 있다. 사람들이 배고프고 병든 사람에 대해 '불쌍하다'고 생각하는 보편적인 감정을 자극하기 위해서 후원자 모집 광고는 배고프고 아파 보이는 어린 아이의 사진을 활용한다. 이를 통해 '이 아이를 도와야 한다.'는 공감을 불러일으키려고 하는 것이다.

이처럼 파토스적인 설득을 위해서는 앞서 말한 바와 같이 청자의 특성을 고려하여 청자들이 가지는 공통된 경험, 감정 등을 자극해야 한다. 또한 단순히 '감정'이 아니라 '청자들이 갖는 감정'을 고려해야 한다는 점을 유의해야 한다. 만일 화자가 개인적으로 갖는 감정에 몰입해서 말하게 되면, 청자는 화자에게 공감하지 못한다. 간단한 사례를 들어 생각해보자.

A: 음주운전, 그거 다 할 수 있는 거 아닙니까?

B: ….

A는 개인적으로 음주운전에 대하여 굉장히 관대한 감정을 갖고 있으나 일반적인 대중들은 음주운전을 살인에 준하여 생각할 정도이다. 이와 같이 청중의 감수성을 전혀 잘못 읽고 공감을 유도하면 오히려 반감을 사기 쉽다. 즉, 화자는 자신이 활용하고자 하는 감정이 개인적인 특수한 감정인지, 많은 사람들을 공감시킬 수 있는 일반적인 감정인지를 고려해야 한다.

파토스적 설득을 위한 방법은 다양하다. 청자가 몰입할 수 있도록 스토리텔링을 할 수도 있다. 청자들은 상황에 몰입했을 때 보다 강한 감정을 가지므로 이야기를 통해 감정을 가질 수 있는 맥락을 제시하는 것이다. 괴테가 쓴 '젊은 베르테르의 슬픔'을 읽고 많은 청년들이 베르테르가 된 것 마냥 옷을 갖춰 입고 자살했다는 일화는 이야기가 불러일으키는 감정이 얼마나 강력한지를 보여준다. 또한 화자가 말하는 표정이나 목소리, 말투 등도 감정을 불러일으키는 데 큰 영향을 미친다.

다음 사례는 로마의 정치가 카이사르가 양자 브루투스에게 암살당한 이후, 카이사르의 후계자였던 안토니우스가 로마시민을 대상으로 한 말하기이다.

여러분에게 눈물이 있다면 지금 흘릴 준비를 하십시오. 여러분은 모두가 이 망토를 기억하고 있습니다. 보십시오. 이 자리로 비수가 뚫고 들어갔습니다. 이 옷이 어떻게 찢겨져 있는지 보십시오. 이곳으로 카이사르의 따뜻한 사랑을 받은 브루투스가 비수를 꽂았습니다. 브루투스가 그 저주받은 칼날을 뽑자, 카이사르의 피가 이렇게 흘러내린 자국을 보십시오.

- 안토니우스의 연설 中

고대 로마시대의 말하기이므로 어떠한 어조, 어떠한 목소리로 말했는지는 알 수 없지만, 글의 내용으로 볼 때 청중들의 관심을 고조시키는 화법을 구사한 것으로 보인다. '보십시오.', '이 옷이 어떻게 찢겨져 있는지 보십시오.'와 같은 반복으로 청자들의 감정을 자극한 것이다.

파토스의 중요성을 보여주는 또 다른 사례로는 소크라테스가 있다. 소크라테스는 자신의 사형을 두고 벌어진 재판에서 사형이 부당하다는 취지의 변론을 했다. 훌륭한 변론이었기에 벌을 주지 말자는 쪽으로 사람들의 의견이 기울었다. 그런데 소크라테스는 변론 막바지에 자신의 가르침이 얼마나 위대한지 자랑하는 실책을 범했다. 사람들은 소크라테스가 오만하다고 생각하고 소크라테스를 구제하기보다는 벌을 주는 쪽으로 다시 의견을 바꾸었다. 이와 같이 파토스적인 설득을 위해서는 청중의 감성을 적절히 자극하여 주장에 동의하게 만드는 것과 동시에, 청중이 부정적인 감정을 갖지 않도록 하는 것도 중요하다.

토론에서는 활용하기 쉽지 않으나, 파토스를 자극하는 데 효과적인 자료로 '사진'과 '영상' 같은 시청각자료도 있다. 유럽연합이 난민들을 받아들이는 데 있어서 비판적인 태도를 바꾸게 된 계기는 '아일린 쿠르디'라는 한 소년이 바닷가에서 처참하게 죽은 모습을 담은 사진이었다. 사진을 본 사람들에 의해 바뀐 여론으로 난민의 무제한적인 수용이 이루어지기도 했다.

그러나 파토스만 활용하여 로고스가 포함되지 않은 설득이나, 노골적으로 파토스를 앞세운 설득은 그 효과가 크게 떨어진다. 위에서 말한 '난민 수용'의 경우에도 실제 난민들이 들어와서 사회에 혼란이 생기자, '아일린 쿠르디'로부터 받은 동정심이 가라앉게 되고, 결국 '난민 수용'에 소극적인 태도를 취하는 것으로 정책이 바뀌었다. 실제 난민을 수용하여 사회의 화합과 평화, 번영을 담보할 수 있는지에 관한 로고스가 충분하지 않았기 때문에 사람들의 생각이 바뀐 것이다. 이는 설득을 할 때 감정은 현실에 부딪혀 쉽게 바뀔 수 있다는 점을 고려하여야 한다는 것을 보여준다.

에토스

에토스는 말하는 사람이 가진 인격이나 지위, 전문성 같은 그 사람의 고유한 성질로서 신뢰를 주어 설득을 이끌어내는 요소를 말한다. 에토스를 활용한 설득이란 화자와 화자가 제시한 근거의 출처에 대한 신뢰로 인해 청자가 설득되는 것을 말한다.

사람들은 본인에게 그 동안 믿을 만한 행동을 보여준 사람의 말을 쉽게 받아들인다. 사실 이는 매우 경제적인 행동이다. 항상 어떤 말이 믿을 만한지 판단하고 고민해서 결정하는 것은 피곤한 일이기 때문이다. 따라서 믿을 만한 사람인지 판단하고, 그 사람의 말을 받아들이는 것은 효율적인 결정 방식이다. 실제로 지금 이 사람이 하는 말이 동의할 만한 것인지 객관적으로 판단할 수 없더라도, 화자에 대한 과거 경험, 인식 등을 바탕으로 현재의 화자가 하고 있는 말에 대해 신뢰를 갖고, 받아들일 수 있는 것이다.

에토스를 활용하는 일반적인 방법은 그 사람이 갖고 있는 경력, 자격증을 제시하는 것이다. 화자를 개인적으로 알고 있지 못하더라도, 변호사, 의사, 교수와 같은 사람이 하는 말은 쉽게 받아들여진다. 왜냐하면 의사나 변호사가 되기 위해서는 어려운 시험을 통과하거나 오랜 시간 공부를 해야 한다는 것을 사람들이 알고 있기 때문이다.

에토스는 주제와 관련된 자신의 경험을 이야기하는 것으로도 생성될 수 있다. 예를 들어 여러 명의 자녀를 모두 명문대에 보낸 여성이, 본인의 경험을 바탕으로 자녀를 똑똑하게 키우는 방법에 대해 이야기를 한다면, 이 여성은 본인의 경험을 이야기하는 것만으로도 신뢰를 얻을 수 있는 것이다.

말하고자 하는 주제에 관하여 자신이 에토스를 갖고 있지 못하는 경우에는, 유명인의 에토스를 활용하는 것도 가능하다. 해당 분야에 대한 전문성이나 충분한 경험으로 인해 강력한 에토스를 가진 사람의 말이나 글, 상황 등을 가져와서 활용하는 것이다.

다음 사례에서는 청자를 다단계 업체에 끌어들이기 위해서 빌 게이츠를 언급하였다.

네트워크 마케팅, 한국에서는 다단계라고 생각하면서 부정적으로 보는 분들이 많습니다. 그러나 이는 아직 한국이 발전을 하지 못해서 일어나는 일입니다. 빌 게이츠는 자신이 컴퓨터 사업이 아니라면 네트워크 마케팅을 했을 것이라고 말할 정도로 네트워크 마케팅은 굉장히 선진적인 방법입니다.

- 다단계 회사 홍보방법 中

다만 여기서 주의할 점이 있다. 우선 첫째로 컴퓨터 전문가인 빌 게이츠가 마케팅을 설명할 때도 활용된 점이다. 에토스를 활용하기 위해 제대로 된 전문성은 없지만 유명한 사람의 발언을 갖고 올 수 있는 것이다. 한 노벨화학상 수상자가 자신이 전문가가 아닌 생리학 분야에 관하여 '비타민 C가 암을 치료한다.'고 발언한 것도 이에 해당한다. 이러한 문제가 발생하는 이유는 에토스가 '특정 분야의 전문성이 있는 사람의 말을 믿는다.'가 아니라 '믿을 만한 사람을 믿는다.'에 가깝기 때문이다. 둘째로 빌 게이츠는 저런 말을 한 적이 없다는 점이다. 사람들은 자료가 제공되면 내용 자체에 집중하지 자료의 출처에는 생각보다 둔감한 경우가 많은데, 실제로 올바르게 에토스적인 설득을 구사하기 위해서는 출처에 대한 검증도 이루어져야 한다.

아리스토텔레스는 「수사학」에서 설득의 세 가지 요소 중 가장 강력한 것을 에토스라고 설명했다. 실제로 설득적 효과는 ① 에토스, ② 파토스, ③ 로고스 순으로 나타나는 경우가 많다. 사람들은 자신이 신뢰하는 사람의 이야기를 쉽게 받아들이고, 그 다음으로 상대의 말에 공감하는 경우 사실 여부를 떠나 쉽게 동의하는 경향이 있다.

그러나 앞서 말한 바와 같이 에토스와 파토스를 적절히 활용하더라도 로고스가 없다면 그 설득은 지속적으로 힘을 발휘할 수 없다. 로고스 없이 에토스적인 설득을 하는 경우를 생각해보자. 청자가 화자가 갖는 전문성을 잘 모르거나 인정하지 않은 경우에는 전혀 설득력이 없을 수 있고, 오히려 권위에 호소하는 오류라고 생각할 수도 있다.

화자: 금융의 권위자인 OOO박사는 한국경제를 살리기 위해 금융소득
세부과를 해서는 안 된다고 주장했습니다. 전문가도 이렇게 말하
는데, 왜 금융소득세를 부과하려고 하는 겁니까?

청자: 그래서 이유가 뭐죠? 아니 그 권위자는 왜 근거 없이 주장만 하는
건가요?

반면 로고스 없이 파토스적인 설득을 하는 경우에는 감동이 식으면 설득의 효과도 함께 가라앉는다. 감정에 호소하는 오류라고 생각할 수도 있다.

화자: 오늘도 아이들은 죽어갑니다. 여러분! 인권은 지켜져야 되지 않
겠습니까? 그들이 행복할 수 있게, 이웃으로서 도움을 주십시오.

청자: 왜 우리가 도와야 하죠? 근거가 있어야 할 거 아닙니까?

따라서 효과적인 설득을 위해서는 설득의 3요소를 적절히 배합하는 일종의 '칵테일 요법'을 취하게 된다. 흔들림 없는 로고스를 바탕으로 하여 파토스와 에토스를, 상황과 목적을 고려하여 적절히 배합하여야 하는 것이다. 이를 통해 화자의 신뢰를 얻고, 청자의 마음을 울리며, 논리적으로 납득하는 설득의 3요소를 실천하여 청중을 효과적으로 설득할 수 있다.

토론교육 상황에서 흔히 발견되는 실수 1

쉬어가기

> 학생들의 생각(주장)이 틀렸다고 단정지어 지적한다.

　최근 들어 사회적으로 토론의 중요성이 부각되면서 초·중·고등학교에서도 토론교육을 진행하거나 토론대회를 개최하는 등 다양한 방법으로 학생들이 토론을 경험할 수 있도록 돕고 있다. 하지만 교육 현장에서의 여러 어려움 때문에, 학교 교사들이 직접 학생들에게 토론을 가르친다는 것은 쉽지 않다. 학부모 역시 스스로가 전문적인 토론교육을 받아보지 못했기 때문에, 자녀의 토론교육에 어려움을 느낄 것이다. 이번에는 토론에서 주로 발견되는 실수를 통해서 토론교육 시 유의해야 할 점들을 살펴보고자 한다.

　초·중·고등학교 학생을 지도하다 보면, 종종 학생들이 성인의 입장에서는 이해할 수 없는 생각이나 주장을 말할 때가 있다. 이때, 학부모나 지도 교사들이 학생의 의견을 잘못된 의견이라고 지적하고 다른 생각이나 주장을 유도하는 경우가 있는데, 토론교육에서 이러한 방식은 적절치 못한 지도 방식이다. 앞서 살펴봤듯이, 토론은 상대주의를 전제로 하는 의사소통방식이다. 토론에서 상대가 무조건 틀렸다고 일방적으로 지적하는 것은 바람직하지 않을뿐더러, 학생 입장에서도 자기 생각에 빠져 있기 때문에, 무작정 틀렸다고만 지적당한다면 기분이 나빠 조언을 제대로 받아들이지 못할 것이다.

　다음은 《동물원을 폐지해야 한다.》에 대한 학생의 발표 내용이다.

학생: 저는 '동물원을 폐지해야 한다.'라는 논제의 반대 입장입니다. 동물원에서는 동물들을 교육시켜 인간과 비슷한 지능으로 발전시켜줍니다. **동물원에서 동물들은 점점 똑똑해지고 영리해질 수 있습니다.**

언뜻 보면 학생이 주장하고자 하는 내용이 이해되지 않는다. 일부 학부모는 '동물원에서 동물들이 똑똑해지고 있다.'는 발언은 상식에 어긋난다고 판단하고, '틀렸으니 다른 내용을 찾아보자.'고 요구할 것이다. 이때 학생들은 자기만의 생각에 갇혀, 생각의 틀을 깨고 새로운 의견을 이해시키기가 쉽지 않다.

하지만 '토론의 방식'을 활용하여 교육한다면 학생이 진심으로 납득하고 이해하도록 유도할 수 있다. 학생의 생각이 틀렸다고 단정짓지 않고 이해하려는 태도를 보이면서, 학생이 스스로 생각의 오류를 찾아내도록 도와주는 것이다.

지도교사: 동물원에서 동물들이 똑똑해진다고 얘기했는데, **예를 들어 어떤**
(학부모) **것들이 있어?**

학생: 음. 예를 들면, 원숭이 쇼에서 원숭이들이 사람처럼 옷을 입고, 사람처럼 음식도 먹고, 사람의 말을 알아듣고 행동하거든요. 동물원 덕분에 동물들이 점점 똑똑해지는 것 같아요.

지도교사: 그럼 지금 예를 든 내용을 바탕으로, **'똑똑하다'는 것이 어떤 의미**
(학부모) **인지 설명해줄래?**

학생: '똑똑하다'는 것은 동물들이 사람처럼 행동하는 것이에요. 동물원에서는 동물들이 사람들에게 교육을 받아서 사람처럼 행동하고 있어서, 동물들이 똑똑해지고 있어요.

지도교사: 그럼 앵무새는 어떨까? **앵무새는 사람이 하는 말까지 그대로 따라서 하는데 앵무새도 똑똑한 걸까?** 앵무새도 가르치면 사람들과 대화를 할 수 있을까?
(학부모)

학생: 앵무새는 생각없이 똑같이 흉내 내는 거라서, 사람의 말을 비슷하게 해도 똑똑하진 않아요.

지도교사: 그럼 원숭이는 어떨까? **사람처럼 행동하도록 훈련받는 것이 과연 똑똑해지는 걸까?** 원숭이가 사람들과 비슷한 생각을 하면서 행동하는 걸까? 아니면 그렇게 행동하도록 훈련시켜서 길들인 걸까?
(학부모)

학생: 원숭이도… 결국 사람을 흉내 내는 것 같아요. 사람들과 같은 생각을 하는 게 아니니까, 똑똑해지는 건 아닌 것 같아요.

위 사례와 같이 질문을 통해서 학생의 생각 방향을 잡아준다면 학생도 쉽게 납득할 수 있다. 물론, 단순히 틀렸다고 지적하는 것보다 노력이 많이 드는 것은 사실이다. 하지만 질문에 답하기 위해 학생 스스로 생각해보고 논리를 세워보면서 사고력을 향상시킬 수 있고, 또 결과적으로 자신이 틀렸다는 것을 쉽게 납득할 수 있다.

만약 학생이 모든 질문에 자신의 논리를 말하고 반박을 이어가서 학부모나 지도교사의 입장에서 학생의 논리를 무너뜨리기 힘들다면 학생의 주장은 '틀린' 생각이 아니라, '창의적'인 생각일 것이다. 질문을 통한 토론교육 방식은 오히려 학생의 창의성을 발견할 수 있는 기회가 될 수도 있다.

토론자는 가장 효과적인 주장을 선택하여
효율적으로 입론을 구성하여야 한다.

3부

토론 준비하기

들어가기 전에
1장 | 자료 수집하기
2장 | 자료 이해하기
3장 | 입론 준비하기
4장 | 질문과 반론 준비하기
5장 | 토론 상황 준비하기

들어가기 전에

세계 최대 규모의 도서관인 미국 워싱턴DC 의회도서관(Library of Congress) 안에는 종교, 철학 등 다양한 분야를 대표하는 인물의 명언이 새겨져 있다. 그 가운데 흥미로운 것은 유명한 철학자 프랜시스 베이컨(Francis Bacon)의 명언이다. 바로 '독서는 완벽한 사람을 만들고, 회의는 준비된 사람을 만들고, 쓰기는 정확한 사람을 만든다.' 이다.

베이컨이 위의 말을 통해 강조한 것은 읽고 쓰고 회의하는 것이다. 그리고 이 말은 토론을 배우려는 사람에게도 시사하는 바가 크다. 토론 준비과정이 이와 같기 때문이다.

먼저 토론자는 논제에 관한 자료들을 읽어야 한다. 앞서 보았듯 우리는 토론을 통해 문제를 해결하고자 한다. 이때 토론자가 해결방안을 모색하기 위해서는 논제에 관한 주장과 근거를 만들고, 발굴할 수 있어야 하며 이를 위해서는 문제를 이해하고 있어야 한다. 따라서 논제에 관한 자료들을 읽어야 하는 것이다.

그리고 이를 바탕으로 자신의 입장을 청중에게 설득하기 위해 글을 잘 써야 한다. 기본적으로 아카데미식 토론을 하기 위해서 토론자는 자신의 입장, 주장, 근거를 담아 정제된 글로 입론을 구성해야 한다. 즉, 토론은 말로 이루어지지만 그 바탕에는 글이 있으므로, 글을 잘 써야 한다.

끝으로 토론자는 준비한 내용을 어떻게 토론에 활용할 것인지 논의해야 한다. 같은 자료와 입론도 어떤 상대 혹은 어떤 동료와 함께 토론하느냐에 따라 전개가 달라질 수 있다. 때문에 청중과 상대의 반응, 토론 상황 등을 고려하여 최적의 토론을 준비하여야 한다.

이처럼 토론을 제대로 수행하기 위해서는 많은 것들을 준비해야 한다. 따라서 시간도 많이 소요된다. 일반적으로 토론대회에서 하나의 논제를 준비하는 데 드는 시간은 약 한달, 적어도 2~3주 이상의 시간이 걸린다. 그러다 보니 이러한 준비과정을 생략하거나 무시하는 토론자들이 나타나기도 한다. 그 결과가 바로 이상한 토론자들이다. 근거 없이 주장만 늘어놓거나, 주장이 일관성이 없거나, 상대와 싸우려고만 하는 토론자가 이에 해당한다.

토론을 제대로 하고자 하는 그 누구도 이러한 토론자가 되기를 원치 않을 것이다. 여러분도 마찬가지일 것이다. 따라서 토론 준비과정을 차근차근 짚어본다면 청중과 상대방을 설득하기 위한 최선의 토론을 만들 수 있을 것이다. 이하에서는 아카데미식 토론을 준비한다는 가정 하에, 토론 준비과정을 확인한다.

1장

자료 수집하기

긍정 측: 선거에서 공천제도에 문제가 있다고 생각하는 국민들이 이미 대다수입니다.

부정 측: 그걸 어떻게 판단할 수 있습니까?

긍정 측: 여론조사 결과가 그렇습니다. 한 여론조사에서 정당공천제에 부정적으로 대답한 사람이 53%나 됩니다.

부정 측: 그 조사는 몇 명을 대상으로 한 조사인 것이죠?

긍정 측: 한… 2만 명 정도 되는 조사입니다.

부정 측: 네 알겠습니다. 그러면 아까 이야기 하신….

몇 년 전 어느 대학의 강의실. 그곳에선 중앙선거관리위원회가 주최하는 전국 대학생 토론대회 예선이 한창 진행 중이었다. 논제는 《기초자치단체 선거의 정당공천제를 폐지해야 한다.》였다. 열띤 토론 중 위와 같은 교차조사가 이루어졌다.

얼핏 보면 긍정 측 토론자가 '공천제도에 문제가 있다.'는 자신의 근거를 충분히 잘 주장한 것으로 보인다. 이대로라면 청중들은 긍정 측이 제시한 여론조사 결과와 주장을 그대로 받아들일 가능성이 높다.

하지만 자세히 보면 긍정 측 발언에 문제점이 많다. 먼저 여론조사의 질문과 답변이 정확히 제시되지 않았다. 논제에서와 같이 '기초자치단체의 정당공천제'를 질문한 것인지, 아니면 일반적인 선거의 '정당공천제'를 질문한 것인지 구분되어 있지 않다. 그리고 토론자는 53%가 부정적인 응답이라고 말했으나, 실제로 응답이 '문제 있다.'고 답변한 것인지 '보완이 필요하다.'고 답변한 것인지도 알 수 없다.

또한 여론조사의 출처와 시점도 불분명하다. 특히 여론은 상황에 따라 쉽게 변하기 때문에 먼 과거의 조사라면 그 의미가 퇴색될 수도 있다. 게다가 조사가 인터넷 설문인지, 아니면 전문기관에서 진행된 것인지도 알 수 없다.

끝으로 근거를 해석한 기준도 모호하다. 53%는 과반에 해당하는 수치이지만 국민 대다수라고 표현하기는 무리다. 나머지 47%도 과반에 육박한다고 볼 여지가 있기 때문이다. 따라서 긍정 측이 자료를 과대 해석하고 있다고 볼 수도 있다. 만일 이러한 자료의 문제점을 부정 측 토론자가 지적을 하였다면, 긍정 측은 청중을 설득하기 힘들어졌을 것이다. 구체적인 사실관계를 적절하게 해석하지 못했기 때문이다.

따라서 토론자는 위에서 살펴본 바와 같이 구체적인 사실들을 충분히 확인하여야 하며, 이를 위해 정확한 자료를 수집해야 한다. 이렇게 수집된 자료는 토론자의 논제에 대한 이해, 주장과 근거의 효과성 등 토론 전반에 걸쳐 영향을 미친다. 자료 수집은 토론 준비의 기본이자 첫 단추인 것이다. 그리고 동시에 실전 토론 직전까지도 지속적으로 보강하고 확인해야 할 작업이기도 하다.

최근에는 인터넷 검색을 통해 많은 양의 자료들을 쉽게 검색할 수 있다. 그러나 잘못된 자료, 허위 정보 등도 같이 검색되므로, 제대로 된 양질의 자료를 수집하고 정리하기 위한 방법을 습득하는 것이 중요하다. 이하에서는 효과적인 자료를 효율적으로 검색하고, 적절하게 해석하는 방법에 대하여 살펴보도록 한다. 특히, 어느 것이 신뢰할 수 있는 자료인지, 그리고 자료에서 어떻게 사실(fact)을 가려낼 것인지에 대해서도 확인해본다.

전문성 있는 연구 자료

유명 대학의 식품영양학과 교수가 동료교수들과 식사하는 자리에서 있었던 일이다. 여러 가지 반찬이 개인별로 담겨 나오는 한정식 식당이었는데, 식사가 끝나갈 무렵 재미있는 광경이 펼쳐졌다. 식품영양학과 교수가 먹지 않은 반찬은 다른 교수들도 먹지 않았던 것이다. 이를 이상하게 여긴 식품영양학과 교수는 다른 교수들에게 말했다.

"여기 계신 분들은 입맛이 비슷하신가 봐요."

그러자 앞에 앉은 교수가 이렇게 답했다.

"교수님이 안 드셔서 식단에 안 좋은 줄 알고 안 먹었는데요?"

다른 동료교수들도 이 말에 동의했다.

사실 식품영양학과 교수가 반찬을 남긴 것은, 개인 취향 때문이었다. 그럼에도 다른 교수들이 그것을 취향이 아니라 '좋고 나쁨'으로 고려한 것은, 식품 전문가인 식품영양학과 교수가 주는 신뢰 때문이다.

위 이야기는 '학계의 전문성은 신뢰도가 높다.'는 것을 시사한다. 학계의 연구결과는 많은 사람들에게 인정받는다. 왜냐하면 엄격한 검증 과정을 거치기 때문이다. 토론이 상대방을 설득하는 것을 목표로 하듯, 학문에서의 연구도 가설(주장)을 제시하고 이를 실험(근거)을 통해 논리적으로 검증하는 것을 목표로 한다. 이때 연구결과가 사실인지 확인하기 위해 여러 비판과 반증으로 학계의 검증을 거친다. 때문에 연구결과를 설명한 '논문' 혹은 '학술지'에 게재된 연구결과는 검증된 것으로서 신뢰도가 높다.

연구 자료 검색하기

그렇다면 신뢰도 높은 연구 자료를 어떻게 찾아볼 수 있을까? 연구 자료는 주로 도서관이나 연구기관 등에 많이 있지만, 최근에는 온라인을 통해서도 쉽게 찾아볼 수 있다. 다음은 연구 자료 검색 사이트들이다. 이외에도 자료를 검색할 수 있는 사이트들은 많지만, 일반적으로는 아래의 사이트들로 다시 연결해주는 링크사이트인 경우가 많으므로, 처음부터 아래 사이트에 접속해서 자료를 검색해도 좋다.

논문·학술지 등 연구 자료 검색 사이트

학술연구정보서비스 Riss	riss.kr
한국학술정보 KISS	kiss.kstudy.com
DBPIA (디비피아)	dbpia.co.kr
국회 전자도서관	dl.nanet.go.kr
구글 학술검색	scholar.google.co.kr
네이버 학술정보	academic.naver.com

다만, 일부 사이트에서 자료 다운로드 시 요금이 발생할 수 있는데, 이때 해당 사이트와 제휴협약을 체결한 대학·단체의 인증을 받아 접속하면 무료로 이용할 수 있는 경우도 많다. 따라서 대학생이면 본인 소속 대학 도서관 홈페이지부터 검색하는 것도 방법이다. 일반인들은 주로 지자체 도서관을 이용하면 혜택을 누릴 수 있다.

일부 자료는 온라인상으로는 열람할 수 없는 경우가 있다. 이는 오프라인에서만 확인할 수 있으므로, 실제로 자료를 소장하고 있는 국회도서관, 국립중앙도서관 등을 방문해서 확인하여야 한다. 각 도서관 내에 비치된 컴퓨터로 제한된 자료들을 열람할 수 있다. 이마저도 불가능한 경우에는 직접 인쇄된 원본을 찾아서 복사하는 방법도 있다. 이 과정에서 쉽게 찾기 힘든 보물을 발견할 수도 있다.

또한 다양한 연구기관의 연구 자료를 살펴보는 것도 추천한다. 대표적인 것이 한국개발연구원(kdi.re.kr)이다. 한국개발연구원은 경제동향, 나라경제 등 정기간행물을 통해 유의미한 자료들을 공개한다. 특히 금융뿐만 아니라 노동, 교육, 산업, 복지 등 다양한 분야의 연구 보고서를 발행하고 있어 참고하기 좋다. 단점이라면 보고서가 전문적이고 양이 많아서 필요한 내용만 발췌하기가 어려울 수 있다는 점이지만, 반대로 국가기관이 발행하여 자료의 신뢰도가 높다는 점이 장점이다.

국내 대기업들도 각자의 경제연구 기관을 통해 연구 보고서를 만들고 있다. 다음은 참고할 만한 각 회사 경제연구 기관의 사이트이다. 해당 사이트에서는 정기적으로 경제전망이나 연구결과 등을 무료로 제공하고 있다. 이를 확인하여 토론 준비에 활용할 수 있다.

기업 별 경제연구원 사이트

삼성경제연구소	seri.org
현대경제연구원	hri.co.kr
LG경제연구원	www.lgeri.com
KT경제경영연구소 디지에코	digieco.co.kr
포스코 경영연구원	posri.re.kr

검색한 자료 정리하기

　사이트에서 자료를 검색할 때는 논제의 주요 키워드를 활용하는 것이 편리하다. 다만 논제에 포함된 단어 한두 개만을 검색할 경우 마치 포털 사이트처럼 무수히 많은 검색결과를 보게 될 것이다. 이때 검색된 모든 자료를 상세히 살펴볼 수는 없기 때문에 몇 가지 기준으로 자료를 분류하고, 선별하는 것이 좋다.

　자료를 선별하는 기준은 다음과 같다.

　첫째, 논제와 유사한 제목의 자료일수록 유용하다. 예를 들어서 《기초자치단체 선거의 정당공천제를 폐지해야 한다.》는 논제가 있다고 하자. 이때 '기초자치단체', '정당공천제'로 검색하여 나온 자료 중에 '기초자치단체 선거의 정당공천제에 관한 연구'라는 논문이 있다면, 이러한 자료가 유용한 자료이다.

　둘째, 다른 논문, 연구 자료에 인용된 횟수가 높을수록 좋다. 인용이 많이 되었다는 것은 일반적으로 그 자료가 많은 이들에게 검증을 받았고 유용하다고 인정받은 것이기 때문이다.

　셋째, 유사한 내용이라면 학위 논문보다는 학술지에 공식적으로 등재된 내용이 더 바람직하다. 이는 학술지에 게재하기 위해 학회에서 본 내용을 한 번 더 검증 받았기 때문이다.

　위와 같이 연구 자료를 검색하고 내용을 저장하면서 잊지 말아야 할 일이 있다. 바로 자료의 출처를 명확하게 정리하는 것이다. 토론의 초심자들은 유용한 문구가 있는 자료 일부만을 발췌하여 정리하기도 한다. 이때 출처를 정리하지 않으면 토론 중에 상대방이 출처를 요구했을 때 대응하기 힘들어진다. 나중에 재검색을 하는 수고를 덜기 위해서라도, 논문의 제목, 저자, 발행연도를 반드시 기재해야 한다.

연구자료 수집 시 주의할 점

연구 자료를 수집할 때 주의할 점은 크게 두 가지로 살펴볼 수 있다.

첫째, 같은 주제의 연구 자료를 복수로 비교하는 것이 바람직하다. 시간이 흘러 연구방법이 달라지면, 같은 주제로 연구했음에도 다른 연구결과가 나올 수도 있다. 따라서 하나의 자료에 안심하지 말고, 다양한 연구결과를 확인하기 위해 여러 자료를 수집해야 한다. 특히, 최신 자료는 반드시 확인해야 한다. 예를 들어, '커피섭취'와 '건강'의 연구결과를 검색한다고 했을 때, '몸에 좋다/나쁘다' 등 다양한 결과가 나올 수 있어 연구자와 년도를 확인하며 자료를 수집해야 한다.

둘째, 주관적인 의견보다 객관적인 연구결과를 활용하는 것이 바람직하다. 전문가들이 연구결과를 거치지 않고 주관적인 전망이나 생각을 밝힐 수 있기 때문이다. 그러나 이러한 발언은 연구와 검증을 거치지 않았으므로 객관적인 연구결과에 비해 신뢰성이 낮다. 예를 들자면 토론자는 '저명한 학자인 ○○○의 의견'이 아니라 '△△학술지의 ○○ 연구결과'를 제시해야 하는 것이다.

이처럼 몇 가지 유의사항만 조심한다면, 토론자에게 연구 자료는 매우 가치있는 자료가 될 것이다.

사실을 다룬 언론기사

어느새 대중화된 팩트체크(fact check)란 단어는 언론을 바라보는 대중의 시선을 많이 바꾸었다. 과거에는 언론기사는 전부 사실일거라고 믿는 대중이 많았다면, 최근에는 기사의 내용이 정말로 사실인지 객관적으로 검토하는 사람들이 많아졌다. 덕분에 언론들은 더 구체적으로 사실을 다루기 시작했고, 대중들도 이를 바탕으로 사회문제를 판단하게 되었다.

앞서 언급한 연구 자료는 시대를 바로 읽어내는 데에는 한계가 있다. 연구와 검증에 시간이 많이 소요되기 때문이다. 반면 언론은 거의 실시간으로 벌어진 일들을 기록하므로, 갑자기 등장한 이슈를 탐구하고 연구하는 데 굉장히 중요하다.

다만, 언론기사는 사실과 기자의 의견이 혼재된 경우가 많다. 따라서 언론기사를 활용하기 위해서는 사실(fact)과 의견을 구분하는 것이 중요하다.

언론은 취재과정을 통해 스스로 새로운 사실을 탐색하기도 하고, 관련 자료들을 확인하기도 한다. 그리고 이에 전문가 인터뷰를 더하기도 한다. 이러한 언론기사는 객관적이고 신뢰할 수 있는 경우가 많다. 때문에 토론을 준비하고 논제를 이해하는 데 가치 있게 사용될 수 있다.

언론기사 검색하기

토론자는 언론기사를 어떻게 수집해야 할까? 검색 자체는 어렵지 않다. 네이버, 구글 등 포털 사이트에서도 손쉽게 기사를 검색할 수 있다. 이때 '단어 제외/포함', '기간설정', '언론사 설정' 등 검색옵션을 통해 보다 구체적으로 검색하는 것이 가능하다. 다만, 토론자가 언론기사를 검색할 시 참고해야 할 것은 두 가지이다.

첫째, 해당 주제에 대하여 여론의 변천, '히스토리'를 확인하는 것이다. 해당 주제의 '히스토리'를 살펴본다는 것은, 시대에 따라 주제에 관한 시각이 어떻게 변화하였는지를 확인하는 것을 의미한다. 언론기사는 사회문제를 가장 시의성 있게 다루다 보니 당시의 상황과 분위기를 반영하는 경향이 있다. 이로 인해 같은 주제에 대하여 검색한다고 하더라도 시기에 따라 바라보는 관점이 다를 수도 있다.

예를 들어 《정부는 골목상권에 입점하는 대형슈퍼마켓을 제한해야 한다.》는 논제가 있다고 생각해보자. 이 때 주요 키워드는 '대형슈퍼마켓'이다. 이를 검색해보면 대형슈퍼마켓이 확산되는 시기였던 2009년부터 2010년까지는 주로 '보호', '단축', '규제' 등의 단어가 함께 사용된 기사들이 다수 검색된다. 이는 중소상인들의 입장을 대변한 것으로 평가할 수 있다. 반면 비교적 최근인 2017년과 2018년에는 주로 '적자', '난색', '운영' 등의 단어가 함께 사용된 기사들이 검색된다. 기업의 경제활동이 어려워지고 소비자의 불편이 발생한다는 내용이 지적되고 있는 것이다.

이처럼 같은 주제라 하더라도 시기에 따라서 논의의 흐름이 달라질 수 있으므로, 이를 고려하여 해당 논제에 관하여 사람들의 논의가 어떻게 달라져왔는지를 이해할 필요가 있다. 이렇게 사회문제의 과거를 안다는 것은 토론자에게 큰 도움이 된다. 왜냐하면 문제가 갑자기 심각해진 것인지 원래부터 존재하던 문제인지, 무슨 중대한 사건이 있지는 않았는지 등 다양한 내용을 살펴봄으로써 논제에 관한 이해도를 높일 수 있기 때문이다.

둘째, 언론사의 성향을 고려해야 한다. 언론은 기본적으로 기업이기 때문에 여러 가지 이해관계에 얽혀있고, 그에 따라 보도하는 성향이 달라질 수 있다. 어떤 언론이 강조하는 내용을 다른 언론은 무시할 수도 있다. 특히 흔히 이야기하는 '정치성향'인 보수와 진보도 이에 해당한다. 진보언론은 보수세력의 잘못에, 보수언론은 진보세력의 잘못에 집중하는 문제가 나타날 수 있는 것이다. 이 때문에 언론기사를 두루 검토하지 않으면 이러한 정보의 편향성에 사로잡힐 수 있다. 따라서 토론자는 최대한 객관적인 사실을 수집하기 위해 복수의 언론사 기사를 확인해야 한다.

이때 무턱대고 많은 기사를 확보하는 것보다는 주요 일간지나, TV 뉴스를 중심으로 선정하는 것이 일반적으로 무난하다. 인터넷의 확장으로 다양한 형태의 언론이 출현하였지만 그에 비례하여 질 낮은 기사들이 많아졌는데, 이러한 기사들까지 전부 고려하는 것은 사실상 불가능하다. 따라서 토론자에게 도움이 될 수 있도록 주요 언론사들의 기사를 중심으로 확인하는 것이 적절하다.

위 두 가지 유의사항을 동시에 충족할 수 있는 기사 검색 방법이 있다. 포털사이트가 아닌,'한국언론진흥재단'에서 운영하는 빅카인즈(www.bigkinds.or.kr) 사이트를 활용하는 것이다.

해당 사이트는 재단에서 운영하는 언론 검색 툴을 활용한다. 신뢰도 높은 40여개의 주요 중앙지, 방송사 등의 기사를 모아 볼 수 있으며,

특정 키워드 검색 시 과거의 관련기사들을 함께 확인할 수 있다.

빅카인즈 상세검색창

물론 포털, 빅카인즈 외에도 각 언론사의 개별 홈페이지에서 기사를 검색할 수 있다. 특히 토론의 논제가 정치적인 이슈와 관련 되었다면 아예 정치성향이 극과 극인 사이트를 직접 들어가서 각각 어떤 사실을 강조하는지 확인하는 것도 방법이다. 이러한 방법은 특히 긍정 측과 부정 측 입장을 모두 준비하는 토론자들에게 많은 도움이 될 것이다.

언론기사의 인용 방법

언론기사의 인용 방법은 학술적인 연구 자료와 다를 바 없다. 정확한 출처와 내용을 밝히는 것이 중요하기 때문이다. 다만 앞서 말했듯 기사는 시의성이 중요하고, 언론에 따라 어느 정도 정치성향이 반영되었을 가능성이 높기 때문에 토론자는 '어느 매체'에서 '언제' 다뤄진 기사를 인용했는지 밝혀야 한다. 그 예는 다음과 같다.

예1 지난 7월, ○○신문에서 밝힌 여론조사 결과에는

예2 전문가 ○○○씨를 인터뷰한 △△방송의 3월 보도 내용에는

최근에는 종합편성채널의 시사예능, 패널토론 등 토론 구도로 진행되는 TV프로그램이 증가했다. 이런 프로그램들의 특징은 최신의 이슈에 대해 전문가 혹은 패널의 의견을 듣는다는 점이다. 따라서 일부 토론자는 간혹 이런 시사교양 프로그램 등을 언론기사처럼 토론 참고자료로 활용하기도 한다. 하지만 기본적으로 패널의 발언은 개인적인 견해에 불과하며, 특히 근거의 출처를 명확히 밝히지 않는 경우에는 더욱 그렇다. 따라서 언론기사와 유사하게 느껴진다 하더라도 이러한 시사 프로그램의 내용은 언론기사와 달리 근거로 활용하기 어렵다.

숫자의 힘, 통계자료

토론을 하다 보면 근거에 관해 무리하게 딴죽을 거는 사람들을 종종 만나게 된다. 언론기사를 제시하면 해당 언론사의 성향을 문제 삼는 사람도 있고, 연구 자료를 제시하면 일부 학자들의 의견이라고 폄하하

는 사람도 있다. 이러한 질문들은 '어느 입장이 최선의 입장인가'를 고민하기보다 상대방 입장을 물고 늘어지며 토론의 질을 저해하는 것들이지만, 청중이 이에 현혹될 수도 있다는 점에서 주의해야 한다.

이러한 문제를 극복하는 방법으로 객관화된 숫자로 사실을 보여주는 것, 바로 '통계'가 있다. 통계는 여러 현상에 대한 자료를 수치로 정리하여 간단히 나타낸 것이다. 그렇기 때문에 통계 역시 설문의 설계나 표본의 추출 등 여러 가지 고려해야 할 문제가 있는 것은 사실이다. 그러나 합리적으로 도출된 통계는 청중에게 큰 신뢰를 준다는 점에서, 객관적인 사실을 제시할 때 매우 강력한 도구라 할 수 있다.

예를 들어 '고용상황이 개선되었다.'는 이야기를 이런 저런 사례나 비유, 그 주변의 분위기 등을 들어 말한다고 해도, 청중은 이에 쉽게 납득하지 않을 수 있다. 이때 청년계층의 고용률이 전년대비 2%p 증가했다는 통계가 제시된다면 어떨까? 아마도 대부분의 청중들은 고용상황이 개선되었다는 것을 이전보다 쉽게 이해하고 수용하게 될 것이다.

이와 같이 통계가 강력한 이유는 다음과 같다. 첫째, 통계는 객관적일 것이라는 믿음이 존재한다. 특히 대부분의 통계자료는 정부기관이나 언론을 통해서 만들어지기 때문에 신뢰받는 경우가 많다. 둘째, 통계는 청중들이 이해하기 쉽다. '경제가 힘들다.'는 말보다는 '경제성장률이 전년도보다 1%p 하향하였다.'는 말은 구체적으로 얼마나 경제가 안 좋아졌는지 인지하는 데 도움을 준다. 따라서 토론자는 통계를 수집하고 정리하여 토론에 적절히 활용할 필요가 있다.

일반적으로 통계자료는 통계청이 운영하는 국가통계포털(kosis.kr)을 통해 다양하게 확인할 수 있다. 국가통계포털은 국내외의 주요 통계를 모아 원하는 통계를 한 번에 찾도록 제공하는 통계 서비스다. 약 300여 개 기관이 작성하는 국가승인통계를 수록하고 있고, IMF·OECD 등 국제기관들의 최신 통계도 제공하고 있다는 것이 장점이다.

국가통계포털이 다루는 주제는 인구·가구뿐 아니라 보건·고용·교육 등의 사회통계, 물가·기업경영 등의 경제통계 등 다양하다. 특히 '쉽게 보는 통계'를 통해 대상·이슈별 통계 정보를 제공하기도 하는데, 1960~70년도의 통계자료도 확인할 수 있어 시대별 비교도 쉽게 할 수 있다. 이렇게 토론자가 통계를 직접 확인하는 것은 토론자의 객관적인 시각을 강화한다는 점에서 의미가 있다.

국가통계포털 홈페이지

통계자료를 수집할 때도 다른 자료와 같이 잘 기록하고 분류해두어야 한다. 특히 통계를 어떤 기관에서 작성했으며, 통계에 사용된 용어의 의미는 무엇인지를 확인해두는 것이 좋다. 이는 토론 도중 상대방이 근거의 출처를 물어볼 수 있기 때문이다.

또한 국가통계포털의 통계자료를 열람하면 출처와 함께 통계의 대상과 목적, 기간 등을 확인할 수 있는데, 이때 '주요 용어해석'을 통해 단어의 해설을 확인할 수 있다. 예를 들어 '국민연금' 통계에는 '사업장 가입자, 지역가입자, 임의가입자' 등 다양한 구분이 있는데, 이때 각 가입자가 어떻게 구분되는지를 해석을 통해 확인할 수 있는 것이다. 이와 같이 통계를 단순한 숫자로만 제시하지 말고, 통계로 드러나게 된 맥락을 함께 정리하여 활용하도록 하자.

민심을 읽는 여론조사

정부나 국회에서 자주 언급되는 말 중 하나가 '국민의 뜻'이다. 민주주의 사회에서 국민의 의사는 정책에 반영되어야 하는 것으로 받아들여진다. 따라서 정책토론에 임하는 토론자도 이를 고려하여야 한다. 그리고 여론을 파악하기 위해서는 여론을 정리한 여론조사 결과를 확인하는 것이 유용하다.

여론을 조사하는 전문기관은 많다. 선거철이 아닌 평상시에도 여론조사기관은 다양한 사회 이슈에 대해 꾸준히 조사한다. 그리고 그 결과들을 홈페이지나 보도자료를 통해서 배포한다. 언론기관에서 여론조사기관에 조사를 의뢰하기도 한다. 따라서 토론자는 논제와 관련한 여론조사가 진행된 것은 없는지 각 조사기관의 홈페이지나 이를 인용한 기사를 통해 확인해 볼 필요가 있다. 다음은 참고할 만한 여론조사 기관들이다.

여론조사 기관 사이트

한국갤럽	www.gallup.co.kr
리얼미터	realmeter.net
엠브레인 트렌드모니터	trendmonitor.co.kr
한국리서치	www.hrc.co.kr
서울시 여론조사	research.seoul.go.kr

다만 여론조사는 '신뢰할 수 있는가?'에 대해 지적을 받을 수 있다. 여론조사는 다음 세 가지를 고려하여 살펴보아야 한다.

첫째, 표본을 적절하게 추출해야 한다. 예를 들어 우리나라 전체 여론을 파악하려고 표본을 추출하였는데 세종시에 사는 사람들만 선정했다고 하자. 이 경우 지역적으로 세종시에 편중되어 있으므로 전체 여론을 파악하는 데 부합하지 않다. 이러한 문제를 해결하기 위해 여론조사의 표본은 지역, 연령 등을 배분하여 추출한다.

둘째, 표본이 전체를 대표할 수 있을 정도로 충분해야 한다. 여기에 관해서는 통계학적인 지식이 필요하지만, 간단히 말해서 표본의 수가 많으면 많을수록 신뢰도는 높아진다.

위의 기준을 하나하나 확인하는 것은 무리다. 다만 여론을 전문적으로 조사하는 기관의 조사결과라면 위 두 가지 사항은 충족된다고 보아도 무방하다. 특히 통계학적으로 조사인원이 1,000명 정도만 되어도 해당 여론조사는 충분히 유의미하다. '1,000명으로 5천만 명을 어떻게 대표할 수 있는가?'는 질문을 떠올릴 수 있지만, 통계학적 신뢰도로는 그렇다. 다만 여론조사 결과를 활용하는 경우에도 상대방이 해당 여론조사의 세부사항을 물어볼 수 있으므로, 조사 대상이 몇 명이었고, 신뢰도는 어느 정도인지를 확인해두는 것이 좋다.

셋째, 질문의 내용과 답변의 보기가 적절하게 설계되었는가를 살펴보아야 한다. 질문의 뉘앙스를 달리하여 답변을 왜곡할 수도 있고, 답변의 보기를 이상하게 배치하여 일정한 답변을 유도할 수도 있기 때문이다. 예를 들어 '○○○ 대통령은 업적이 하나도 없다.'와 같은 질문을 던진다면 '그렇지 않다.'고 대답하기 쉬운데, 이를 ○○○ 대통령의 업적에 긍정적인 반응을 보인 사람으로 해석할 수도 있는 것이다. 이러한 여론조사는 편향된 조사이므로 문제된다. 이처럼 토론자는 설문조사의 단순 결과만 보는 것이 아니라 그 결과가 나오게 된 과정까지 생각해 볼 수 있어야 한다.

물론 여론조사 결과는 다른 자료들에 비해 쉽게 변한다는 한계는 있다. 여론은 상황이나 이슈에 따라 가변적이기 때문이다. 그러나 여론은 민주주의 사회의 다수가 바라는 바를 감지할 수 있는 유용한 수단이고, 그것이 정책이나 의사결정에 고려되어야 한다는 점에서 토론자도 이를 활용하여 토론에 임할 필요가 있다.

기본이 되는 법

"대한민국 헌법 제 1조 2항 대한민국 주권은 국민에 있고 모든 권력은 국민으로부터 나온다. 국가란 국민입니다!"

1,100만 명의 관객을 동원한 영화 '변호인'의 한 장면이다. 주인공은 재판장에서 헌법을 근거로 들어 주장했다. 이와 같이 법을 다루는 영화나 드라마에서는 법 조항을 자신의 근거로 활용하는 장면을 종종 볼 수 있다. 그리고 토론에서도 법을 적절히 근거로 활용할 수 있다.

법은 사회질서를 지키고 구성원 간 갈등을 방지한다. 따라서 사회문제가 발생하면 필연적으로 함께 언급된다. 그래서 토론자는 논제와 관련된 법을 확인할 필요가 있다.

법을 확인할 수 있는 사이트는 법제처에서 운영하는 '국가법령정보센터(law.go.kr)'다. 이 사이트에서는 알아보고자 하는 법률의 원문을 쉽게 검색할 수 있다. 현행 법령을 확인하는 것뿐 아니라 '생활법령' 등에서 그 법령을 풀이해준 내용도 참고할 수 있다.

법을 확인하기 위해서는 법의 구조를 이해할 필요가 있다. 우리나라의 법은 헌법→법→시행령→시행규칙 순으로 구체화된다. 그리고 법 집행에 관한 구체적인 기준은 별표를 통해 제시한다. 예를 들어 「대한민국헌법」 제96조에 따르면 '행정각부의 설치·조직과 직무범위는 법률로 정한다.'라고 되어 있는데, 이에 따라 「정부조직법」 등으로 행정각부를 정하고 있다. 그리고 그 행정각부 하위의 조직은 시행령이나 시행규칙에서 찾을 수 있고, 정원은 별표에서 확인할 수 있을 것이다.

다른 예를 들어보자면, 최저임금에 관하여 토론을 하는 경우에는

「최저임금법」, 「최저임금법 시행령」, 「최저임금법 시행규칙」을 모두 찾아보는 것이 좋다.

법을 찾아 활용할 때는 자신이 최신 법을 보고 있는지 확인할 필요가 있다. 개정일자와 시행일자를 통해 이를 확인할 수 있다. 예를 들어 [시행 2018. 3. 20.] [법률 제14900호, 2017. 9. 19., 일부개정]이라고 되어 있으면 2017년 9월 19일 법 내용 중 일부가 개정되어 2018년 3월 20일부터 시행된 법이다.

법 이외에도 판례를 근거로 제시할 수도 있다. 판례는 법을 구체적인 상황에 적용하여 판단한 결과이기 때문에 판례의 상황과 유사한 상황이라면 판례는 법만큼이나 강력한 근거로 활용될 수도 있다. 국가법령정보센터에서도 판례와 법령 해석의 사례가 함께 검색되기 때문에 필요시 참고해 볼 수 있다. 만약 더 자세한 판례를 살펴보기 위해서라면 법률포털사이트인 '로앤비(lawnb.com)'도 참고할 수 있다. 다만 본 사이트는 유료이다. 대학 도서관 등과 제휴 계약이 맺어져 있을 수도 있으므로, 대학생이라면 해당 내용을 확인해보는 것도 좋다.

지금까지 다양한 토론 자료들을 확인해보았다. 토론 상에서 제시하는 자료는 효과만 크다면 그 수가 중요하지는 않다. 하지만 입론에서 쓰지 않더라도 예비로 가지고 있어야 할 자료는 다다익선이다. 많은 자료를 통해 다채로운 해석을 펼칠 수 있고, 실제 토론에서 활용할 수 있기 때문이다. 따라서 토론자는 최대한 준비 기간을 확보하여 자료 조사에 큰 힘을 쏟아야 한다.

2장

자료 이해하기

 토론을 할 때 청중에게 해당 논제를 잘 이해하고 있음을 드러내는 것은 중요하다. 이는 토론 자체를 올바르게 수행하는 것은 물론이고, 청중에게 신뢰를 줄 수 있기 때문이다. 따라서 토론자는 청중이 이해하기 쉽게 내용을 요약하고 전달하여 논제의 이해도를 보여주어야 한다. 이를 위해 사전에 조사한 자료를 잘 공부하여 자신의 것으로 만들어야 한다.

 이때 유의하여야 할 점은 크게 세 가지이다. 첫째, 논제에 주어진 문제가 왜 발생했는지를 찾아야 한다. 문제를 이해해야 올바른 해답을 찾을 수 있기 때문이다. 둘째, 토론에서 언급할 범위를 고민해야 한다. 모든 문제 상황을 언급할 수 없기 때문에 수집한 자료에서 언급할 부분을 결정하는 것이다. 따라서 어떤 문제까지 해결할 것인지 토론의 목표를 확인해야 한다. 셋째, 논제를 둘러싸고 이미 논의되었던 주장과 근거들을 확인하는 것이다.

이와 같은 과정을 통해 토론자는 논제에 관한 이해도를 높일 수 있다. 단언컨대 토론에서는 아는 만큼 이해하고, 이해한 만큼 잘 말할 수 있다. 이하 자료를 어떻게 이해할 것인지에 대하여 보다 구체적으로 살펴보도록 한다. 이를 바탕으로 주장과 근거를 수립하여 토론에 당당히 임할 수 있을 것이다.

토론 배경과 사회문제 확인

토론 선진국인 미국에서는 1960년부터 대선 토론을 TV로 중계했다. 존 F. 케네디와 로널드 레이건와 같은 능숙한 토론자들은 TV토론으로 자신을 알리는 데 성공했다. 그 중에서도 1976년의 대선은 토론의 효과를 잘 보여주는 사례로 꼽힌다. 국민이 원하는 대통령의 기본 자질을 토론으로 검증하였기 때문이다.

당시 현직 대통령이던 제럴드 포드와 다른 대선 후보였던 지미 카터는 열띤 토론을 벌이고 있었다. 그때 포드의 말 한마디에 순식간에 분위기가 기울었다. 포드는 '동유럽에 미치는 소련의 영향력은 어떠한가?'라는 질문을 받았는데, '소련의 지배력은 없다. 동유럽 나라는 독립적이다.'이라고 답하였다. 문제는 1976년이 한창 냉전이 벌어지고, 소련이 전 세계로 힘을 과시하던 때였다는 것이다. 토론을 시청한 국민들은 포드가 국가의 문제를 제대로 인식하지 못한다고 느끼게 되었고, 대선 결과는 당연히 포드의 패배로 이어졌다. 이는 사회문제에 대한 토론자의 이해도가 얼마나 중요한지 보여주는 사례이다.

토론은 문제로부터 출발한다. 문제가 없으면 토론을 할 필요도 없다. 청중 역시 무엇이 문제인지 알지 못하면 토론 자체에 몰입을 할 수 없다. 그렇기 때문에 토론자는 청중에게 자신이 정확한 문제의식을 갖고 있음을 보여줌으로써, 청중을 설득하기 위한 기반을 조성해야 한다.

그렇다면 사회문제를 이해하기 위해 어떤 것들을 참고할 수 있을까? 앞서 수집한 자료들은 대부분 완결된 형태의 글인 경우가 많다. 전문자료나 언론기사 등은 그 자체로 완결성을 갖춘 것이다. 이러한 자료들은 왜 이 자료를 작성했는지 배경을 기술하고 있는데, 이로부터 무엇이 문제인지 확인할 수 있다.

먼저 연구 자료를 확인해 보자. 논문·학술지 등의 연구 자료는 일반적으로 연구배경(목적), 선행연구, 연구방법, 본론, 결론으로 구성되어 있다. 이 중 연구배경에서는 왜 이러한 연구를 진행했는지를 다루고, 선행연구에서는 비슷한 문제의식을 갖고 어떤 연구들이 있었는지를 다룬다. 따라서 이를 읽어봄으로써 어떠한 문제가 있었는지 확인할 수 있다. 앞에 주요 내용을 요약해놓은 초록(abstract)이 있으면 이를 읽어보는 것도 한 방법이다. 다음 사례는 '대형슈퍼마켓'과 관련하여 학술지에 게재된 연구내용이다.

○○년 중소기업중앙회 조사에 따르면 전년도에 중소유통업의 매출 규모는 기존보다 34% 감소했으며, 고객 수는 37%, 상가의 권리금은 22% 감소했다고 한다. 이는 골목마다 진출한 대형슈퍼마켓의 영향이 큰 것으로 예상되며, 한 조사 결과에 따르면 중소유통업체의 약 70%는 대형슈퍼마켓에 대한 대응책이 전혀 없다고 조사되었다. 이런 무차별

적인 대형유통기업의 입점 시도는 지역 상권을 붕괴시키고 중소유통업체에 치명적인 타격을 가하고 있다.

- 자료: '대형슈퍼마켓' 연구보고서

위 사례에서는 연구의 배경으로 중소유통업의 매출과 고객 그리고 권리금의 감소를 언급하고 있다. 이를 통해 중소유통업의 재정지표가 감소한다는 문제상황을 이해할 수 있다.

언론보도 자료도 마찬가지이다. 신문, 뉴스 등은 기본적으로 사실을 바탕으로 한 정보를 제공하면서, 사회문제에 관하여 최신의 사실을 전달한다. 때문에 보도 내용은 사회문제의 현황을 파악하기 좋다.

지난 ○월 ○일, 소상공인연합회는 기자회견을 통해 '골목상권을 해치는 대형슈퍼마켓'에 대해 규탄하는 성명을 발표했습니다. 성명에 따르면 무분별한 대형슈퍼마켓의 확장이 골목의 상권을 침해하며… (중략) 이에 해당 대형슈퍼마켓의 본사는 업체로 점포 확장 시 기존 상권과의 상생을 고려하여 재래상권 침해는 최소화되고 있으며, 고객편의를 위한 서비스 제공에 더 집중하겠다는 입장을 밝혔습니다.

- 자료: ○○일보 ○월 ○일자 기사

위는 '대형슈퍼마켓'과 관련된 기사이다. 위의 언론기사를 통해 토론자는 대형슈퍼마켓이 골목상권을 해친다고 중소유통업 관련자들이 인지하고, 대형슈퍼마켓은 재래상권 침해를 최소화하고 있다고 입장을 표했음을 알 수 있다.

이처럼 토론자는 자료를 통해 문제의 배경을 확인할 수 있다. 그리고 토론자는 자료에 주어진 배경을 충분히 이해하여 청중에게 토론의 배경을 전달함으로써 청중이 자신의 발언에 좀 더 몰입하고, 공감하도록 만들 수 있다.

논제의 정의와 범위 확인

장님들이 코끼리를 만지는 광경을 떠올려보자. 코만 만진 사람은 코끼리를 원통 같다고 생각할 것이다. 다리만 만진 사람은 기둥 같다고 느낄 것이며, 귀만 만진 사람은 넓은 판처럼 생겼다고 생각할 것이다. 이처럼 같은 논제라 하더라도 사람마다 다르게 해석할 수 있다. 이 경우 토론자들은 서로 다른 이야기를 하게 되어 토론의 질이 낮아질 것이다. 이를 예방하기 위해서는 토론자가 논제의 정의와 범위를 정확히 이해할 필요가 있다. 그리고 그 방법으로는 논제에 주어진 주요 단어의 정의를 확인하는 것, 다른 하나는 논제가 다루는 사회문제의 범위를 확인하는 것이 있다.

첫째, 단어의 정의를 확인하여야 한다. 이때 사전을 통해 정의를 살펴보는 것이 유용하다. 사전은 사회에서 일반적으로 통용되고 있는 단어의 의미이므로 합의의 기준이 될 수 있기 때문이다. 다만, 국어사전은 낱말풀이 위주로 설명되었기 때문에, 보다 전문적인 정의를 확인할 필요가 있는데 이를 위해서는 전문사전을 살펴보는 방법이 있다.

전문사전으로는 시사용어 사전, 경제용어 사전 등이 있다. 논제에서 주로 논의될 분야에 따라 달라지며, 이러한 전문사전들은 단어의 세부적인 뜻과 더불어 배경도 함께 제시한다.

예를 들어 《온라인 전자상거래의 보안 정책은 강화되어야 한다.》는 논제를 생각해보자. 온라인 전자상거래라고 하면, 보통 인터넷 쇼핑몰 정도를 생각하게 된다. 하지만 IT용어 사전에는 '전자상거래'를 인터넷 가상 상점을 통해 물품을 판매하거나 서비스를 제공하는 것으로 정의하여, 쇼핑몰 외 개인간 거래의 보안 문제를 포함해 이야기 할 수 있다. 경제학 사전에서는 단순 거래 행위뿐 아니라 사회상을 반영하여 상품과 서비스를 유통하는 모든 유형의 상업적 활동으로 보기 때문에, 물건 외에 '서비스'를 제공하는 활동을 모두 포함할 수 있다.

덧붙여 토론자는 위키백과(wikipedia)와 같은 온라인 기반의 사전도 참고할 수 있다. 특히 위키백과는 기존 사전과 달리, 신조어나 최신 이슈 등을 반영하므로 최신의 정보를 확인하는 데 유용하다. 다만, 일부 출처를 제시하지 않은 사설 위키들이 있는데, 이러한 위키들은 신뢰성이 높지 않다는 점에서 정의를 활용할 때 주의해야 한다.

꼭 사전이 아니라도 수집한 자료를 통해 단어의 뜻을 확인해 볼 수도 있다. 연구 자료, 언론기사, 통계, 전문자료 등 대부분의 자료에서는 주요 단어의 정의를 함께 다룬다. 토론자는 수집한 자료들이 단어를 어떻게 정의하고 있는지 확인할 필요가 있다.

둘째, 논제에서 다루는 사회문제의 범위가 어디인지 살펴보아야 한다. 토론 시간이 한정되어 있어 사회문제를 전부 다 다룰 수 없기 때문이다. 이때 자신이 조사한 내용을 열거하기보다는 특정한 내용을 집중적으로 말하거나, 조사한 내용을 요약하여 전달하는 것이 효과적이다. 즉, 토론자는 청중과 상대 토론자가 받아들일 만한 토론의 범위를 정해야 한다.

이때 참고할 수 있는 것은 언론기사다. 언론기사 역시 할애된 지면과 방송 시간에 맞춰 정보를 전달해야 하므로 주요 이슈만 집중적으로 다루게 된다. 토론자도 이를 참고하여 현재 해당 이슈에서 통용되는 문제 범위를 설정할 수 있다.

예를 들어 《기업은 직원 워라밸을 위한 제도를 의무적으로 도입해야 한다.》는 논제를 생각해보자. 워라밸(work-life balance)이라는 단어는 최근 각광받는 키워드지만 정확하게 어떤 의미이며, 어느 내용까지 다루는지 이해가 달라 다소 혼란스러울 수 있다. 어떤 사람은 정시출퇴근 제도로 생각할 수도 있고, 다른 사람들은 낮은 업무강도, 적은 스트레스와 같은 문화의 개념으로 받아들일 수도 있기 때문이다. 이때 최근 언론에서 주 52시간 근무제도를 언급한 것을 활용하여, 워라밸의 범위를 '업무시간 준수'로 제시할 수 있다.

위와 같이 신조어는 범위를 특정하기 쉽지 않다. 그렇기 때문에 일정한 범위를 제시하지 않는 이상 서로 다른 이야기를 할 가능성이 매우 높다. 위와 같이 토론자가 주 52시간이라는 이슈를 근거로 워라밸을 '업무시간 준수'로 제안했을 때, 이를 청중이 타당하다고 생각한다면 이후 토론은 원활하게 전개될 수 있을 것이다. 이처럼 토론의 범위를 청중에게 밝히고 그를 바탕으로 한 주장을 전개하기 위해 타당한 범위를 확인해 보는 것이 중요하다.

대립하는 주장과 가치의 확인

토론자는 자료를 읽으면서 논제를 둘러싸고 대립하는 주장과 가치를 확인하여야 한다. 이를 통해 논제에 관한 긍정과 부정 측 입장을 균형 있게 살펴보고, 토론에 활용할 수 있게 된다.

국내 유명 코미디 프로그램에 '사망토론'이란 코너가 있었다. 이름처럼 기상천외한 논제에 관하여 토론하면서 시청자들의 공감을 자아냈다. '82년생과 빠른 83년생을 동갑으로 봐야 하나?' 같은 일상의 문제부터 '출연료 100억 받고 자신의 모든 삶을 24시간 생방송 한다.' 같이 가치를 고민하는 논제도 있었다. 양측의 토론자는 각각 현실(돈, 외모 등)과 이상(원칙, 자존심 등)을 주장하며 논박을 펼쳤다. 그리고 코너 말미에는 방청객이 즉석에서 더 설득력 있는 토론자를 선택하게 했는데, 그 결과를 쉽게 예측할 수 없었다. 만일 본인이라면 100억과 사생활 공개 중 무엇을 선택하겠는가?

이 코미디 프로그램이 사람들의 호응을 얻을 수 있었던 것은 대립이 매우 간단명료하게 강조되었기 때문이다. '생방송 하면 화장실 가는 것도 다 나오는데?', '그래도 100억인데?'와 같이 명확하게 제시된 대립 덕분에 청중도 쉽게 몰입할 수 있었다. 이처럼 좋은 토론을 위해서는 논제를 둘러싼 대립을 확인하여야 하고, 토론자는 자료를 이해하는 과정에서 기존에 어떠한 대립이 있었는지를 먼저 확인해야 한다.

이를 위해 수집한 자료 중 이익집단의 의견을 정리할 필요가 있다. 또한 정리하는 과정에서 공통적으로 보이는 단어나 표현이 있다면 이를 이해하여야 한다.

다음은 《여성 고위직 할당제를 확대해야 한다.》는 논제에 긍정하는 의견들을 자료에서 발췌한 내용이다.

○○학술지 여성의 사회적 진출은 이제 시대적 흐름이다.

△△논문 출산·육아로 경력이 단절되는 여성이 많다.

▽▽뉴스 시민단체 인터뷰 여성에 대한 차별이 심하다.

☆☆뉴스 전문가 인터뷰 사회 전반적으로 여성의 진출을 독려하기 위해서라도, 고위직부터 여성의 비율이 일정 비중 보장 되어야 한다.

위의 발췌한 내용을 보면 '보장, 보호' 등의 단어가 공통적으로 보인다. 여성을 고위직에 할당함으로써 제한되고 침해된 여성의 권리를 방어해야 한다는 것이 주된 주장인 것이다. 덧붙여 '사회', '진출'과 같은 단어를 통해 여성의 활동성을 강조하는 주장도 확인할 수 있다. 이처럼 여러 주장들을 발췌하고, 공통적인 내용을 확인하는 과정을 통해 주장의 경향과 유형을 이해할 수 있게 된다. 계속하여 반대 입장의 사례를 살펴보자.

○○논문 여성과 남성을 동일 선상에 놓고 평가하는 것이 공정한 경쟁 사회에 적합한 방법이다.

△△신문 인터뷰 능력에 따른 인사가 특정 제도로 인해 제한되는 것은 불공평하다.

☆☆뉴스 기관 인터뷰 고위직은 기존의 성과를 기반으로 한 선발이 주요하다.

위 내용에서는 '공정', '성과'라는 단어를 찾아볼 수 있다. 여성을 고위직에 할당할 경우 공정하지 않다는 주장이 있는 것이다. 이를 종합해보면 '여성 고위직 할당제'를 둘러싸고 여성의 권리를 직접적으로 보장하는 제도라는 의견과 불공정한 제도라는 의견이 충돌하고 있음을 알 수 있다. 그리고 이는 토론 내내 대립하는 지점이라 할 수 있다.

이처럼 문제를 둘러싸고 있는 대립 구도를 이해하여, 논제에 대한 토론자의 이해를 높일 필요가 있다. 이는 청중이 쉽게 몰입할 수 있는 대립 구도를 제시하는 데 효과적이며, 또한 상대방의 주장이 어떠한 대립에서 비롯되는 것인지 파악할 수 있어 향후 질문과 반론을 준비하는 데에도 유용하다.

3장

입론 준비하기

2018년 6월 미국 샌프란시스코 IBM에서 인공지능(AI)과 인간이 다시 한 번 맞붙었다. 알파고와 이세돌의 바둑 대결만큼 관심받지는 못했지만, 이번에도 그 못지않게 신기한 대결이었다. 인공지능이 사람과 말로 토론하는 대결이었기 때문이다.

그동안 인공지능은 바둑이나 체스와 같이 규칙이 분명해 보이는 게임에서 사람과 대결하였다. 이러한 게임들은 움직일 수 있는 기물이 정해져있고, 결과를 계산하는 법이 명백하다는 점에서 컴퓨터가 할 법한 게임이었다. 반면 토론은 상대방이 어떠한 말을 할지도 알 수 없고, 청중이 자신과 상대방의 말을 어떻게 평가할지도 알 수 없는, 컴퓨터가 헤아리기 어려운 미지의 영역으로 생각되었다. 그럼에도 불구하고 IBM의 인공지능인 '프로젝트 디베이터(Project Debater)'는 이에 도전했다. 그것도 이스라엘 전국토론대회 우승자인 노아 오바디아(Noa Ovadia)를 상대로 말이다.

토론은 사전에 어느 쪽이 찬성 또는 반대를 할지 결정하지 않았으며, 즉석에서 자료를 검색하여 각각 4분의 입론과 반론, 2분의 최후발언을 하는 방식으로 진행되었다. 논제는 《우주 탐험에 보조금을 지급해야 하는가?》와 《원격 진료를 확대해야 하는가?》였다.

결론을 이야기하면, 놀랍게도 청중 다수가 '인공지능이 더 설득력 있었다.'고 평가했다. 물론 인공지능에 관한 이벤트이니만큼 청중이 인공지능에 더 우호적이었을 수도 있다. 하지만 프로젝트 디베이터가 엉뚱한 주장과 근거를 들었다면 청중들이 이처럼 반응하지는 않았을 것이다. 결국 인공지능이 사람 못지않게 토론을 제대로 해냈기 때문에 설득력 있는 토론자로 인정받은 것이다.

그리고 이는 우리에게 토론 역시 하나의 규칙이 있는 경기임을 보여준다. 토론은 주어진 논제에 따라 정보를 검색하고, 주장과 근거를 제시하며, 상대방의 발언에 대하여 대응하는 과정을 정해진 시간에 맞춰서 수행하는 말하기이다. 인공지능은 위와 같은 토론의 규칙을 학습하고, 그 규칙에 맞게 토론을 준비할 수 있었던 것이다. 토론의 초심자 역시 마찬가지로 이 규칙을 습득한다면 인공지능만큼이나 성공적인 토론을 수행할 수 있다.

그 중에서도 특히 입론은 토론을 준비하는 초심자가 가장 많은 것을 배울 수 있는 단계다. 토론의 다른 파트보다 입론을 만드는 규칙이 제일 명확하기 때문이다. 프로젝트 디베이터가 규칙에 따라 4분의 입론을 만들어낸 것처럼, 사전 조사를 통해 수집하고 정리한 자료로 배경, 주장, 근거 등을 하나씩 채워나가는 과정을 살펴보며 입론을 완성해보도록 하자.

배경과 정의

프로젝트 디베이터의 첫 번째 토론 논제는 《우주 탐험에 보조금을 지급해야 하는가?》였다. 긍정 측으로 토론을 시작한 프로젝트 디베이터는 먼저 이런 이야기를 했다고 한다.

"우주 탐사를 통해 우리 아이들에게 과학·기술·수학 분야의 교육을 고무시키는 일은 좋은 도로를 만들거나 든든한 보험 제도를 만드는 것보다 더 중요할 수 있습니다."

프로젝트 디베이터는 논제가 보조금 지급에 관한 것임에도 불구하고, 우주탐사가 갖는 가치를 화두로 던졌다. 보조금의 정당성과 효율성을 계산할 것만 같은 인공지능이 교육과 같은 가치를 언급한 이유는 무엇일까? 입론에서는 청중에게 논제의 배경을 이야기하는 것이 정석이기 때문이다.

이와 같이 토론자는 입론을 통해 이 논제를 토론해야 할 필요성을 설명해야 한다. 그리고 이는 논제의 배경과 연결되어 있다. 논제 A를 언급한다고 했을 때 '상황 B이므로, A를 논의할 필요가 있다.'고 청중에게 상황 B를 제시해야 하는 것이다. 이는 청중이 논제의 배경과 필요성에 공감하지 못하면 토론자의 주장에 몰입하거나 이해하지 못할 수 있기 때문이다. 즉, 입론에서 배경을 제시하는 것은 단순히 청중에게 베푸는 호의가 아니라, 자신의 입장을 설득하기 위한 기반이다.

배경 설명과 함께 필요한 것은 논제의 정의이다. 이는 토론자의 의도를 정확하게 전달하기 위한 것이다. 청중이 토론자가 다루는 주요 단어의 뜻을 오해할 수도 있기 때문이다. 예를 들어 '버스 내 음식물 반입을 금지해야 한다.'는 논제로 토론할 때, 토론자는 '버스'를 시내버스로만 생각하고 있는데, 청중은 시외 고속버스가 포함된 것으로 생각할 수 있다. 이처럼 토론자와 청중이 같은 단어를 다르게 생각한다면 청중은 토론자의 주장을 오롯이 이해하기 어렵게 될 것이다. 따라서 논제의 단어를 정확하게 정의하는 것도 입론 서두에 필요한 내용이다.

토론자는 배경과 정의를 작성할 때에 기존에 조사한 자료를 참고하여 인용할 수 있다. 자료에서 이미 배경을 설명하거나 단어를 정의한 경우가 많기 때문이다. 특히 언론에서는 '복지 사각지대에 놓인 ○○○사건'과 같이 이슈가 된 사건·사고를 중점적으로 다룬다. 토론자는 '△△에 따르면'과 같이 말하면서 자료에서 다룬 배경 설명을 그대로 인용할 수도 있다.

위 내용들을 고려하여 《우주 탐험에 대해 보조금을 지급해야 한다.》는 논제에 관한 가상의 입론을 만들어보면 다음과 같다.

지난 몇 세기 동안 인류는 지구 곳곳의 자원을 사용했다. 하지만 이제 지구는 자원의 바닥을 드러내고 있다. **2030년에는 지구가 재생할 수 있는 자원의 두 배를 사용할 것이라는 세계자연기금(WWF)의 발표처럼**, 우리는 자원을 발굴할 새로운 곳으로 눈을 돌릴 상황에 직면했다. 그곳은 무한한 가능성의 공간인 '우주'다. (중략)

'우주탐험'은 현장의 활동뿐 아니라 지구에서 이를 지원하고 연구하는 활동까지 모두 포함한다. 때문에 천문학적인 비용이 필요하며 이를 지원할 각 국의 보조금도 간절한 상황이다.

위 사례에서는 세계자연기금의 연구내용을 인용하여 지구의 자원 부족을 토론 배경으로 제시하였다. 이를 들은 청중은 지구가 아니라 다른 공간이 필요하다고 생각하면서 우주탐험을 논의할 필요성을 느낄 것이다. 또한 우주탐험의 정의를 지구에서의 많은 연구와 지원까지 모두 포함하는 개념임을 명시했다. 이는 우주탐험이 단순히 우주선 발사에 국한된 것이 아님을 밝힘으로써 청중에게 현실적으로 어떤 문제를 고려해야 하는지를 알게 해준다.

그렇다면 배경과 정의의 분량은 어느 정도로 하는 것이 적정할까? 이에 관해 특별한 규정은 없지만 아카데미식 토론에서 약 1분 내외로 배경과 정의를 설명하면 적정하다.

이처럼 입론에서의 배경과 정의는 청중의 이해를 높이고, 토론자의 주장이 설득력을 얻을 수 있는 환경을 만드는 것이다. 따라서 입론의 초반은 주장을 다지기 위한 기초 공사라 생각하고, 무리하지 않는 선에서 자연스럽게 이야기를 풀어가는 것이 좋다. 이후 주장을 하나씩 구성해 보도록 하자.

주장 고르기

토론은 제한된 시간 안에서 청중을 설득하는 일이다. 특히 아카데미식 토론은 발언 시간과 순서까지 모두 정해져 있고, 시간제한도 엄격한 편이다. 때문에 토론자가 아무리 많은 내용을 조사하고 주장과 근거를 만들었다고 해도 이를 전부 다 말할 수는 없다. 따라서 토론자는 가장 효과적인 주장을 선택하여 효율적으로 입론을 구성하여야 한다.

토론자는 자료조사 단계를 거치면서 긍정과 부정 측 주장들을 많이 만나게 된다. 이때 토론자는 자주 눈에 보이는 주장들에 익숙해지기 마련이다. 그래서 자연스럽게 이 주장들을 중심으로 토론을 준비한다. 그러나 자주 다뤄진다고 해서 청중을 설득하는 데 가장 효과적이라고 생각해서는 안 되며, 그러한 주장들이 과연 청중을 설득하는 데 충분한가를 생각해보아야 한다.

그렇다면 토론자는 어떤 판단 과정을 거쳐 주장을 선택하는 것이 바람직할까? 이에 관한 몇 가지 기준을 제시하면 다음과 같다.

첫째, 심각한 문제를 언급하고 있는 주장이 효과적이다. 이는 논제에 관한 자신의 입장이 받아들여지지 않을 경우 발생하는 문제가 매우 크다는 점을 밝히는 것이다.

문제의 심각성은 일반적으로 두 가지 측면에서 판단할 수 있다. 다수에 해당되는 문제이거나, 소수에게 큰 문제를 야기하는 문제일수록 심각하다. 예를 들어 사드(THAAD)에 관한 문제는 다수에 해당하는 문제로 '중국과의 외교마찰'이 있고, 소수에게 큰 문제를 야기하는 것은 '전자파 방출로 인한 주민건강 우려'가 언급될 수 있다.

둘째, 청중이 공감할 수 있는 주장을 선정해야 한다. 청중이 논제에 직접적으로 관련된 경우가 아니라면 토론자의 주장을 쉽게 이해하기는 쉽지 않다. 따라서 일반적인 청중을 대상으로 한 토론자는 쉽게 이해할 수 있고 공감할 수 있는 주장을 하는 것이 설득에 유리하다.

위의 사드 사례를 이어서 생각해보자. 토론자가 우리나라와 중국과의 외교마찰을 언급할 때, 동북아정세의 갈등보다는 텅 빈 명동거리나 손님이 없는 음식점과 같은 관광객 감소가 청중에게는 더 와닿을 것이다. 이를 고려한다면 중국과의 마찰로 인한 국제사회 균형의 변동을 열심히 그려내기보다, 오히려 청중이 떠올리기 쉬운 관광수입에 관한 주장을 선택하는 것이 효과적이다.

셋째, 토론자는 논리적으로 간명하게 설명할 수 있는 주장을 선정해야 한다. 아무리 좋은 주장이라 하더라도 설명하는 데 많은 단계가 필요하다면, 청중이 온전히 이해하기 쉽지 않다. 생각의 단위가 비교적 짧은 주장이 좋다는 것이다. 다음 사례를 통해 살펴보자.

논제 《사드(THADD)를 설치해야 한다.》

부정 측 주장 1 및 설명	부정 측 주장 2 및 설명
주장 생활환경평가가 미흡함	**주장** 기준치 이상의 전자파 발생 예상
자연, 생활, 사회경제환경 등 세 분야를 검토해야 함	전자파는 주민에게 유해할 수 있음
생활환경평가로 전자파의 유해성을 측정해야 하는데 제대로 평가를 하지 않았음	
전자파가 주민에게 유해할 수 있음	

사드 배치를 반대하는 주장으로 자주 환경영향평가가 미흡했다는 말이 언급된다. 하지만 환경영향평가가 미흡했다는 말 자체는 문제로

와닿지 않는다. 따라서 환경영향평가를 설명하고, 다시 어떤 부분이 미흡했는지를 언급해야 하며, 그 미흡이 주민 건강에 어떠한 영향을 미치는지 설명해야 한다. 논리적으로는 타당하나 말로 이해하기는 복잡할 수 있다. 이때는 직접적으로 주민 건강에 미치는 우려가 있음을 언급하는 것이 보다 효과적이다. 같이 주민 건강을 언급하더라도 논리를 전개하는 단계가 짧아 보다 쉽게 이해할 수 있기 때문이다. 이처럼 청중을 설득하는 데 효과적인 주장을 선정하여 효율적으로 입론을 구성할 수 있다.

근거 활용하기

앞서 본 '프로젝트 디베이터' 토론에서 인공지능이 더 설득력 있다고 평한 청중은 공통적으로 이런 말을 남겼다.

"프로젝트 디베이터에게 더 풍부한 정보와 지식을 얻을 수 있었다."

청중은 인공지능이 제시한 정보를 가장 인상 깊게 생각했다. 청중은 정보를 접하면 기존에 갖고 있던 자신의 생각을 강화하거나 바꾸는 결정을 한다. 따라서 토론자는 청중이 판단할 수 있는 정보로써 근거를 적절히 제시해야 한다. 그리고 근거는 주장을 뒷받침할 수 있는 것들로 구성해야 한다.

좋은 근거는 어떤 것일까? 첫째, 사실(fact)을 기반으로 근거를 활용해야 한다. 둘째, 논란의 여지가 적어야 한다. 셋째, 주장과 연관성이 높아야 한다. 토론자는 본인의 근거가 이 조건들을 충족하는지 확인하여 활용해야 한다. 각각 자세히 살펴보도록 하자.

사실을 기반으로 한 근거 활용하기

앞서 살펴본 사전조사 단계를 충실히 거쳤다면 많은 자료를 수집할 수 있을 것이다. 이때 토론자는 자료에 기록된 사실에 주목할 필요가 있다. 객관적인 사실이 근거로 제시되었을 때, 사람들은 근거를 수용하고 자연스레 주장을 받아들일 수 있게 되기 때문이다. 다음의 예시에서 사실을 근거로 어떻게 활용하는지 확인해 보자.

FTA는 식량안보에 큰 위험을 초래 합니다. FTA를 통해 해외 식량에 대한 의존성이 높아지고 국내 농수산업이 쇠퇴하면, 갑자기 발생하는 이슈에 대응하기가 어려울 것이기 때문입니다(주장). 실제 '한-칠레 FTA'에 대한 산업연구원의 2015년 조사에 따르면, FTA 전후로 국내 과수 생산 농가는 약 30% 감소했고, 양돈 농가 역시 약 14% 정도 감소했습니다(사실). 한번 감소한 농가를 재건하기는 어려우며, 따라서 국내에서 자력으로 과수나 양돈을 확보하는 것은 점차 어려워질 것입니다(해석).

토론자는 FTA가 식량 안보에 위험을 초래한다는 주장을 농가가 감소했다는 객관적인 근거를 제시하여 뒷받침하였다. 이때 '산업연구원' 이라는 출처를 명확히 밝혔으며 30%, 14%라는 구체적인 숫자도 제시하였다. 이와 같은 사실을 제시할 경우 상대방이 반박하기 매우 어

러워진다. 또한 청중 입장에서도 의사결정에 도움이 되는 정보를 접하게 된다는 점도 긍정적이다.

또한 위 사례에서 토론자는 사실로 제시한 근거를 일부 해석했는데, 이는 분명히 토론자 개인의 주관이 반영된 부분이지만 청중의 이해를 돕는다는 점에서 유용하다. 예시를 계속 살펴보자.

또한 미국의 트럼프 대통령은 2017년 연설에서 '**한미 FTA는 미국에 매우 불합리하게 체결되었다.**'는 것을 여러 번 강조했습니다(사실). 이는 FTA가 안정적으로 유지되는 것이 아니라 언제든 변경, 폐기될 수 있는 가능성을 보여줍니다(해석). 특히 미국 같은 경제대국과의 FTA는 이런 압박에 영향을 많이 받을 수밖에 없습니다. **국내 농가가 감소한 상황에서**(사실) FTA가 변경된다면 생산과 수입에 혼선이 생겨 결국 식량안보가 크게 위협받게 될 것입니다(주장).

토론자는 미국 대통령의 발언을 사실로 활용했다. 물론 대통령의 발언이 있었던 것은 사실이지만 그것만으로 국가 간 체결된 FTA가 바뀌지는 않는다. 그러나 토론자는 FTA가 변경될 수 있다는 가능성을 해석하여 덧붙였다. 이처럼 근거와 함께 해석을 덧붙이는 것은 청중이 사실을 보다 용이하게 받아들이게 만든다. 사실의 나열만이 아닌 사실과 해석의 조합이 필요하다는 것을 알 수 있는 부분이다.

또한 역으로 토론자는 상대방 토론자의 주장에서 사실과 그에 관한 해석을 구분할 줄 알아야 한다. 앞서 본 트럼프 발언의 해석처럼 얼핏 들으면 사실처럼 들리지만 토론자의 의견이나 해석에 불과한 경우도 있기 때문이다. 보통 사실에 대한 해석은 토론자 주장을 강화하기 위한 의도이기 때문에, 토론자는 해석과 사실을 분류한 후 그것은 사실이 아니라는 점을 청중에게 드러낼 수 있다.

받아들일 수 있는 근거 활용하기

로봇을 주제로 한 영화나 드라마를 보면 빼놓지 않고 나오는 장면이 있다. 문제를 해결하기 위해 로봇이 최적의 답을 내놓지만, 사람들이 공감하거나 동의하지 못하는 장면이다. 예를 들어 재난이 발생한 상황에서 일행 중 하나가 부상을 당했을 때, 로봇은 부상자를 버리고 생존자들만 빠르게 이동하는 것을 추천할 것이다. 하지만 사람들은 생명을 버린다는 죄책감, 동료애 때문에 이를 쉽게 수용하지 못한다. 이와 같이, 목적을 달성하거나 이익을 극대화하는 최적의 답이 있다 하더라도 사람들은 그 답을 거부할 수 있다. 사람은 감정이 있기 때문이다.

토론의 근거도 마찬가지다. 토론자가 객관적이고 정확한 근거를 제시한다고 하더라도 그것을 청중이 받아들일지는 확인해 봐야 한다. 이를 근거의 수용가능성이라고 한다. 좋은 근거는 수용가능성이 높아 청중이 받아들일 수 있는 것이어야 한다.

예를 들어《길거리 흡연을 허용해야 한다.》는 논제에 관하여 토론을 할 때 긍정 측이 '길거리 흡연을 허용함으로써 국민연금의 재정건전성을 향상시킬 수 있습니다. 사망률이 높아져서 연금을 수급하는 사람이 감소하기 때문입니다.'라고 발언한다면, 사실 여부와 관계없이 사람들은 사람이 많이 죽어서 긍정적이라고 말하는 것에 거부감을 느끼게 된다. 그리고 토론자의 주장에 쉽게 동의할 수 없게 된다.

따라서 토론자는 본인이 조사한 근거 가운데 청중에게 무리 없이 수용되는 근거를 골라 입론에 활용해야 한다. 《길거리 흡연의 과태료를 올려야 한다.》를 토론하는 경우를 가정해보자.

◇ 긍정 측

우리나라의 길거리 흡연 과태료 10만 원은 너무 적은 편입니다. **호주는 길거리 흡연 시 우리 돈으로 약 183만 원의 벌금을 부과하고 있습니다.** 호주는 높은 과태료로 인하여 길거리 흡연율이 급격히 감소했다고 합니다. 따라서 우리나라도 150~200만 원 선의 강한 과태료를 통해 길거리 흡연을 방지해야 할 것입니다.

과태료 10만 원이 적다고 생각한 청중들은 있었을 것이다. 하지만 그렇다고 해도 과태료를 200만 원까지 올려야 한다고 생각하는 청중은 많지 않을 것이다. 왜냐하면 다른 과태료와의 형평성 문제도 있거니와, 흡연이 200만 원이나 과태료를 물어야 하는 일인가에 관하여 동의하는 사람은 많지 않을 것이기 때문이다. 이는 수용가능성이 낮은 예시를 든 것으로 볼 수 있다.

반면 토론자는 일본의 한 도시가 기존의 과태료를 약 20만 원으로 올린 후 흡연율을 낮췄다는 것을 제시할 수도 있다. 이러한 경우라면 앞의 200만 원 과태료에 비해 상대적으로 온건한 변화이므로, 청중이 수용할 가능성이 높아진다. 그리고 토론자가 과태료 인상을 주장할 때 청중이 설득될 가능성도 높아진다. 따라서 토론자는 청중의 반응을 예상하여 근거를 선택해야 한다.

만약 위의 호주 사례처럼 아주 강한 사례를 제시하고 싶다면, 토론자는 청중이 강한 사례를 받아들일 수 있을 만큼 강한 효과를 함께 제시해야 한다. '과태료를 200만 원으로 올렸더니 길거리 흡연율이 0%에 수렴했다.'와 같은 파격적인 효과를 제시할 수 있다면, 200만 원 과태료 정책에 대한 청중의 수용가능성은 보다 높아질 것이다.

근거는 사실에 기반하여 논리적으로 주장을 뒷받침한다. 그러나 청중은 논리와 이성뿐만 아니라 감성과 인상으로 근거를 수용한다. 따라서 청중의 마음을 고려하여 수용가능한 근거로 설득해야 한다.

주장과 연관성이 높은 근거 활용하기

'갑분싸'라는 신조어가 인터넷상에서 유행하고 있다. '갑자기 분위기가 싸해졌다(이상해졌다).'는 말로 뜬금없이 맥락 없는 이야기를 해서 분위기가 이상해졌다는 말이다. 토론에서도 이런 경우가 종종 발생한다. 토론자가 주장을 열심히 했지만 근거는 전혀 동떨어진 경우 이런 분위기가 토론장을 감돈다.

다음의 사례를 살펴보자. 이 사례는 얼핏 보면 자연스러워 보이기도 한다. 그러나 자세히 살펴보면 아쉬운 점이 많다.

◆ 긍정 측

'가상화폐 거래는 전면 금지'해야 합니다. 현재 가상화폐는 사행성 도박에 가까운 모습을 보이기 때문입니다. 한 50대 가장이 가상화폐 거래에 빠져 **재산을 탕진하고 이로 인해 절도범죄를 저질렀다**는 뉴스를 보셨을 것입니다. 이처럼 개인의 삶과 가정에 악영향을 미치고 범죄를 유발하는 가상화폐 거래는 빨리 금지 되어야 합니다.

위 사례는 '가상화폐는 금지되어야 한다.'를 말하면서 '가상화폐는 사행성 도박에 가깝다.'는 주장을 하고 있다. 그런데 이와 관계없이 절도범의 사례를 언급하고 있다. 즉 위 글은 주장과 관계없는 근거들을 제시하고 있는 것이다. 따라서 보완이 필요하다. 다음을 살펴보자.

◆ 긍정 측

'가상화폐 거래는 전면 금지'해야 합니다. 현재 가상화폐는 사행성 도박에 가까운 모습을 보이기 때문입니다. 기업의 성과와 실적 등을 바탕으로 하는 주식과 달리, 가상화폐는 근거 없이 가격이 변동하고 있습니다. **○○갤럽에서 진행한 설문조사에서는 가상화폐를 거래한 사람의 약 70%가 특정한 정보나 분석 없이 거래를 진행했다고 응답했습니다.** 운 좋게 한 몫 잡겠다는 가상화폐는 결국 사행성 도박과 같습니다.

위 사례는 가상화폐가 사행성 도박과 다를 바 없다는 주장을 하면서 가상화폐가 근거 없이 가격이 변동되고 있다는 점을 설문조사를 통해

드러내고 있다. '가격변동이 근거 없이 이루어진다.'와 '사행성'은 의미가 통하므로 직관적이라고 평가할 수 있고, 청중은 보다 자연스럽게 주장을 받아들이게 된다.

입론 글쓰기

앞의 준비 과정들은 무엇을 써야 할지 그 내용에 대해서 고민하는 과정이었다. 이를 통해 입론에 들어갈 내용을 정했다면 이제 입론을 글의 형태로 만들어야 한다.

입론을 작성하는 것은 글쓰기 그 자체이다. 실제로 토론자가 아무리 좋은 주장과 근거를 준비했다 하더라도, 막상 이를 한 글자 한 문장씩 글로 쓰는 것은 어렵다. 그렇기 때문에 입론을 준비할 때에는 글쓰기에 대한 부분도 준비해야 한다.

입론을 쓸 때 유의해야 할 점은, 입론은 논증하는 글이어야 한다는 것이다. 논증이란 주장이 논리적으로 타당한 것임을 입증하는 것을 의미한다. 탐정을 예시로 이해해 보자. 추리소설에 등장하는 탐정은 보통 'ㅇㅇ가 범인이다.'라는 주장을 한다. 그리고 왜 그 사람이 범인인지 설명한다. 토론자도 마찬가지이다. 자신의 결론(논제에 관한 입장)을 주장으로 뒷받침하고, 다시 근거로 주장을 뒷받침하면서, 자신의 결론이 논리적으로 타당하다는 점을 밝혀야 한다. 즉, 입론은 토론자가 갖는 논제에 관한 입장부터 주장, 근거에 이르기까지 논리적으로 연결되어 자신의 결론이 논증되도록 작성되어야 한다. 이어서 논증 과정에서 유의할 점들을 살펴본다.

논리적 의문을 해소하는 글쓰기

입론은 논리적 의문을 해소할 수 있도록 써야 한다. 청중은 토론자의 주장을 듣는 순간 그것을 단순한 정보로만 받아들이지는 않는다. 주장에 따라 자연스럽게 질문을 떠올리는 것이다. 이것을 '논리적 의문'이라 할 수 있다. 입론은 논리적 의문을 해소함으로써 청중이 납득하게 만드는 글이어야 한다.

예를 들어 토론자가 '핵무기를 설치해야 한다.'는 주장을 한다고 가정해보자. 이때 청중은 '핵무기를 설치해야 하는구나.'라고 단순히 듣기보다는 '핵을 설치 안 하면 문제 있나?', '핵은 무서운데?', '무슨 일 때문에 저런 이야기를 하지?'와 같이 수많은 질문들을 떠올린다. 이러한 질문에 대한 답을 입론에 마련해야 하는 것이다. 물론 토론자가 청중이 떠올리는 모든 질문에 답변할 순 없다. 하지만 어느 정도 반복되는 질문이 있다. 바로 '육하원칙'이다.

육하원칙(누가, 언제, 어디서, 무엇을, 어떻게, 왜)에는 사람들이 떠올리는 대다수의 질문이 담겨 있다. 다시 말해 육하원칙이 모두 제시되면 청중은 토론자의 주장이 구체적이고 논리적이라고 느낄 수 있다는 것이다. 다시 '핵무기를 설치해야 한다.'는 문장을 생각해보자. 이 문장을 들으면 '누가/언제 설치한다는 거지?' 하는 질문이 떠오른다.

이러한 논리적 의문을 해소하기 위해 토론자는 다음과 같이 문장을 작성할 수 있다.

핵무기를(무엇을) 설치해야 합니다. **우리 정부(누가)**는 **2018년 이내 (언제) 전술핵의 형태(어떻게)**로, 핵시설을 직접 타격할 수 있는 위치인 **X지역(어디서)**에 설치해야 합니다. 그래야 **적의 핵 위험에 대처(왜)** 할 수 있습니다.

이와 같이 육하원칙에 미리 답하는 입론을 쓸 경우 주장의 내용을 풍성하게 만들 수 있고, 청중의 의문도 사전에 해소하는 효과가 있다. 물론 논제와 주장에 따라 모든 육하원칙이 설명될 필요가 없는 경우도 있다. 하지만 기본적으로 주장을 강화하기 위해서 주장의 뼈대에 육하원칙의 살을 붙여나가는 것이라고 생각하면 된다.

특히 육하원칙 중에서도 신경 써야 할 부분은 '왜'이다. '왜'를 제대로 답변하지 않는 경우 청중은 의문을 계속 갖게 되고, 토론자의 주장에 동의하기 힘들어진다.

위의 사례를 다시 살펴보자. 핵무기를 설치해야 한다는 주장을 들으면 그 이유를 '적의 핵 위험에 대처할 수 있다.'고 제시함으로써 청중의 논리적 의문을 해소하고 있는 것을 알 수 있다.

이처럼 입론을 듣고 나서 불필요한 의문이 많이 남지 않도록, 청중의 입장에서 궁금한 지점들을 미리 고민하고 입론에 담도록 노력해보자. 또한 이를 통해 입론이 충실하다는 느낌을 주는 것은 청자의 토론자에 대한 신뢰를 높인다는 점에서도 중요하다.

내용을 쉽게 설명하는 글쓰기

토론자의 입론은 어떤 청중이 듣더라도 이해할 수 있어야 한다. 즉, 입론은 모두가 아는 단어로 쉽게 설명해야 한다는 말이다. 만일 청중이 듣고 이해하지 못한다면, 그 입론에 동의할 수 없기 때문이다.

앞서 본 '핵무기를 설치해야 한다.'는 주장에 관해 다시 살펴보자.

핵무기를 설치해야 합니다. **전술핵**을 설치하여 우리의 안보를 지킬 수 있습니다.

위와 같은 토론자의 발언으로 청중은 '전술핵'이라는 단어에 의문이 생길 것이다.

핵무기를 설치해야 합니다. **제한적인 폭파위력을 가진 전술핵**으로 효율적으로 우리의 안보를 지킬 수 있습니다.

반면 위의 문장은 전술핵의 특징을 추가로 설명함으로써 청중의 이해를 돕고 있다. 다른 사례를 추가로 들어보자.

복지정책을 확대해야 합니다. 우리나라의 **지니계수**는 매우 높은 수준이기 때문입니다.

청중이 지니계수의 뜻을 모를 수 있다. 이를 보완하면 다음과 같다.

복지정책을 확대해야 합니다. 우리나라의 **지니계수, 즉 소득이 불평등한 정도**가 매우 높은 수준이기 때문입니다.

지니계수를 불평등한 정도로 설명함으로써 복지와 지니계수를 연결하는 것이 아니라, 복지와 불평등을 연결하였다. 근거와 주장의 관계가 보다 분명하게 되었다.

이처럼 쉬운 단어를 쓰거나 중요한 용어를 적절히 설명하여 청중이 쉽게 이해할 수 있는 입론을 쓸 수 있다. 다만, 이는 어디까지나 청중의 이해를 위한 것이므로, 청중이 보다 전문 지식이 있거나 고학력자인 경우에는 그에 맞추어 용어를 사용하는 것이 바람직하다.

주장과 근거가 논리적으로 가까운 글쓰기

입론의 글 역시 효율적으로 작성되어야 한다. 입론의 시간은 제한되어 있어 모든 논리를 열거할 수 없기 때문이다. 따라서 입론의 주장과 근거는 그 뒷받침하는 과정이 짧아야 한다. 'A해야 한다. B이기 때문이다.'와 같이 단순하고 명료한 주장과 근거 관계가 성립해야 한다는 것이다. 다음 예시를 통해 주장과 근거가 먼 경우를 확인해 보자.

주장 0교시를 없애야 한다.
(0교시를 없애면 아침을 먹을 수 있다.)
(아침을 먹으면 건강에 좋다.)
근거 학생들의 건강을 위해서이다.

　위는 '0교시를 없애야 한다.'는 주장을 뒷받침하기 위해 학생들의 건강을 근거로 들었다. 그런데 0교시와 건강의 상관관계는 직관적으로 와닿지 않는다. 만약 설명이 없다면 청중은 왜 0교시와 건강이 이어지는지 이해할 수 없다. 그렇다고 위 사례에서 괄호로 친 두 단계의 논리과정을 모두 설명하게 되면, 주장을 뒷받침하는 데 많은 문장이 필요하게 된다. 따라서 이러한 경우에는 글을 조금 수정할 필요가 있다.

주장 0교시를 없애야 한다.
근거 **학생들이 아침식사를 할 수 없기 때문이다.**

　주장과 근거가 보다 가깝게 연결되었다. 따라서 별도의 논리과정을 설명하지 않아도 쉽게 이해할 수 있게 되었다. 이처럼 주장과 근거 사이의 논리과정들을 짚어보고, 보다 간결한 설명이 가능한 주장과 근거를 선택하는 것이 바람직하다.

개요 및 구성 안내

공부할 때 예·복습이라는 말을 많이 들어봤을 것이다. 공부의 기본은 미리 공부하고, 다시 공부한 다음, 반복하여 공부하는 데 있다. 토론에서 토론자가 주장하는 것도 마찬가지이다. 어떤 것을 논할지를 밝히고, 실제로 논한 다음, 그것을 다시 반복하여 정리하는 것이다.

우선 토론자는 입론 앞부분에서 어떤 내용을 전달할지 밝힐 수 있다. 이를 통해 토론자는 자신의 주장이 몇 가지이고, 핵심키워드가 무엇인지 간단히 전달할 수 있다. 이는 청중에게 몇 가지의 주장이 어떠한 구조로 등장할지 알려주어 청중이 입론을 집중하여 듣는 데 도움을 준다. 대략적인 구조를 이해한 청중은 입론을 들으면서 어떠한 내용이 나올지 예상하면서 보다 편안하게 들을 수 있다. 이는 토론자가 의도한 핵심 내용을 청중이 중점적으로 살피게 만드는 데에도 효과적이다. 《최저시급을 인상해야 한다.》라는 논제를 예로 들어 보자.

도입부 저는 최저시급 인상을 통해 '고용주'가 받게 될 두 가지 피해와 '국민'이 받게 되는 세 가지 불이익에 대해 말씀드리려 합니다.

다음으로, 주된 내용을 말한 후 요약한 내용을 제시해야 한다. 이는 청중이 입론을 한 번에 이해할 수 없기 때문에 배려하는 한편, 자신의 주장과 근거에 익숙하게 만들기 위함이다. 이때 핵심 단어를 강조하여 주장을 강화할 수 있다.

| 마무리 | 지금까지 저는 영세 고용주의 금전적 부담과 기업 고용주의 탈한국 경향을 말씀드렸습니다. 또한 일반 국민 역시 궁극적으로 일자리가 감소할 수 있음을 확인할 수 있었습니다. |

입론 도입부에서 고용주와 국민이라는 기준으로 토론자의 주장이 중점적으로 제시될 것임을 알 수 있다. 또한 마무리에서 '영세 고용주의 부담'이나 '기업 고용주의 탈한국'과 같은 핵심 단어로 입론 내용을 청중에게 상기시키고 있다.

다만 아카데미식 토론은 토론자가 2명인 경우가 많은데, 이 경우에는 도입부와 마무리가 1명이 토론하는 경우와 다소 다르게 구성되어야 한다. 첫 번째 입론을 하는 사람이 '다음 토론자는 ○○에 대해서 말씀 드리겠습니다.'와 같이 자신의 마무리에서 다음 토론자의 개요를 언급할 수 있는 것이다. 또한 두 번째 입론을 맡은 토론자도 '앞서 토론자께서는 ○○에 대해 주장했습니다.'와 같이 도입부에서 요약을 제시할 수도 있다. 이와 같은 방법은 서로의 입론이 청중에게 잘 연계되어 보이게 만드는 데 효과적이다.

이정표 제시하기

간단한 구조의 글이라도 청중이 한 번에 이해하는 것은 힘들다. 입론은 말로 전달되므로 청중이 글의 구조를 시각적으로 떠올리기 힘들기 때문이다. 따라서 토론자는 청중이 입론의 구조를 머릿속에 그릴 수 있도록 일종의 '이정표'를 제시하여 청중의 이해를 도울 필요가 있다. 이정표를 제시하는 방법으로는 서수(序數)를 활용하는 것과 관점을 활용하는 것이 있다.

먼저 서수는 순서를 나타내는 말로 '첫째', '둘째'와 같은 표현이 이에 해당한다. 이 서수 표현은 주장 단위나 근거 단위의 내용을 안내할 때 유용하다. 주로 상위 개념에 종속된 하위 개념들을 열거할 때 자주 사용하게 되는데 예를 들면 논제(상위)에 주장(하위)이 몇 개가 있는지, 주장(상위)에 근거(하위)가 몇 개인지 알리는 것이다. 표현은 보통 다음과 같이 쓰인다.

서수활용 예

저는 첫째로 ~하다는 점,

둘째로 ~하다는 점,

셋째로 ~하다는 점을 들어 주장하도록 하겠습니다.

내용을 특정 기준으로 분류한 '관점'도 주요한 이정표가 될 수 있다. 이는 서수에 비해 의미를 부각시킬 수 있다는 장점이 있다. 예를 들어 '경제적 관점', '사회적 관점', '정치적 관점'과 같은 표현들이 이에 해당한다.

물론 다음과 같이 서수와 관점을 동시에 활용할 수도 있다.

혼합활용

첫째로 경제적인 측면에서 ~하다는 점,

둘째로 사회적인 측면에서 ~하다는 점을 말씀드리겠습니다.

토론자는 입론의 글을 쓸 때 다룰 내용들을 나열한 후 이를 서수로 정리할지 혹은 주요 관점별로 정리할지 고민해보는 것이 좋다. 관점으로 나누어 정리하는 것이 보다 인상적일 수 있으나, 그것이 쉽지 않은 논제들도 있기 때문이다. 다음 사례를 살펴보자.

원자력발전 확대에 찬성하는 근거

서수표현	관점표현
첫째, 환경보전에 유리하다.	**(환경)** 탄소배출 저감
둘째, 경제발전에 유리하다.	**(경제)** 원자력산업 발전 제고
셋째, 에너지 수급에 유리하다	**(자원활용)** 수급의 용이함

같은 내용을 위와 같은 방식으로 구분하여 정리해보고, 어떤 설명이 청중에게 더 잘 전달될지 고민해 볼 수 있다. 특히 도입부에서 청중에게 개요를 안내할 때, 이정표가 되는 표현을 활용한다면 청중은 더 쉽게 토론자의 입론을 머릿속에 그릴 수 있게 된다. 그리고 이는 토론자의 주장을 보다 편안하게 받아들이게 하는 기반이 된다.

4장

질문과 반론 준비하기

    1925년 7월 미국 테네시 주에서는 교사 존 스콥스에 대한 재판이 열렸다. 이른바 '스콥스 재판(Scopes trial)'이었다. 이 재판은 현재까지도 회자되는 역사적인 재판으로 남게 되었는데 그 이유는 이 재판에서 창조론과 진화론이라는 종교적 이슈가 다뤄졌고, 그 결과 많은 사람들이 믿던 창조론이 '질문과 반론'을 통해 그 모순을 드러냈기 때문이다.

    재판이 이뤄진 당시 테네시 주의 시민 다수는 보수적 성향의 개신교 신자였다. 그들은 '창조론'을 주장했으며, 이로 인해 테네시 주 공립학교에서 '진화론' 교육을 금지하는 「버틀러 법」도 통과되었다. 생물교사인 존 스콥스는 이 법의 부당함을 알리기 위해 묘책을 생각해냈는데, 그것은 바로 자신이 「버틀러 법」을 어기고 진화론을 가르쳤다고 스스로를 고소한 것이다. 즉, 원고와 피고가 동일한 재판을 만든 것이다. 이 특이한 재판은 전 국민, 나아가 전 세계 기독교인의 관심을 모으는 데 성공했다. 수많은 청중이 모인 것이다.

원고 측의 변호인인 윌리엄 브라이언은 '창조론'을, 피고 측의 변호인인 클래런스 대로우는 '진화론'을 주장하게 되었다. 재판 초반에는 개신교가 갖는 위치, 기득권의 지지 등 재판의 편파적인 분위기로 인해 창조론이 승리하는 듯했다. 이때 대로우는 원고 측 변호인 브라이언을 향해 '질문과 반론'으로 승부수를 띄웠다.

대 로 우: 당신은 성경에 있는 모든 내용이 문자 그대로 해석되어야 한다고 생각하십니까?

브라이언: 네, 성경의 모든 것은 쓰인 대로 받아들여야 합니다.

(중 략)

대 로 우: 지구의 나이가 얼마라고 생각하십니까?

브라이언: 천지창조에 따르면 약 6,000년 정도입니다.

대 로 우: 이집트나 중국의 문명은 약 6,000년 이상이라는 사실이 증명되었습니다. 그럼에도 하느님이 지구를 6일 동안 창조했다고 믿습니까?

브라이언: 성경에서의 하루는 24시간이 아니라 수백만 년을 의미할 수도 있습니다.

대 로 우: 성경에서 아침이 가고 저녁이 오니 첫째 날이었다는데, 이 날이란 무슨 의미입니까?

브라이언: 난 그게 24시간의 하루를 의미할 필요는 없다고 생각합니다.
대 로 우: 문자 그대로의 날짜가 아니라는 겁니까?

브라이언: 하나님이 6일 동안 세계를 만들었든 6만년 또는 6억년이든 그것은 쉬운 일이고 어떻게 믿든 중요치 않다고 생각합니다! 성경의 구절을 100% 그대로 믿는 건 바보죠.

대로우가 한 질문의 목적은 단순하다. 브라이언이 자신의 주장과 모순되는 답변을 하게 만드는 것이다. 대로우는 처음 질문을 통해 성경은 문자 그대로 해석해야 한다는 상대의 주장을 확인했다. 그리고 이후에는 문자 그대로 해석하기 어렵다는 것을 상대방이 스스로 밝히도록 유도했다. 이를 지켜본 재판장, 그리고 전 세계의 청중은 '성경을 문자 그대로 해석하기는 어렵다.'는 판단을 하게 되었다.

훌륭한 주장은 논리적 모순이 없고, 청중이 쉽게 받아들일 수 있는 주장이다. 그리고 토론자는 이런 주장들을 모아 튼튼한 입론을 만들기 위해 노력한다. 그러나 입론이 아무리 잘 구성되었더라도, 앞선 사례와 같이 질문과 답변으로 그 논리가 깨질 수 있다. 청중에게는 완벽한 입론보다도, 생동감 있는 질문과 답변을 통해 논리를 검증하는 것이 더 인상적일 수 있다. 따라서 토론자가 질문과 답변을 능숙하게 해내는 것은 청중을 설득하기 위해 매우 중요한 일이다.

따라서 토론자는 질문과 반론을 미리 준비하고 연습하여야 한다. 특히 입론은 동일한 내용을 반복하는 것이지만, 질문과 반론은 상대방에 따라 매번 내용이 달라지기 때문에 더욱 더 연습이 중요하다. 물론 질문과 반론은 역동적인 과정이므로 모든 경우의 수를 고려하여 연습할 수는 없다. 그러나 토론자는 질문과 반론을 그 목적에 따라 몇 가지 유형으로 분류하여 준비할 수 있다. 이어질 내용에서는 질문을 네 가지 유형으로, 반론을 두 가지 유형으로 분류해 보았다. 이를 확인하여 매번 달라지는 토론 상황에서 당황하지 않는 토론자가 되어보자.

교차조사

앞서 질문이라고 표현했으나, 사실 토론에서의 질문은 '신문(訊問, question)'이나 '심문(審問, interrogation)'에 가깝다. 질문자가 이미 알고 있는 사실을 상대방에게 캐어 묻거나(신문), 그 내용의 논리적 허점에 대해 자세히 따져 묻는 것(심문)이기 때문이다. 때문에 토론의 질문은 법정에서 증인을 신문·심문하는 모습과 닮아있다.

다만, 아카데미식 토론에서 토론자들은 법정의 검사나 변호사처럼 일방적으로 질문하는 사람이 아니라, 질문을 하면서 동시에 받는 주체이다. 이를 인지하는 것은 매우 중요하다. 질문은 토론이라는 의사결정수단이 일방의 검증이 아닌, 쌍방의 검토를 통해 더 나은 대안을 판단할 수 있도록 도와주는 요소이기 때문이다.

이 때문에 아카데미식 토론에서는 '질문' 대신에 '교차조사(반대신문, cross examination)'라고 표현한다. 서로가 교차하여 조사한다는 의미이다. 앞서 토론 발언의 유형 중에 교차조사가 있고, 그것이 무엇인지 확인한 바 있다. 이하에서는 교차조사를 하는 방법에 대하여 살펴본다.

상대방의 주요 주장을 검증하는 교차조사

토론자는 상대의 주장이 옳은지 검증해야 한다. 이를 위해 상대방의 주장을 잘 듣고 무엇이 잘못되었는지 판단해야 한다.

따라서 토론자는 먼저 상대방의 주장과 근거를 구분하는 것이 중요하다. 무엇을 주장하는지, 그리고 무엇으로 이를 뒷받침하는지 구조를 이해해야 하는 것이다. 구조를 파악한 이후에는 상대방의 주장과 근거가 무엇이 잘못되었는지를 확인하여 주장을 검증할 수 있다. 일반적으로 근거가 주장을 지지할 수 없거나, 제시한 근거나 논거가 사실이 아닌 경우에 주장은 타당하지 않은 것으로 여겨진다.

원자력발전에 관한 논제를 토론할 때 상대방이 오른쪽 페이지의 예시와 같이 주장했다고 가정해 보자.

이 글에서 상대방은 원자력발전의 효율성을 언급했다. 이를 설명하기 위해 태양광 발전의 비효율성, 서울시의 전력 수요 등을 들어 전력난이 있고 이를 원자력발전이 해결할 수 있다고 주장한 것이다. 얼핏 보면 주장과 근거는 타당하게 연결된 것으로 보인다.

다만, 여기서 근거와 논거로 제시한 것들이 과연 사실인지를 확인해야 한다. 여기에서는 '전력난'이 문제가 된다. 만약 토론자가 자료조사 과정에서 현재 전력난이 심각하지 않다는 내용의 자료를 확인한다면 어떨까? 1년 365일 중 여름 한 달만 전력난이고 이외 기간은 수급에 문제가 없음을 제시하면, 상대방이 제시한 '전력난'이라는 근거는 그 의미가 퇴색될 것이다. 이러한 점에 착안해서 토론자는 교차조사에 임할 수 있다.

논제 《에너지 수급을 위해 원자력발전소를 증설해야 한다.》

◇ 긍정 측 입론

원자력발전은 현재의 전력난을 해결할 가장 효과적인 방법이다. 매년 겪는 전력난을 해결하기 위해서는 많은 발전량이 필요한데, 원자력발전은 다른 발전 방식보다 더 효율적으로 많은 양을 발전할 수 있다. 예를 들어 서울시의 전기 수요를 충족시키려면 서울 넓이만한 태양광발전소가 필요한 것과 같다. 하지만 원자력발전소는 1기를 가동함으로써 서울 전력 수요의 40% 만큼의 전력을 생산할 수 있어 전력난 해결에 가장 적합하다.

또한 원자력발전은 기존의 발전 방식인 화력발전 등에 비해 친환경적이다. 주로 활용해 온 화력발전은 오염 가스 등을 다량 배출하나, 원자력발전은 발전에 사용된 폐기물 관리만 잘한다면 오히려 환경오염이 덜하다.

끝으로 원자력발전은 투입되는 자원이 적어 효율적이다. 국내에서 수급하기 어려운 석탄·석유 등을 수입하여 발전에 활용하는 것은 그 비용 효율성이 떨어진다. 원자력발전소 1기를 운영하기 위해 투입되는 인적·물적 자원을 타 발전 방식과 비교해보면 더욱 효율적인 것을 알 수 있다. 따라서 투입대비 산출을 고려하면 원자력발전을 증설해야 한다.

위 입론에 대해 다음과 같이 교차조사 한다고 가정해 보자.

| 부정 측 | 긍정 측 토론자께서는 원자력발전의 효과성을 말씀하시면서, 현재의 전력난을 해결할 수 있다고 하셨지요? (**상대방의 주장과 근거 확인**)

| 긍정 측 | 네 맞습니다. 타 에너지 발전보다 효과성이 높은 원자력발전이 전력난을 해결하는 데 적합합니다.

| 부정 측 | 그렇다면 현재 우리나라의 전력 수요가 특정 기간만 집중되며, 현재 발전량의 저장, 운용으로 충분히 전력 수요에 대응하고 있는 점을 알고 계십니까?

위와 같은 교차조사의 경우, 긍정 측이 '안다.'고 대답하든 '모른다.'고 대답하든 본인의 주장은 큰 영향을 받게 된다. 알고 있었다면 그럼에도 불구하고 추가적인 발전이 필요하다는 점을 설명해야 하고, 모르고 있었다면 부정 측의 근거자료를 인정하는 것과 동시에 토론 준비가 부족했다는 점을 드러내게 되기 때문이다. 이러한 과정을 통해서 긍정 측 토론자의 첫 번째 주장은 그 힘을 잃게 될 것이다.

다음 주장인 '원자력발전은 기존 화력발전과 같은 오염 가스를 내뿜지 않는 친환경적인 발전 방식이다.'를 살펴보자. 이 주장에는 논리적 허점이 있다. 원자력발전으로 인한 핵폐기물은 고려하지 않고, 화력발전의 오염 가스만 환경오염의 대상으로 설정했기 때문이다.

이를 다음과 같이 교차조사를 하여 드러낼 수 있다.

| 부정 측 | 긍정 측은 화력발전과 같이 환경 오염물질이 발생되는 발전은 친환경이 아니라고 생각하시는 것이지요?

| 긍정 측 | 네, 유해 가스가 발생되는 기존 화력발전보다, 원자력발전은 친환경적이라고 생각합니다.

| 부정 측 | 그렇다면 원자력발전의 폐기물은 어떻게 생각하시는지요? 그 폐기물은 환경에 영향을 주지 않나요?

 긍정 측은 논증 과정에서 원자력발전으로 인해 발생하는 폐기물은 외면하였으면서도 화력발전의 오염 가스만 환경오염으로 지적했다. 이와 같은 모순적인 태도를 교차조사를 통해 밝혀냄으로써 상대방의 주장을 검증할 수 있다.
 끝으로 '원자력발전은 투입되는 자원이 적어 효율적이다.'라는 주장을 확인해 보자. 이 주장은 다소 추상적인 주장이라 할 수 있는데, 어떤 투입이 이루어지는지 그리고 효율성을 어떻게 계산했는지가 확인되지 않기 때문이다. 이때는 상대방 주장에 대하여 구체적인 근거를 요구하여 교차조사를 수행할 수 있다. 예를 들어, 상대방이 원자력발전의 비용이 더 적다는 것을 이야기한 경우 그 비용이 어떻게 산정된 것인지 질문할 수 있는 것이다. 실제로 단순 건설비용만 계산한 것인지, 폐기물 관리 등에 소요되는 비용을 모두 고려한 것인지에 따라 비용에 대한 판단이 달라질 수 있기 때문이다.

구체적으로 교차조사 예시를 살펴보면 다음과 같다.

부정 측   원자력발전소를 건설하는 것과 다른 발전소를 건설하는 것의 비용 차이는 어느 정도 되는지 말씀해 주실 수 있으십니까? 핵폐기물 안전시설 건설은 비용에 포함된 것인가요?

이때 상대방은 단순한 건설비용의 차이만을 고려했다고 발언할 수 있다. 그러나 '안전시설' 등의 특정 비용을 구체적으로 질문하게 된다면, 청중은 상대방의 비용 산정이 다소 편협하게 이루어졌다고 생각하게 된다.

이처럼 상대방 주장의 빈틈을 노리는 질문이야말로, 공들여 쌓은 입론을 무력화 시키는 방법이다. 반대로 상대방도 이와 같이 토론자에게 질문할 수 있다는 점을 고려하여, 자신의 입론이 논파 당하지 않도록 입론을 구성할 필요가 있다.

자신의 주장을 강화시키는 교차조사

어느 대학생 토론대회 결승전에서 있었던 일이다. 《법인·단체의 정치자금 기부를 허용해야 한다.》는 논제를 둘러싸고 토론이 활발히 진행되던 중 교차조사가 다음과 같이 이루어졌다.

| 부정 측 | 긍정 측에게 정치자금의 필요성에 대해 묻겠습니다. '자금'이라는 것은 저장이 가능한 도구입니다. 맞습니까?

| 긍정 측 | 네 맞습니다.

| 부정 측 | 그렇다면 향후 자금이 어디에 어떻게 쓰일지 모르는 상황에서, 현재 남아있는 정치자금은 저장될 수 있지요?

| 긍정 측 | 물론 아껴 쓴다면 남을 수도 있고….

| 부정 측 | 네, '아껴 쓴다.'는 말 자체가 다음 선거를 위해 저장한다는 것이겠죠. 이 점에 대해서 저희는 저희 입론을 통해 반박 하겠는데요….

부정 측은 '정치자금 기부'를 반대하는 입장으로서 정치자금 기부가 정치인들의 비자금 조성이나 부정축재에 활용될 수 있다는 주장을 하고자 하였다. 이때 교차조사를 통해 상식적인 이야기인 '자금(돈)은 저장할 수 있다.'는 질문으로 시작함으로써 긍정 측으로부터 '정치자금을 아껴 쓰면 남을 수도 있다.'는 표현까지 이끌어냈다. 이를 통해 긍정 측은 정치자금을 정치인이 따로 모을 수 있다는 인상을 주었다. 따라서 부정 측의 입장이 강화되었다.

이처럼 교차조사는 상대방 주장을 공격하는 것이 아니라 자신의 주장을 강화하는 데 사용되기도 한다. 이는 교차조사를 통해 상대방의 답변을 유도할 수 있기 때문이다. 마치 법정에서 검사 혹은 변호사가 증인으로부터 질문을 통해 답을 이끌어내고, 그를 바탕으로 판사와 배심원에게 자신의 입장을 설득하는 것과 유사하다.

물론 상대방이 내가 원하는 대로 답변해주는 것은 어려운 일이다. 하지만 질문과 답변의 시나리오를 토론 전에 잘 준비하여 상대방의 대답을 이끌어 낼 수 있다. 이때, 상대방이 동의할 수밖에 없는 수준의 질문을 통해 대화를 자신이 의도하고자 하는 방향으로 유도하는 것이 가능하다.

논제《평양 선언은 국회 비준을 받아야 한다.》

◇ 긍정 측 교차조사

긍정 측 〉 우리나라 헌법에 따르면 안보에 영향을 미치는 사안으로 조약을 체결하는 경우 국회의 비준을 받아야 합니다. 맞습니까?

부정 측 〉 예.

◇ 부정 측 교차조사

부정 측 〉 헌법에 따르면 우리나라 영토는 한반도와 그 부속도서라고 되어 있습니다. 그러면 잠시 분단된 한반도의 북한을 '타국'으로 판단할 수 있습니까?

긍정 측 〉 아닙니다. 하지만….

토론자는 헌법, 관습, 상식에 기초한 질문을 통해서 교차조사를 전개할 수 있다. 위 사례에서 긍정 측은 '평양 선언이 안보에 영향을 미치기 때문에 국회 비준을 체결해야 한다.'는 주장을 하기 위해 헌법의 근거를 제시했다. 헌법에 명시된 내용이므로 부정 측이 '아니오.'라고 선뜻 대답하기에는 굉장히 부담스러울 것이다.

반면 부정 측은 '한반도에 함께 있는 북한은 따로 봐야할 국가가 아니다. 따라서 평양 선언은 타국을 대상으로 한 조약이 아니기 때문에 국회 비준이 필요 없다.'는 주장을 하고자 한다. 마찬가지로 헌법에 명시된 내용을 활용하여 질문하였으므로 긍정 측이 '아니오.'라고 대답하기 힘들다.

이처럼 질문을 통해 자신의 논거에 상대방이 동의하게 만듦으로써 자신의 주장을 강화할 수 있다. 이때 질문은 가급적 상대방이 '예.' 혹은 '아니오.'로 대답할 수 있는 '닫힌 질문'을 하는 것이 좋다. 상대방이 답할 수 있는 경우의 수가 줄어들어 상대의 답변을 더 유도하기 쉽기 때문이다. 이때 위의 사례와 같이 '자금은 저장이 가능한 도구입니다. 맞죠?'처럼 '아니오.'라는 답변을 하기 힘든 질문을 준비할 수도 있다.

만일 열린 질문을 한다면, 상대방이 답변을 활용하여 자신의 주장을 강화할 수도 있다. 앞서 살펴 본 정치자금 사례를 다시 살펴보자. 이 역시 실제 토론대회에서 있었던 일이다.

| 부정 측 | 긍정 측 토론자께서는 현재 정치자금이 부족하다고 말씀하셨습니다. 어떻게 부족합니까? |

| 긍정 측 | 민주주의가 발전함에 따라 시민의 참여가 많아지고, 선거운동의 방식이나 경로가 확대되고 있어 이에 대응하기 위한 소요액이 증가하고 있음을 저희 입론에서 말씀드렸습니다. |

 부정 측은 '어떻게'라는 포괄적인 단어를 써서 질문했다. '누가' '언제' '어디서'와 같이 명확한 답을 얻을 수 있는 질문이 아닌, 토론자의 생각에 따라 다양하게 해석될 수 있는 질문을 한 것이다.
 이때 긍정 측은 상대방의 질문에 기다렸다는 듯 자신의 주장을 청중에게 드러내었다. 이와 같이 '열린 질문'은 교차조사를 받는 사람에게 주도권을 넘길 수 있는 위험이 있다. 따라서 교차조사를 하는 쪽은 가급적 닫힌 질문을 통해 자신의 주장과 근거를 상대방이 확인하도록 만들어야 하고, 열린 질문을 하는 경우에도 상대방의 답변을 적절하게 제한하여 상대방이 자신의 주장을 강화하는 데 교차조사 시간을 활용하지 않도록 주의해야 한다.
 반대로 교차조사를 받는 쪽은, 상대방의 질문에 답변할 때 자신의 입론을 연결지어 답변해야 한다. 자신의 입장을 청중에게 일관되게 드러내 주장을 강조하는 것이다. 물론 교차조사에서 질문에 대한 답이 아니라 자신의 주장만 반복하게 될 경우 교차조사를 불성실하게 수행했다는 평을 받을 수도 있다. 따라서 과하지 않은 선에서, 질문과 주장을 연계하는 방법을 고민해야 한다.

논점이 흐려지는 것을 방지하는 교차조사

일본에서 유행하는 말로 '밥 논법'이 있다. 이는 아베 총리가 여러 스캔들에 대응하는 화법을 비난하는 의미로, '자신에게 불리한 질문을 받았을 때 논점을 교묘히 바꿔가며 피해가는 답변'을 일컫는다. '밥은 먹었습니까?'라는 질문에 '(빵은 먹었지만 밥은) 안 먹었다.'고 대답하는 방식을 말한다. 자신에게 유리한 측면만 말하고 불리한 점은 회피하는 좋지 않은 화법이다.

토론에서도 이러한 화법을 종종 목격할 수 있다. 토론자가 본인에게 유리한 분위기를 만들기 위해 질문과 관련 없는 발언을 하는 것이다. 문제는 이와 같이 논제를 벗어난 발언이라 하더라도 청중에게는 영향을 줄 수 있다는 점이다.

토론자는 교차조사를 통해 이와 같은 '논제로부터의 일탈'을 바로잡을 수 있어야 한다. 논제와 관련 없는 내용이나 쟁점을 흐리는 내용을 상대방이 발언한 경우 교차조사를 통해 이를 확인하여, 청중에게 상대방이 비논리적으로 행동했다는 점을 알릴 수 있다. 다음의 사례는 질문과 무관한 답변을 하는 장면이다.

논제 《가정용 전기 요금의 누진세를 개편해야 한다.》

긍정 측 부정 측 토론자께서는 매년 여름마다 반복되고 있는 가정용 '전기요금 폭탄'과 관련한 기사를 본 적 있으십니까?

부정 측 네 그렇습니다.

긍정 측 그렇다면 현재 누진세 구간이 가정 평균사용량 대비 매우 불합리하게 구성된 것도 알고 계신지요?

부정 측 전기요금 문제는 우리나라의 에너지 구조에 기인한 것입니다. 에너지원 대다수를 수입하는 현재 환경에서 불가피한 문제입니다.

긍정 측 제가 여쭤본 내용은 누진세가 평균사용량과 비교하였을 때 불합리하게 구성되었다는 점이었습니다. 이 점에 대하여 다시 답변해 주시길 바랍니다.

 부정 측은 전기세 폭탄이라는 데 초점을 맞추어 '누진세 구성'에 관한 질문을 받았음에도 전기요금이 저렴할 수 없는 거시적인 문제를 언급하였다. 이와 같이 질문에 맞지 않은 답변을 하는 경우가 종종 발생하는 것은, 상대 토론자가 질문을 제대로 이해하지 못하였거나 대답하기 힘든 내용을 의도적으로 회피하였기 때문이다. 이 내용을 글로 보면 문제를 바로 알 수 있지만, 긴박하게 진행되는 토론 중에는 이상한 점을 느끼지 못하고 지나갈 수도 있다. 때문에 토론자는 위와 같은 상

황에서 '○○에 대해 답변 부탁 드립니다.'와 같이 질문의 초점을 다시 제시하여 토론의 일탈을 방지할 수 있다.

반대로 교차조사를 받을 때 상대방의 질문을 바로잡아 줄 수 있다. 상대방의 질문이 부당하거나 논제로부터 일탈한 질문임을 밝힐 수 있는 것이다. 다음의 사례를 보자.

논제 《대학입시를 자율화해야 한다.》

부정 측	긍정 측에서는 대학입시를 자율화해야 하는 이유로, 대학이 원하는 인재를 선발함으로써 양질의 인재육성을 할 수 있다고 말씀하셨습니다. 그러면 초등학교나 중학교, 고등학교도 인재육성을 위해서는 자율적인 입시제도를 도입해야 한다고 생각하시는 겁니까?
긍정 측	그렇지 않습니다. 본 논제는 대학입시에 관한 것이고, 대학은 특정한 분야를 정해서 그에 맞는 교육을 하는 것이 중요하기 때문에, 입시 자율화를 통해 적합한 인재를 선발해야 한다고 말한 것입니다.

위 사례에서 부정 측은 '입시 자율화'에 초점을 맞추다 보니 '대학'에 한정된 논의임에도 불구하고 초등학교나 중학교 같은 다른 유형의 학교에 대한 입시 자율화 여부를 긍정 측에 질문하였다. 이는 논제를 벗어난 것이다. 이때 긍정 측은 논제가 무엇인지 밝히면서 자신의 취지를 다시 확인하여 대처하였다.

이때 주의해야 할 점은, 상대방이 논제를 일탈했다고 해서 조롱하거나 힐난해서는 안 된다는 것이다. 실제로 토론에 열중하다 보면 의도치 않게 토론과 무관한 질문과 답변이 오갈 수 있다. 이때 토론자는 예의를 벗어나지 않는 선에서 상대의 실수를 바로 잡는 것이 좋다. 아니면 다시 한 번 질문을 정중하게 묻는 것도 가능하다. 상대방의 애매한 질문이나 답변은 '~를 물어보신 것으로/~에 대해 답변 주신 것으로 보이는데 맞습니까?'와 같이 대응할 수 있다. 혹은 '질문하신 내용을 다시 한 번 말씀해 주시겠습니까?'와 같이 확인할 수도 있다.

이와 같은 조치를 통해 토론자는 청중에게 토론의 논제를 정확히 이해하고 있고, 예의 바른 사람이라고 인식될 수 있다.

그 외에 교차조사를 하면서 주의해야 할 점

교차조사는 매우 역동적이다. 이때 서로의 입장을 비판하고 자신의 주장을 드러내는 과정에서 언성이 높아지거나 감정이 격해질 수도 있다. 또한 토론자가 다른 상대방을 마치 죄인을 다그치는 것처럼 매우 몰아붙이는 경우도 있다. 결론을 말하자면 위 두 가지 경우 모두 청중에게 부정적인 인상을 주기 쉽다.

토론자의 매너는 설득에 직결된다. 청중은 토론자를 판단할 때, 주장과 근거뿐만 아니라 경력, 인격, 외모 등을 종합적으로 고려한다. 매너는 토론자의 인격을 직간접적으로 드러낸다. 토론 과정에서 화를 내거나 몰아붙이는 모습을 보여준다면 청중은 토론자가 무례하다고 생각하고 감정적으로 꺼릴 수도 있다. 그리고 이는 청중을 설득하는 데 대단히 불리한 요소로 작용한다. 때문에 토론자는 교차조사에서 꼭 매너를 지켜야 한다.

이때 기억해야 할 점은 다음과 같다. 첫째, 교차조사는 상대방을 굴복시키는 것이 아니라 '필요한 것을 확인하는 과정'이라는 점이다. 그 어떤 토론자도 논리의 허점이나 자료의 부족을 쉽게 인정하지 않는다. 오히려 이를 최대한 은폐하거나 회피하려고 한다. 그렇다고 하여 이를 집요하게 공격하는 것은 위에서 말한 매너를 어기는 결과를 초래한다. 때문에 토론자는 교차조사 수위를 조절하여, 상대방의 은폐와 회피를 청중과 함께 확인하려는 목적으로 교차조사를 하여야 한다.

논제 《담뱃세 인상이 필요하다.》

| 긍정 측 | (가) 부정 측은 비흡연자가 흡연으로 인해 받게 될 고통은 고려하지 않으십니까? |

(나) 부정 측은 담뱃세에 '국민건강증진부담금'이라는 항목이 포함되어 있음을 아시는지요? 이 부담금의 목적이 무엇인지 알고 계십니까?

토론자가 (가), (나)처럼 질문을 한다고 가정 해보자. 두 질문 모두 담배가 비흡연자 건강에 부정적 영향을 준다는 점을 확인하고자 한다. 하지만 (가)와 같은 질문은 상대방의 동의를 얻기 어렵다. 특히나 상대방의 주장이나 근거를 향한 것이 아닌, 상대방 자체를 겨냥한 질문이기 때문에 청중이 토론자의 매너를 부정적으로 평가하게 된다.

반면 (나)와 같은 확인형 질문은 간접적으로 상대방의 동의를 얻을 수 있다. 부정 측이 '국민건강증진부담금' 항목을 알고 있다면 담배가 이미 누군가의 건강을 해치기 때문에 부담금을 내야 한다는 점을 인정하는 상황이 된다. 반대로 이를 알지 못했다면, 자연스럽게 긍정 측 토론의 주장이 강조될 것이다. 이와 같이, 상대방에게 '인정한다.'는 단어를 듣지 않더라도 충분히 그 효과를 얻을 수 있도록 질문하는 것이 매너를 지키면서 질문하는 방법이다.

둘째, 토론자는 설득의 대상이 청중임을 인식하여야 한다. 토론자는 상대방에게 답변을 얻은 후 그것이 어떤 의미인지 청중에게 설명할 필요가 있다. 즉, 교차조사는 토론자끼리 싸우는 시간이 아니라 청중을 설득하는 과정인 것이다. 위 예시를 이어서 살펴보자.

부정 측 〉 담뱃세에 국민건강증진부담금이 포함된 것을 알고 있습니다.

긍정 측 〉 (상대 답변을 들은 후) 부담금은 문제를 해결하기 위해 문제를 유발한 이들에게 금전적 부담을 부여한 것입니다. 즉, 담뱃세에 국민건강증진부담금이 포함된 것은 담배가 국민건강을 저해하는 것이기 때문입니다.

위와 같이 긍정 측은 상대의 답변을 들은 후에 청중에게 답변의 의미

를 설명할 수 있다. 궁극적으로는 토론의 모든 과정이 청중을 설득하기 위함이기 때문에, 교차조사의 의미도 청중에게 설명해야 한다. 이와 같이 상대방을 궁지에 몰아넣거나 답변을 강요하지 않아도 교차조사를 통해 청중에게 필요한 내용을 전달할 수 있다.

반론

반론(反論) 혹은 반박(反駁)은 사전적 의미로 상대방의 주장이나 의견에 반대하여 말하는 것을 뜻한다. 하지만 토론에서의 반론은 단순히 반대하는 의견을 표하는 것에 그치지 않는다. 토론의 반론은 토론 과정에서 나온 내용들을 요약하고 정리함으로써 청중에게 정보를 제공하고 설득을 촉구하는 의미가 더 크다. 토론은 매우 많은 정보를 짧은 시간 안에 주고받기 때문이다. 이때 반론은 빠르게 주고받은 내용을 갈무리하여, 청중이 쉽게 받아들일 수 있게 돕는다.

반론을 준비하는 과정은 '손'으로 이루어진다. 상대방이 말한 주장과 근거, 그에 관한 교차조사 내용, 상대방 답변, 토론자가 받은 질문과 답변 등 토론의 모든 과정을 기록해야 하기 때문이다. 이를 바탕으로 토론자는 제한된 반론 시간 안에 어떤 내용을 정리하여 이야기할지 빠르게 구성해야 한다.

동시에 반론은 토론을 마무리한다는 점에서도 특기할 만하다. 토론의 발언 순서상 가장 마지막에 위치한 반론은 토론자가 청중에게 말할 수 있는 마지막 기회이다. 그리고 청중은 가장 마지막에 들은 내용을 잘 기억하기 때문에 반론은 청중에게 꼭 강조해야 할 내용을 엄선하고 전달하여 제대로 된 마무리를 해야 한다. 이하 반론을 어떻게 준비할지 살펴보자.

쟁점을 정리하는 반론

'○○갤럽' 같이 여론조사를 전문으로 하는 기관은 사람을 모아 그룹 인터뷰(FGI)를 진행하기도 한다. 이 때 사람들의 이야기를 정리하고 핵심을 짚는 진행자를 모더레이터(moderator)라고 부른다. 손석희 아나운서나 유재석 씨를 떠올리면 이해하기 쉬울 것이다.

토론자가 반론 때 해야 하는 역할이 모더레이터와 유사하다. 입론과 교차조사를 통해 역동적이고 강하게 자신의 주장을 드러냈다면, 반론에서는 이를 정리하여 청중에게 제시하여야 한다.

반론에서의 정리가 중요한 이유는, 정리를 통해 자신의 입장이 토론 상대방의 입장보다 더 설득력 있는 것임을 드러내기 위함이다. 토론의 내용을 정리해보니 나의 주장은 유효했고, 상대방의 주장은 이러한 점들이 부족했었다는 점을 정리함으로써 토론 과정을 복기하는 것이다. 따라서 토론자는 자신에게 유리하게 전개되었던 쟁점들을 위주로 정리할 필요가 있다. 반대로 자신에게 불리하게 전개되었던 쟁점의 경우에는 토론의 전개 과정보다는 자신의 주장과 근거를 다시 강조하여 만회할 수 있다.

위와 같이 반론을 전개하기 위해서는, 토론을 쟁점 중심으로 정리하는 것이 필요하다. 쟁점을 요약하고, 그 쟁점을 둘러싸고 토론자 간에 어떠한 입론과 교차조사가 진행되었는지 그리고 그것이 어떠한 의미를 갖는지 청중에게 설명하는 것이다.

토론 중에 다음과 같은 교차조사가 있었다고 가정해 보자.

논제 《사형 제도는 집행되어야 한다.》

| 부정 측 | 전 세계적으로 사형 집행은 줄어들고 있습니다. 이는 인간의 존엄성에 대한 인정이 전 세계적인 추세임을 보여줍니다. |

| 긍정 측 | 사형제를 집행하고 있는 국가가 미집행 국가보다 강력범죄율이 낮은 점을 알고 계십니까? |

| 부정 측 | 그것은 나라마다 상황이 다르기 때문에 직접적인 비교가 어렵다고 생각합니다. |

| 긍정 측 | 단일 국가로 한정하더라도, 사형 제도 집행 이후에 강력범죄율이 감소한 사례는 많이 있습니다. 때문에 사형 제도 집행은 범죄 발생을 예방하는 효과가 있다고 볼 수 있습니다. |

긍정 측은 부정 측이 제대로 답변하지 못한 '사형제와 강력범죄'의 관계를 주요 쟁점으로 생각할 수 있다. 따라서 위의 교차조사를 잘 기록한 후 반론에서 다음과 같이 발언할 수 있다.

> [긍정 측] 저는 앞서 교차조사를 통해 사형제를 집행하는 나라일수록 강력범죄 발생률이 낮다는 점을 말씀드린 바가 있습니다. 부정 측에서는 나라마다 상황이 달라 비교할 수 없다고 답변하셨지만, **같은 나라라 하더라도 사형 제도 집행 이후 강력범죄율이 감소한 사례가 있음을 저희는 말씀드렸습니다.** 이처럼 사형제 집행과 범죄 발생은 유의미한 관계가 있습니다. 사형제 집행이 범죄 발생을 억제하고, 범죄로 인한 희생자를 줄일 수 있을 것입니다.

위와 같이 상대방의 대처가 미흡했던 부분을 반론에서 다시 강조하는 것은 중요하다. 이를 통해 청중이 잊을 수 있는 지점을 환기시키고, 자신의 주장과 논거가 검증을 거쳐서 설득력이 있었다는 점을 드러낼 수 있기 때문이다.

뿐만 아니라 반론에서는 질문받지 않은 자신의 주장과 근거도 다시 강조해야 한다. 상대로부터 질문받지 않았다는 것은, 해당 주장의 논리가 부족하지 않았음을 인정받은 것과 같다.

> [긍정 측] 부정 측에서는, 저희가 입론에서 밝힌 '사형제 미집행으로 인하여 초래되는 유지비용'에 대해서는 반론을 제기하지 않으셨습니다. 사형제의 장기 미집행으로 인해 발생하는 비용을 방지하고 오히려 이를 범죄 예방에 활용하고자 하는 저희의 주장을 다시 한번 고려해 주시기 바랍니다.

위의 발언을 통해 청중은 부정 측이 일부 내용을 반박하지 못하였음을 인지할 수 있게 된다. 따라서 긍정 측은 이를 지적하면서 자신의 주장을 다시 한번 강조하는 효과를 얻을 수 있다.

강한 인상과 함께 토론을 마무리하는 반론

반론은 아카데미식 토론을 기준으로 약 2~4분 정도의 시간이 주어진다. 한 시간이 넘는 토론을 정리하기에도 2~4분은 짧지만, 반론에 꼭 포함되어야 할 것이 있다. 바로 마무리 멘트다.

토론 전체를 마무리하는 발언은 보통 1분 내외로 미리 준비한다. 이는 청중을 설득하기 위한 비장의 무기로, 즉흥적으로 발언하다가 마무리가 번잡해지는 것을 방지하기 위함이다. 마무리 발언은 크게 두 가지로 구성할 수 있는데, 하나는 토론자의 주요 논리 구조를 제시하여 주장과 근거를 상기시키는 것이고, 다른 하나는 청중이 기억할 수 있는 인상적인 문장을 남기는 것이다.

논리 구조는 입론의 구조를 의미한다. 입론은 초반부에 나오므로 마무리 시점에서는 잊힐 가능성이 높다. 따라서 토론자는 자신이 어떤 주장을 했고 어떤 근거를 제시했는지 상기시켜줘야 하고, 이를 위해서는 논리 구조를 제시하는 것이 효과적이다. 다음의 예시를 보자.

논제《고등학교 교육비를 국가가 부담해야 한다.》

> [긍정 측] 저희는 고등학교 교육비용을 국가가 부담해야 하는 이유를 **크게 두 가지로 말씀드렸습니다.** 첫째, 고등학교 교육은 사실상 필수로 인식되고 있는 상황에서 사회 경제적 약자를 위해 평등한 교육을 보장하는 것이 국가의 의무라는 점, 둘째, 소득에 따른 교육격차를 예방하는 것이 사회 안정화에 도움이 된다는 점입니다.
>
> 현재 사회에서 고등학교 교육은 필수고, 이는 소득에 따라 차별되어야 할 영역이 아니라는 점에서 고등학교 교육비용을 국가가 부담해야 합니다.

위와 같은 안내를 통해, 청중은 앞서 지나간 입론을 상기시킬 수 있으며 다시 한 번 토론자의 입장을 생각하게 된다.

청중에게 인상을 깊게 남기기 위해, 토론자의 입장을 대변하는 함축적인 메시지를 활용할 수 있다. 일반적으로 핵심 문장을 쓸 때 토론자들은 속담이나 명언, 사례 등을 활용한다. 이는 청중의 공감을 이끌어내기 위함이다. 다만 너무 흔한 표현은 청중에게 뻔한 느낌을 줄 수 있다는 점을 고려해야 한다.

결국 핵심 문장은 논제에 관한 자신의 입장을 상징적으로 대변하면서도, 지나치게 흔하지 않지만 동시에 청중이 이해할 수 있는 사례일수록 좋다. 토론자는 자신의 입장을 함축하여 전달할 수 있는 이야기를 함께 고민해야 하며, 마무리가 충분히 인상적으로 될 수 있도록 이를 전달하는 연습도 해야 한다. 다음 사례를 통해 청중이 공감하고, 쉽게 이해할 수 있는 메시지를 전달하는 방법을 살펴보자.

사례인용 미국의 금주법을 아십니까? 1919년 미국은 술이 범죄의 원인이라 생각해서 술 유통을 전면 금지하는 금주법을 시행했습니다. 그 결과 술을 음성적으로 유통하는, 마피아들이 전성기를 누리게 되었습니다. 이와 같이 단순한 금지는 역효과를 초래합니다. 제가 말씀드린 바도 이와 같습니다. 사교육을 금지하면 사교육이 사라질까요? 차별이 사라질까요? 교육에서의 평등은 기회를 모두에게 풍부하게 제공하는 것이어야 하지, 기회를 제한하는 것이어서는 안 됩니다.

명언인용 군주론으로 유명한 마키아벨리는 이런 말을 했습니다. '인간은 남에 의해 획득된 권리에 대해서 소중히 여기지 않는다.' 앞선 사람들의 투쟁과 성취를 통해 얻어낸 민주주의의 꽃인 선거권. 지금, 우리는 그 소중함을 놓치고 있진 않은지 다시 한번 생각해 봐야 할 때입니다.

이상에서 살펴본 바와 같이 반론은 입론부터 교차조사까지 이어진 토론을 마무리 짓는 과정이다. 토론에서 오간 수많은 내용을 충실히 담아내기 위해 토론자는 토론 중간에 틈을 내어 반론을 함께 준비하여야 한다. 이러한 과정이 처음에는 어려울 수도 있다. 그러나 그 과정에서 길러질 '말하기', '듣기', '정리' 능력은 토론과정에서 펼쳐낸 서 말의 구슬을 하나의 보배로 엮어줄 소중한 자산이 될 것이다.

5장

토론 상황 준비하기

 2017년 네덜란드 암스테르담의 길거리에서 이색적인 광경이 펼쳐졌다. 허름한 행색의 노숙자가 사람들에게 토론을 요청한 것이다. 행인들은 이 노숙자에게 관심을 보였으며, 직접 토론하거나 토론을 구경하기 위해 시간 당 평균 12명이 멈춰 섰다. 이민자 정책, 기초 소득 등을 논제로 토론을 한 후, 사람들은 노숙자에게 기꺼이 적선했다. 그럴 가치가 있는 토론이었던 것이다.

 사실 이는 델프트 대학의 '스트리트 디베이터(Street debaters)' 프로젝트다. 프로젝트는 노숙자의 새로운 구걸방식을 연구하면서, 노숙자에게 어울리지 않는 토론을 연결하여 신선한 충격을 주었다. 충격의 이유는 간단하다. 사람들은 노숙자가 토론을 할 수 있을 것이라 생각지 못했기 때문이다. 노숙자의 초라한 행색과 이미지가, 청중으로 하여금 그의 논리와 말하기 능력에 의심을 갖게 한 것이다.

 이처럼 청중은 토론자의 이미지에 영향을 많이 받는다. 토론자의 외모, 목소리 등을 보고 판단하는 청중이 있을 정도이다. 유명 아나운서가 말끔한 정장을 입고 또렷한 목소리로 말하는 것과, 남루한 차림을 한 사람이 말을 더듬으며 쉰 목소리를 내는 것을 비교한다면, 청중은 아무래도 아나운서의 말을 신뢰할 가능성이 높다.

이와 같은 이유로 토론자는 시청각적 설득을 고려하여 말하기를 준비해야 한다. 그렇다면 어떤 것을 준비해야 할까?

첫째, 본인의 주장을 매끄럽고 자연스럽게 말로 전달하는 연습을 해야 한다. 깔끔한 발성과 정확한 발음으로 전달하는 것이 청중의 귀에 더 잘 들리고, 이목을 끌 수 있다.

둘째, 준비되었다는 인상을 주는 것이 중요하다. 토론에는 다양한 돌발 상황이 일어날 수 있다. 이때 당황하지 말고 침착하고 정확하게 대처하는 것이 중요하다.

어느 정도 단정한 외모뿐 아니라, 토론자의 스피치 등 토론 내용 외적인 부분도 토론자가 잊지 말아야 할 토론 준비과정임을 유의하며 다음의 세부 준비 방법들을 확인해 보자.

말하기 연습

누가 읽어도 잘 썼다고 생각하는 글에는 공통점이 있다. 쉽게 눈이 가고, 읽는 데 피곤함이 없다는 점이다. 마찬가지로 누가 들어도 좋은 말은 쉽게 들리고, 듣는 데 피로함이 없어야 한다. 잘 들리는 말은 상대적으로 청중에게 호감을 줄 수 있다. 물론 발성이나 발음은 단기간에 고칠 수 있는 것은 아니다. 그러나 입론을 소리 내어 읽는 연습과, 어떻게 하면 더 잘 들릴지 피드백을 받아 교정하는 과정을 거침으로써 더 잘 들리는 말하기를 할 수 있다.

특히 입론은 준비된 글을 읽는 것이므로, 말하기 연습에 많은 투자를 할 필요가 있다. 입론을 말하면서 연습하는 방법은 크게 두 가지로, 첫 번째는 입론의 '글'을 '말'로 바꾸는 연습이다. 입론은 글이기 때문에 우리의 입에 최적화되어 있지 않다. 예를 들면, 글로 썼을 때는 한눈에 읽을 수 있는 문장이, 말로 읽다 보면 읽기가 애매하거나 호흡에 맞지 않는 문장일 수도 있다. 또한 눈으로 봤을 때는 어렵지 않은 말이, 실제로는 발음을 꼬이게 만들 수 있다. 따라서 입론을 읽으면서 전달하기 좋은 문장, 발음하기 쉬운 말로 바꾸어야 한다. 예시를 확인해 보자.

한국사회의 경쟁구조로 인해 국민은 불행합니다. 가용 자원이 더욱 희소해짐에 따라 생존 자체를 둘러싼 경쟁이 가속화되고 있습니다.

위에 작성된 입론을 실제로 소리 내어 읽는다면 입에 걸리는 부분이 있을 것이다. 다소 문어적인 표현이 있기도 하고, '가용'이나 '희소'와 같은 단어들은 소리로 들었을 때 직관적으로 이해가 되지 않을 수도 있다. 이를 고려하여 수정하면 다음과 같다.

> 우리 사회의 과도한 경쟁으로 국민들이 힘들어하고 있습니다. 그리고 쓸 수 있는 자원이 부족해짐에 따라 경쟁은 더욱 치열해지고 있습니다.

물론 토론자마다 입에 맞는 글은 다를 수밖에 없다. 드라마작가는 배우의 캐릭터를 생각하여 대사를 쓰지만, 배우가 자신에 맞게 대사를 고치는 것과 마찬가지이다. 토론자는 자신의 입론을 살리기 위해 다양한 표현으로 자신의 입에 맞게 바꾸어야 한다. 이때 유념할 것은, 수정하는 방법에 정답은 없더라도, 결과적으로 청중에게 잘 들리는 입론을 지향해야 한다는 것이다.

두 번째로 해야 할 말하기 연습은 '말'을 더 나은 '말'로 만드는 것이다. 토론자는 톤과 속도를 조절하여 청중을 몰입시켜야 한다. 앞서 아나운서의 예시를 들었지만, 꼭 아나운서의 발성과 스피치를 따라서 연습할 필요는 없다. 본인의 발성과 목소리에 맞춰, 알맞은 톤과 속도를 찾아내면 되는 것이다.

토론의 초심자들은 본인의 말하기 속도를 고려하지 않고 입론을 완성하는 경우가 많다. 이는 토론장을 속독 경연대회로 만드는 원인이 된다. 처음에 천천히 입론을 읽다가 후반부에 빠르게 읽는 상황도 종종 발견된다. 이러한 문제를 예방하기 위해 스피치 연습을 하여 최적의 말하기를 준비해야 한다.

스피치 연습 방법 중 가장 중요한 것은, 실제 자신의 말이 어떻게 들리는지 확인하는 것이다. 스마트폰이나 녹음기로 자신의 말을 녹음해서 들어보거나, 다른 사람에게 들려주고 반응을 확인한 다음 개선방향을 찾아야 한다. 자신의 목소리를 듣는다는 것이 꽤 쑥스러울 수 있지만, 개선을 위해서는 현재 상태를 파악해야 한다.

더불어 이러한 연습을 통해 본인이 무의식적으로 하는 안 좋은 습관도 알 수 있다. 예를 들면 문장 사이사이에 '쓥' 하는 바람소리나 중간에 '쩝' 하고 입맛 다시는 소리를 내는 경우가 있다. 이를 확인하였다면, 토론자는 말하기 연습을 할 때 이러한 습관을 반복하지 않도록 연습해야 한다. 스피치 연습은 1차적으로는 어느 정도의 속도와 높낮이가 좋은지 확인하여 전달력을 향상시키는 과정이지만, 장기적으로는 더 좋은 말하기를 할 수 있는 기회가 될 것이다.

스피치 연습을 반복하는 것의 또 다른 장점은, 같은 입론이라도 점차 더 정확하고 신속하게 읽을 수 있게 된다는 점이다. 토론자의 발음이 명확해지기 때문이다. 발음이 분명하면 조금 더 빨리 말해도 청중이 충분히 이해할 수 있다. 그리고 이는 입론에서 보다 많은 내용을 말할 수 있음을 의미한다. 약 5~6분짜리 입론이라면 토론자의 발음에 따라 30초까지도 단축시킬 수 있다.

토론을 열심히 준비한다고 하더라도, 그것을 제대로 펼치지 못하면 청중에게 다가갈 수 없다. 자신이 준비한 내용을 효과적으로 전달하기 위해 말하기 연습을 반복해보자.

상황 대처 및 파트너 커뮤니케이션

토론을 하다 보면 예상치 못한 질문을 받는다. 이때 당황하면서 허둥대면, 청중은 토론자가 준비되지 않았거나 질문에 대응할 수 없다고 생각할 수 있다. 이는 청중을 설득하는 데 도움이 되지 않는다. 따라서 토론자는 질문 등의 돌발 상황에 자연스럽게 대처하는 법을 생각해야 한다. 이를 위해 연습할 것은 세 가지 정도로 살펴볼 수 있다.

첫째, 토론자는 상황을 기록하는 연습을 해야 한다. 상대의 질문을 듣고 바로 답변하는 것은 어려운 일이다. 특히 '아 다르고 어 다른' 말의 특성상 낯선 질문의 의도를 파악하거나, 옳은 답변을 제시하는 것은 어려운 일이다. 따라서 질문을 들었을 때는 손으로 간단한 질문의 요지를 쓰고, 그에 대하여 답변을 하는 것이 좋다. 이는 나중에 반론을 준비할 때에도 많은 도움이 된다. 타인이나 토론 파트너의 도움을 받아 실제 상황처럼 기록해 볼 것은 다음과 같다.

---

① 상대방의 질문 내용

② 상대방 질문에 대한 나의 답변

③ 내 질문에 대한 상대방의 답변

먼저 질문 받은 내용을 문장 그대로에 가깝게 적는 연습을 해야 한다. 질문을 적다 보면 상대방 발언이 모호한 경우가 있는데, 이런 경우

에는 어떻게 답변해야 할지 고민하기보다, 상대방 질문을 다시 한 번 확인하는 것이 바람직하다. 이 때 상대의 발언을 그대로 적어두었다면 상대방에게 이를 확인하기가 쉽다.

상대 질문에 내가 어떻게 답했는지도 기록해야 한다. 실제 토론에서 토론자가 답변한 내용을 상대방이 잘못 이해하여 왜곡할 수 있기 때문이다. 이때 토론자는 '그렇게 답변하지 않았다.'고 해명하기보다, '그 질문에는 제가 ○○○이라고 답변 드렸다.'라며 명확하게 인용하는 것이 효과적이다.

또한 자신의 질문에 상대방이 어떻게 대답했는지 기록해야 한다. 상대방 답변 중에 논리적 모순이나 허점이 있을 수 있다. 이를 청중에게 전달하는 것은 상대적으로 상대의 입장보다 자신의 입장이 더 타당한 것임을 간접적으로 드러내는 방법이다. 예를 들어 '토론자님께서는 A라는 질문에 ○○○라고 답변해 주셨습니다. 이는 입론에서 말씀하신 내용과 다소 상충하는 것으로 보입니다.'라고 하면서 상대방 토론자의 발언을 지적할 수 있다.

둘째, 토론에서 활용할 자료들을 준비해 두는 것이다. 입론은 분량 제한이 있어 토론자가 조사한 내용을 모두 담을 수는 없다. 따라서 상대방이 다양한 질문을 하다 보면, 입론 내용만으로 반박하는 것은 무리다. 그런데 질문에 대응할 수 있는 자료를 준비 했더라도 당장 손에 쥐고 있지 않으면 사용할 수 없고 당황할 수 있다. 이러한 상황을 방지하기 위해서는 어떤 질문을 받았을 때 어떤 자료를 제시할지 준비해야 한다. 일반적으로 상대방의 예상된 주장이나 질문 그리고 답변과 대응 방향을 기술해놓은 카드를 마련해두었다가 상대방이 질문을 하는 경우 그 카드를 찾아보고 대응하는 것도 방법이다. 아래는 답변에 활용할 수 있는 자료를 카드로 정리한 예시이다.

논제 《최저임금을 동결해야 한다.》

긍정 측 예상 질문	최저임금 인상으로 인한 자영업자들의 부담이 어느 정도인지 알고 있나?
부정 측 예상 답변	최저임금 인상분에 따른 부담은 일자리 안정 자금으로 인하여 경감되고 있는 것으로 알고 있음. 또한 최저임금 인상으로 소득이 증가하면 자영업자들 대상 소비도 증가할 것임.

셋째, 토론 파트너와 긴밀한 커뮤니케이션을 해야 한다. 아카데미식 토론은 2명 이상의 토론자가 팀으로 구성되는 경우가 많은데, 파트너는 토론을 함께 준비하는 데 그치지 않고 토론 중에도 긴밀히 소통하여야 한다. 만일 토론 중에 본인이 놓쳤거나 부족한 부분이 있다면 파트너에게 도움을 요청할 수도 있고, 마찬가지로 파트너가 실수하거나 당황해 할 때 진정시켜 줄 수도 있다. 이를 위해서는 사전에 파트너간의 역할이나 신호를 정함으로써, 토론 중에 유기적으로 소통하는 것이 중요하다. 상대방 질문을 적은 내용을 주고받는다거나 필요한 자료를 찾아 건네주는 등의 행동들을 통해 돌발 상황에 대처할 수 있다. 다음은 파트너와 논의할 사항들이다.

① 상대방 발언을 누가 어떻게 기록할 것인지

② 상대방에게 향한 질문이나 응답을 어떻게 할 것인지

③ 질문이나 반론에서 각각 어떤 발언을 할 것인지

만일 토론 파트너가 교차조사를 받는 상황이라면 토론자가 대신 그 내용을 기록해 주어야 한다. 만약 파트너가 제대로 답변하지 못한 부분이 있다면 다음 자신의 발언 때 보완해주어야 한다. 반대로 상대방의 논리적 결함을 발견했을 때 파트너와 함께 반복하여 강조할 수도 있다.

돌발 상황에 대처하기 위해서는 무엇보다 당황하지 않는 것이 중요하다. 또한 당황하더라도 당황했다는 느낌을 청중에게 주지 않는 것이 중요하다. 이는 청중에게 능숙한 토론자라는 인상을 주기 위함이다. 따라서 토론 파트너와 함께 상황 대처 방법을 미리 준비하는 것은, 토론자가 준비해야 할 매우 중요한 일이다.

토론교육 상황에서 흔히 발견되는 실수 2

> **'지식'이 있어야 토론을 배울 수 있다고 생각한다.**

　흔히 사람들은 토론을 배우려면 논제와 관련된 지식을 많이 알고 있어야 한다고 생각한다. 토론이 자신의 지식과 생각을 말로 표현하는 것이기 때문에, 지식이 없으면 토론할 수 없다고 생각하는 것이다. 또 '저쪽 팀은 공부도 잘하니 토론해도 이기기 힘들거야.', '아는 것도 없는데, 토론하면 뭐하냐?'라고 말하며 평소 알고 있던 교양 지식이나 상식을 중요하게 여긴다. 이런 사람들은 토론교육보다 지식교육이 더 중요하다고 말한다.

　하지만 논제에 관련된 지식을 배우는 것은 토론교육에서 함께 다루어야 할 부분이다. 현대사회에서는 인터넷 검색으로 지식과 정보를 쉽게 찾을 수 있다. 따라서 지식을 배우고 암기하는 것보다 여러 정보 사이에서 보다 가치있는 지식과 정보를 분별하는 법을 배우는 것이 중요하다. 토론교육을 통해 여러 주장과 근거, 논거를 찾아 비교해봄으로써 그중에서 가장 신빙성이 있고, 논리적이며 설득력이 높은 자료를 구분하는 방법을 배울 수 있다. 또 이렇게 해서 알게 된 지식은 단순히 주입식 교육을 통해서 배운 지식보다 머리에 오래 남는 법이다.

　다음은 최근 한 고등학교의 토론대회 중 있었던 일이다. 《심신미약 피의자를 감형하는 제도를 폐지해야 한다.》라는 논제로 토론대회가 진행되었는데 16강에서 3학년 팀과 1학년 팀이 만나 대결하게 되었다.

대회에 참가한 3학년 학생들은 모두 사회탐구영역인 '법과 사회' 교과목을 이수한 학생들인 반면, 1학년 학생들은 아직 논제와 관련된 교과지식이 거의 없는 상태였다. 이 때문에 대부분의 청중과 심지어 참가 학생들까지도 3학년 팀의 승리를 예측했지만, 결과는 예상과 달랐다.

3학년: 저희 긍정 측에서 말씀드리고 싶은 것은 많은 범죄자들이 잔인한 범죄를 저질렀음에도 불구하고, 심신미약이라는 법의 구멍을 악용해 제대로 된 처벌을 받지 않고, 빠져나가고 있다는 것입니다. 살인을 저지르고 술을 마셔 기억나지 않는다고 말하거나, 얼마 전 이슈가 된 '강서구 PC방 살인사건'처럼 우울증과 같은 정신병을 주장하는 사례들도 많습니다.

1학년: 긍정 측 말씀을 반박하고 넘어가겠습니다. 긍정 측에서 말씀하시는 내용은 우리나라 형법 10조의 내용입니다. 10조 2항에는 '심신장애로 인하여 전항의 능력이 미약한 자의 행위는 형을 감경한다.'라고 적혀있습니다. 하지만 바로 3항에 '위험의 발생을 예견하고 자의로 심신장애를 야기한 자의 행위에는 2항의 규정을 적용하지 아니한다.'라고 적혀있습니다. 즉, 범행 당시 전후의 상황을 모두 고려하여 이 법을 적용하고 있습니다.
실제로 법원에서는 몇 단계에 거쳐 피의자의 심리상태를 확인하고, 심신미약 상태가 맞는지 전문가들이 1개월 이상 추적조사한다고 합니다. 피의자가 계획을 세워서 이 조사를 피해가기는 쉽지 않죠. 대법원 판결문 검색시스템을 살펴보면 방금 말씀하신 사례들, 음주로 인한 심신미약을 주장한 피의자는 최근 3년간 305건이나 되지만, 실제 심신미약이 인정된 경우는 7%밖에 되지 않습니다.

나머지는 오히려 가중처벌되었죠. 또 '강서구 PC방 살인사건' 역시 현재 법정에서는 심신미약을 인정하지 않는다고 밝히고 있습니다. 이처럼 피의자가 이 법을 악용해 이익을 얻는다는 것은 현실적으로 불가능에 가깝습니다.

이 토론에서는 논제의 특성상, 긍정 측이 국민 여론의 지지를 받는 입장이라 좀 더 말하기 쉬웠다. 그래서 더더욱 3학년 학생들이 방심했을지도 모른다. 반면, 1학년 학생들은 불리한 조건을 극복하고자 더 열심히 준비하고 자료를 모았기 때문에, 좋은 반론을 이어갔고 여기서 승부가 갈리게 되었다.

우리가 어떤 논제로 토론을 진행하든, 해당 논제의 전문가가 아닌 이상 개인의 머리에서 나오는 지식에는 한계가 있다. 그렇기 때문에 개인의 지식을 바탕으로 토론을 하면 상대나 청중을 설득하기 어렵다.

또한 토론대회에서 심사위원을 설득해야 한다는 측면에서도 자신의 지식을 늘여놓는 것보다, 다양한 자료와 사례를 모으고 이를 바탕으로 '설명하고 설득하는 법'을 연습하는 것이 더 유용하다.

따라서 토론을 제대로 교육하고 싶다면, 논제와 관련된 지식을 알려주는 것이 아니라 '토론을 준비하는 법'을 알려주고 가르쳐야 한다. 특히 아카데미식 토론에서는 자료를 준비할 시간이 충분히 주어지는 만큼, 학생들이 잘 알고 있는 주제라고 해서 방심하지 않도록 자료 조사와 준비과정의 중요성을 강조해야 한다.

상대를 논박하고 이기려 하는 것보다,
청중을 설득하려고 하는 것이 더 효과적입니다.

4부

실전 토론 노하우

들어가기 전에
1장 | 토론 준비 노하우
2장 | 토론 실전 노하우
3장 | 토론대회 운영 노하우
4장 | 논거를 활용한 설득 노하우

들어가기 전에

실전 토론에서 청중을 설득하기 위해 기억해야 할 세 가지

토론에서 이기기 위해서는 상대측의 논리적 모순을 찾거나, 약점을 공격해야 한다고 생각하는 사람이 많습니다. 하지만 이 방법으로는 실제 토론에서 이기는 데 큰 효과를 보기 어렵습니다. 왜냐하면 양측 토론자들은 자신이 주장하는 내용에 대해 그 나름의 근거와 지식을 충분히 가지고 있어서, 상대측의 공격에도 잘 흔들리지 않기 때문입니다.

반면 토론을 지켜보고 있는 청중을 설득하는 것은 상대측 토론자를 설득하는 것보다 훨씬 쉽습니다. 왜냐하면 청중은 주제에 대한 입장이 덜 명확하며, 그에 대한 근거나 관련 지식도 상대적으로 적기 때문입니다. 따라서 토론에서 이기기 위해서는 상대를 논리적으로 굴복시키는 것보다, 청중을 설득하는 것이 더 효과적입니다. 결국 토론을 할 때 가장 중요한 것은 청중을 어떻게 잘 설득할 것인가 하는 점입니다.

그렇다면 실전 토론에서 청중을 설득하기 위해서는 어떻게 해야 할까요? 토론에서 청중을 설득하기 위해 토론자가 기억해야 할 세 가지는 다음과 같습니다.

첫째, 잘 듣는 것은 어렵다.

토론을 할 때 양측은 상대측 또는 청중을 설득하기 위해 쉬지 않고 이야기합니다. 토론자들이 자신의 주장을 열심히 설명하다 보면 상대방의 주장이나 근거를 잘 듣지 못하는 경우가 많습니다. 일부 토론자들은 상대방의 말을 잘 듣지 못하고 엉뚱한 이야기를 하기도 합니다. 한 토론자가 A를 주장했는데 상대측에서 A에 대해 반박을 하지 않고, 자기가 이야기하고 싶은 B에 대해 말하는 것 같은 경우입니다.

이처럼 사전에 준비가 되어 있는 토론자들도 상대의 말을 정확히 듣기 어렵습니다. 사전에 공부가 되어 있지 않은 청중은 토론을 잘 듣기 위해 토론자보다 더 많은 노력을 해야 합니다. 따라서 청중을 설득하려면 잘 듣는 것이 어렵다는 사실을 염두에 두고, 청중이 잘 들을 수 있게 하려면 어떻게 이야기해야 할지를 생각해야 합니다.

둘째, 토론을 보는 사람들은 평가하지 않고 투표한다.

일반적으로 '평가'라는 것은 특정한 기준(평가 항목)을 가지고 내용을 하나하나 분석하여 점수를 부여하는 일을 말합니다. 예를 들어 서술형 시험의 평가는 다음과 같이 이뤄질 것입니다. 교수님들은 학생이 작성한 답안지를 꼼꼼히 살피며 맞는 내용과 틀린 내용을 구분합니다. 필요한 내용이 포함되어 있는지, 불필요한 내용은 아닌지 등을 검토하고 그 개수를 헤아려 점수를 가감할 것입니다. 바로 이런 것이 평가입니다.

사람들은 토론에서도 마찬가지로 양측의 주장이 잘 전달되었는지, 근거는 적절한지, 상대의 주장에 대한 반박은 빠짐없이 잘 이루어졌는지 등의 평가기준을 토대로 모든 내용을 평가할 것이라고 생각합니다. 하지만 토론에서 각 주장과 근거가 어떻게 반박되고 재반박되었는지 일일이 기록하고 평가하는 것은 토론 전문가에게도 어려운 일입니다. 때문에 토론에서 청중이 설득되는 과정은 서술형 시험의 '평가'보다 선거에서 후보자에게 '투표'하는 과정과 비슷합니다.

선거에서 많은 유권자들은 후보자의 정책이나 이념, 인생에 대해 점수를 매기면서 평가하기보다, 그 사람의 전체적인 이미지나 일부 결정적인 순간들을 가지고 투표합니다. 즉 모든 공약을 하나하나 세부적으로 검토하기보다는 특정 사건으로 형성된 이미지나 일부 공약에 의해 마음을 정하게 되는 것입니다.

이처럼 사람들은 각 주장과 근거, 입증과 반증 등 각 요소를 검토하여 하나하나 점수를 주기보다는 토론을 듣다가 어느 순간 한쪽으로 마음이 기울며 승패를 결정하게 됩니다. 따라서 토론을 할 때는 청중이 토론 내용을 평가하지 않고 투표한다는 것을 생각하고 임해야 합니다.

셋째, 토론의 본질은 내 주장에 동의해 달라고 설득하는 것이다.

　서두에 언급했듯 많은 토론자들은 토론에서 이기기 위해 상대의 약점을 찾아 상대방의 인정을 받아 내거나 그것을 청중에게 전달하려고 노력합니다. 다시 한 번 강조하지만 그보다 더 중요한 것은 청중에게 자신의 주장을 이해시키고, 동의하도록 만드는 것입니다.

　일반적으로 토론을 할 때는 양측 토론자 모두 준비를 마친 상태일 것입니다. 따라서 특별한 경우가 아니라면 어느 한쪽에서 논리적으로 전혀 말이 안 되는, 허무맹랑한 주장을 하는 일은 잘 일어나지 않습니다. 상대측의 주장이 다소 설득력이 부족하고, 틀린 부분이 있어 보인다 할지라도 그것은 작은 허점에 지나지 않거나 우리에게만 그렇게 보이는 것일 뿐, 그 내용이 완전히 틀린 것이라고 할 수는 없습니다.

　그러므로 상대측 논리의 작은 허점을 찾아 공격하기보다, 설득이라는 토론의 본질로 돌아가야 합니다. 자신의 주장과 근거를 부각시켜 청중을 이해시키고, 최대한 동의를 구하는 것이 더 효과적인 방법입니다.

　특히 대부분의 토론은 시간제한이 있기 때문에, 청중을 잘 설득하려면 시간을 효율적으로 사용해야 합니다. 실제로 토론을 준비해보면, 청중이 내 주장을 잘 듣고, 이해하고, 동의하게 만드는 것만으로도 발언 시간이 부족하게 느껴질 것입니다. 그러므로 토론을 할 때는 상대측의 약점 공격에 많은 시간을 할애하기보다, 청중이 내 주장에 동의하게 만들려면 어떻게 해야할지를 더 고민해야 합니다.

1장

토론 준비 노하우

준비노하우 01

입론은 가능한 한 두괄식으로 하라.

 토론을 잘 들으려면 높은 수준의 집중을 장시간 유지해야 합니다. 특히 청중은 생소한 내용에 대해 여러 가지 주장과 근거를 듣기 때문에 시간이 지날수록 집중을 유지하기가 더 어렵습니다. 따라서 주목도가 가장 높은 초반에 핵심 내용을 한 문장으로 명료하게 제시한다면, 청중에게 우리의 주장을 보다 잘 전달할 수 있습니다. 즉, 입론은 두괄식으로 구성하는 것이 좋습니다.

 두괄식이 아닌 미괄식으로 주장과 근거를 전개한다면 어떻게 될까요? 《원전센터의 유치는 그 지역에 이익이 된다.》라는 논제에 대한 긍정 측의 토론 내용을 사례로 들어보겠습니다.

◇ 미괄식

2005년 3월 31일에 제정된 지역 지원 특별법인 법률 7444호 3장 8조에 따라, 원전센터를 유치한 지역은 특별지원금을 받을 수 있게 되어 있습니다. 실제로 원자력발전소를 유치하여 발전소 주변지역에 관한 법률을 통해 원전센터 유치와 비슷한 성격의 특별지원금을 받은 울진의 경우는 1990년부터 2004년까지 총 707억 1천만 원의 지원금을 지원받았습니다.

그리고 이 지원금들은 지역의 농산물 집하장이나 도수로와 같은 소득증대 공공시설, 장학금이나 교육시설 지원의 육영사업, 전기요금 보조 지원과 같은 곳에 쓰여 지역 전체 경제 발전의 밑바탕이 되었습니다. **이처럼 원전센터를 유치하는 것은 엄청난 규모의 지원금이 지역으로 유입되어 지역의 경제기반 확립에 큰 도움이 됩니다.**

위 사례의 주장은 '원전센터를 유치하는 것은 엄청난 규모의 지원금이 지역으로 유입되어 지역의 경제기반 확립에 큰 도움이 된다.'는 것입니다. 글로 읽을 때는 위, 아래 내용을 언제든 다시 보며 검토할 수 있습니다. 하지만 위 내용을 말로 듣는다면 청중은 긴 이야기를 듣고 집중력이 저하된 후에야 긍정 측의 주장이 무엇인지 알게 됩니다.

토론자가 주장을 밝히지 않은 채 근거나 구체적인 사례에 대해 이야기한다면, 청중은 그 내용에 집중하기보다 이것을 왜 듣고 있어야 하는지, 결론이 대체 무엇인지 등의 의문을 떠올리기 쉽습니다. 때문에 주장과 근거를 제대로 이해하기 힘든 것은 물론이고, 심한 경우에는 도중에 더 이상 듣기를 포기해 버릴 수도 있습니다.

◇ 두괄식

원전센터를 유치하는 것은 그 지역의 경제기반 확립에 큰 도움이 됩니다. 2005년 3월 31일에 제정된 지역 지원 특별법인 법률 7444호 3장 8조에 따라, 원전센터를 유치한 지역은 특별지원금을 받을 수 있게 되어 있습니다. (중략)

이번 사례는 가장 먼저 주장을 제시한 뒤 근거를 설명합니다. 이처럼 무엇에 대한 내용인지를 먼저 밝히고 시작한다면 청중은 주장이 무엇인지 명료하게 인지할 수 있습니다. 또한 먼저 알게 된 주장을 바탕으로, 제시된 근거가 적절한지 판단하면서 들을 수 있습니다.

준비노하우 02

긍정 측일 때, 논제의 단어를 명확하고 공정하게 정의해야 한다.

토론에서는 논제의 단어를 어떻게 정의하느냐에 따라 토론의 범위와 내용이 매우 달라집니다. 논제의 단어는 토론을 시작하는 긍정 측 첫 번째 입론에서 정의하게 됩니다. 이때 긍정 측에서 자신의 주장을 강화하기 위해 논제를 불합리하게 정의한다면 토론은 올바르게 진행될 수 없습니다. 토론을 원활하게 진행하려면 논제의 단어를 오해의 여지가 없도록 명확하게 정의해야 합니다. 또한 양측이 대립하는 쟁점이 분명하게 드러나도록 공정하게 정의해야 합니다.

아카데미식 토론에서는 긍정 측이 제시한 정의가 타당하지 않다고 판단될 경우, 부정 측 첫 번째 입론자가 이의를 제기할 수 있습니다. 아무런 의문이나 이의를 제기하지 않으면 긍정 측의 정의를 받아들인 것으로 간주합니다.

만일 긍정 측에서 주장을 유리하게 전개하려고 논제를 불합리하게 정의한다면, 부정 측은 이에 동의하지 않을 것입니다. 이 경우 부정 측은 긍정 측이 정의한 논제와는 다른 범위에서 주장을 펼칠 것이며, 긍정 측은 부정 측의 주장이 논제에서 벗어난 것이라며 제대로 응하지 않을 수 있습니다.

이처럼 양측의 정의가 합의되지 않고 계속 대립한다면, 어떤 정의가 올바른지는 청중이나 심사위원이 판단하게 됩니다. 즉, 청중과 심사위원들은 불합리한 정의를 한 쪽에 낮은 점수를 줄 것입니다.

다음 사례는《법인 및 단체의 정치 자금 기부를 허용해야 한다.》라는 논제의 핵심 단어를 정의하는 내용입니다.

◇ 긍정 측

안녕하세요? '법인 및 단체의 정치 자금 기부를 허용해야 한다.' 논제의 긍정 측 첫 번째 입론을 맡은 ○○○입니다.

본격적인 논의에 들어가기 전에 저희 긍정 측에서는 논제에서 핵심이 되는 단어들을 명확히 정의하고, 논의의 범위를 한정하여 토론을 진행하고자 합니다.

논제에서 말하는 '법인' 이란 '법률이 인격을 부여하여 권리와 의무의 주체가 되는 조직체' 입니다. **또 '정치 자금' 이라는 것은** '당비, 후원금, 기탁금, 보조금, 정당의 부대수입 등 제공되는 금전 및 유가 증권과 정치 활동에 소요되는 비용을 모두 포괄하는 말' 입니다.

이 토론에서 저희는 민법 33조에 따라 설립등기를 마친 국내의 모든 법인을 인정할 것이고, 단체는 자연인들의 결합인 2인 이상의 단체로 규정하여 논의하도록 하겠습니다.

위 사례에서는 '법인' 과 '정치 자금' 이라는 단어에 대해 정의하고, '법인' 과 '단체' 의 범위를 규정하고 있습니다. 만일 부정 측에서 자신의 주장을 강화하기 위해 '정치 자금' 정의에 토론 취지와 맞지 않는 '비자금' 과 같은 의미를 포함시킨다면, 토론이 생산적으로 이루어지기 어려울 것입니다. 왜냐하면 이 토론의 목적은 법인 및 단체가 합법적으로 정치 자금을 기부했을 때 나타날 수 있는 장단점을 논의하자는 것이지,

불법적인 자금 유입의 효과를 이야기하려는 것은 아니기 때문입니다.

이처럼 토론 논제의 핵심 단어를 정의하는 것은, 토론의 범위와 내용에 큰 영향을 미치므로 공정하고 명확하게 해야 합니다.

준비노하우 03

주장과 근거는 반박의 여지와 관계없이 영향력이 강력한 것이 좋다.

 토론을 준비하다 보면 논제에 대한 다양한 주장과 근거들을 찾게 됩니다. 하지만 정작 토론을 할 때 그 모든 주장과 근거를 사용하기에는 시간이 부족합니다. 때문에 토론에서 사용할 내용을 선별해야 하는데, 어떤 주장과 근거를 선택하느냐에 따라 토론의 내용과 결과도 많이 달라집니다. 주장에 따라 반박당하기 쉬울 수 있고, 청중의 평가도 달라지기 때문입니다.

 사람들은 주장이나 근거를 선택할 때 상대측에서 반박하기 어려운 주장을 고르고 싶어 하는 경향이 있습니다. 문제는 영향력 있는 큰 주장일수록 그에 대한 반박 내용도 잘 알려져 있다는 것입니다. 반박당할 것이 두려워 영향력 있는 주장과 근거를 피한다면, 상대적으로 영향력이 약한 주장을 선택하게 될 가능성이 큽니다. 그렇게 되면 아무리 토론을 잘 전개해나가더라도 청중에게 미치는 설득력은 약해질 것입니다.

 따라서 주장과 근거를 선택할 때에는 혹시 반박 당할 여지가 있더라도, 가장 영향력 있는 주장을 선택하는 것이 좋습니다. 그리고 반박을 미리 예측해 그에 대한 재반박을 철저히 준비하는 편이 낫습니다. 우리의 주장이 입론에서 청중의 마음을 충분히 움직였다면, 이후 부정측의 반박에 다소 마음이 흔들리더라도 철저하게 재반박함으로써 결과적으로 우리의 주장에 설득될 것입니다. 오히려 재반박 과정을 통해 주장을 더욱 강화할 수도 있습니다. 그렇다면, 청중의 마음을 움직일 수 있는 '영향력 있는 주장'이란 어떤 주장일까요?

다음은 《인터넷 선거운동을 상시 허용해야 한다.》라는 논제에 대한 긍정 측의 주장들입니다.

논제 《인터넷 선거운동을 상시 허용해야 한다.》

ⓐ 국민의 정치적 표현의 자유를 증진함으로써 참정권을 보장한다.

ⓑ 후보자에 대한 많은 정보가 공개되어 선거의 투명성을 높일 수 있다.

ⓒ 젊은 세대 정치 신인의 등장을 돕는다.

ⓓ 후보자 간의 공정한 경쟁을 가능하게 한다.

ⓔ 일반 시민들이 정치에 참여하는 비용을 절감할 수 있다.

ⓕ 기존 매체(언론)의 일방적인 영향력을 줄이고, 국민의 의사를 반영할 수 있다.

ⓖ 젊은 세대의 정치적 무관심을 불식시키는 데 도움이 된다.

ⓗ 국민의 정치적 의사를 결집시키는 데 도움이 될 수 있다.

ⓘ 전체 선거비용을 감소시켜 국가적인 이익을 가져올 수 있다.

ⓙ 유권자들에게 자신의 관심 분야와 관련된 정보를 전달할 수 있게 한다.

토론에서 위의 열 가지 주장을 모두 말할 수는 없습니다. 이 중에서 3~5개의 주장을 선택하게 됩니다. 그렇다면 이 중에서도 청중에게 영향력을 충분히 발휘할 수 있는 주장을 선택할 수 있어야 합니다. 청중에게 영향력을 발휘할 수 있는 주장은 청중이 충분히 이해하고, 공감할 수 있는 주장입니다. 그런 주장은 크게 세 가지 특징을 보입니다.

청중에게 영향력을 발휘하는 주장의 특징

가. **많은 사람이 쉽게 공감할 수 있는** 문제점을 지적한다.

나. 문제점이나 해결방안을 **시각화할 수 있는 형태로 제시한다**.

다. **사람들이 공통적으로 갖고 있는 집단적인 인식(또는 고정관념)**을 반영한다.

위의 열 가지 주장 중 ⓑ 선거의 투명성, ⓓ 공정한 경쟁, ⓕ 기존 매체의 영향력 같은 것들은 누구나 공감하고 있는 문제점이거나, 모든 사람들이 옳다고 생각하고 있는 집단적 인식에 기반을 둔 주장입니다. 이런 주장과 함께 적절한 근거를 제시한다면 청중에게 큰 영향을 미칠 수 있습니다. 반면, 청중에게 큰 영향을 발휘하지 못하는 주장은 다음과 같은 특징을 가집니다.

청중에게 큰 영향을 발휘하지 못하는 주장의 특징

가. **소수 집단**의 문제로 보인다.

나. 실질적인 이익이 **잘 그려지지 않는다.**

다. 당위적이긴 하지만, **실현가능성이 낮거나 사회에 미치는 영향이 작다.**

ⓐ 표현의 자유와 참정권, ⓔ 일반시민의 정치 참여 비용 절감, ⓘ 유권자의 관심 정보 전달과 같은 문제는 당위적이긴 하지만 실질적인 이익은 잘 그려지지 않거나, 소수집단의 문제로만 인식될 수 있는 주장입니다.

이런 주장을 선택한다면 상대측으로부터 반박은 덜 당할지도 모릅니다. 하지만 청중에게 큰 영향을 미치지 못하는 만큼 토론에서 이길 확률도 낮아집니다. 따라서 토론의 주장이나 근거를 선택할 때에는 반박의 여지와 관계없이 가장 영향력 있는 주장을 선택하고, 반박에 철저히 대비하는 것이 좋습니다.

준비노하우 04
한 가지 주장에 대해서는 강력한 한 가지 근거만 이야기하라.

　토론을 준비하다 보면 한 가지 주장에 대해 여러 가지 근거를 발견하기도 합니다. 이때 토론자들은 자신이 발견한 모든 근거를 토론에서 활용하고 싶어합니다. 자신의 주장이 여러 근거를 바탕으로 하고 있는 튼튼한 주장이라고, 상대방이나 청중에게 인식시키고 싶기 때문입니다. 뿐만 아니라 다양한 근거를 제시함으로써 자신이 토론을 열심히 준비했으며, 논제에 대해 잘 알고 있다는 사실을 어필하고 싶다는 마음도 듭니다.

　이런 생각은 토론자가 제시한 여러 근거들이 모두 각각 평가될 것이라는 기대에서 비롯됩니다. 하지만 토론자보다 주제에 대한 정보가 부족할 수 밖에 없는 청중은, 여러 가지 근거를 체계적으로 정리하며 듣기가 매우 어렵습니다.

　청중은 여러 근거를 각각 평가하기보다 종합적으로 이해하려는 경향이 있습니다. 따라서 입론에서부터 각 주장마다 여러 개의 근거를 제시한다면, 청중에게는 많은 근거들이 적당히 뭉뚱그려진 하나의 근거로만 인식되어 좋은 평가를 받기 어려울 수 있습니다.

　그렇다면 우리가 준비한 수많은 근거를 효과적으로 청중에게 전달하려면 어떻게 해야 할까요? 가장 효과적인 방법은 한 가지 주장에는 가장 강력한 한 가지 근거만을 이야기하는 것입니다. 여러 근거를 나열하기보다 하나의 근거에 대해 구체적인 사례를 들며 자세히 설명할 때, 청중도 더 좋은 판단을 내릴 수 있습니다.

'모병제를 실시하면 군인의 군사적 전문성을 향상시켜 국방력을 강화시킬 수 있다.'라는 한 가지 주장에 대해 한 번에 여러 근거를 제시하는 방식과 한 가지 근거를 구체적으로 설명하는 방식을 비교해 보겠습니다.

◇ 긍정 측

모병제를 실시하면, 군인의 군사적 전문성을 향상시켜 국방력을 강화할 수 있습니다. 그 이유는 다음과 같습니다.

먼저, 2년 미만의 군복무를 강제로 해야 하는 징병제와 달리, 모병제는 2년 이상 긴 시간을 복무하는 직업군인으로서 숙련도와 전문성을 갖출 수 있습니다.

뿐만 아니라 징병제는 간단한 신체검사만 통과하면 특별한 선별과정 없이 모든 이를 모집하는 것에 비해, 모병제는 처음 모집을 할 때부터 필요한 능력을 갖춘 인재를 선발할 수도 있습니다.

또한 징병제로 인해 강제로 입대해 시키는 일만 하는 군인에 비해, 모병제를 통해 자발적으로 입대를 선택한 군인은 적극적으로 훈련에 참여하며 전문능력을 제대로 갖추어 나갈 것입니다.

마지막으로 인구수가 감소하는 현재, 지금과 같이 일정한 숫자를 징병해 나가는 징병제는 군인 수 감소, 즉 국방력 약화로 이어질 것입니다.

위 사례에 제시된 근거를 다음과 같이 정리해 볼 수 있습니다.

| 주장 | 모병제를 실시하면 군인의 전문성을 올려 국방력을 향상시킬 수 있다. |

| 근거1 | 2년 이상의 복무 기간으로 전문성을 높일 수 있다. |

| 근거2 | 모집할 때 필요한 능력을 가진 인재 선발이 가능하다. |

| 근거3 | 적극적인 훈련 참여를 통해 전문성이 향상된다. |

| 근거4 | 인구수의 감소로 징병제 유지 시 국방력이 약화된다. |

토론자는 청중이 네 가지 근거를 모두 듣고, 각 근거를 평가할 것이라고 생각합니다. 하지만 이렇게 짧게 근거들을 열거하면 청중은 네 가지 근거를 제대로 이해하기도 힘들고, 하나하나 평가하기도 어렵습니다. 열심히 소개한 네 가지 근거가 모두 효과를 보지 못하고, 그 중 한두 가지만 기억에 남거나 적당히 '전문성을 올릴 수 있는 여러 가지 이유를 들었다.'는 사실만 기억하는 것입니다.

반면 다음 사례는 앞의 사례에서 제시한 근거 중 세 번째 근거인 '적극적인 훈련 참여를 통한 전문성 향상'에 대해 토론자가 그렇게 생각하게 된 이유를 구체적으로 설명하는 내용입니다.

◇ 긍정 측

모병제를 실시하면, 군인의 전문성을 올려 국방력을 강화할 수 있습니다. 그 이유는 징병제로 강제 징집된 군인들에 비해, 자기 의사로 군대에 온 군인들은 훨씬 더 적극적인 자세로 훈련과 교육에 임할 것이기 때문입니다.

현재의 청년들은 21개월이라는 시간 동안 자신의 의사와는 관계없이 군대에 끌려와서 희생당한다고 생각하며 억울해합니다. 그렇기 때문에 군인으로서 의무감을 가지고 훈련에 참여하거나, 자신의 기술을 발전시키기보다는 억지로 훈련에 참가하고 시키는 일만 하며 시간을 보냅니다. 그러다 보니 같은 시간과 교육자원을 투여한다고 해도 모병제를 통해 모은 군사들보다 실질적인 훈련성과는 떨어지기 마련입니다. 게다가 훈련을 제대로 받지 않거나, 군 생활에 의지가 없어서 '관심병사'로 지정되는 경우도 많습니다. 이렇게 징병제로 생겨난 '관심병사'들에게 군인으로서의 전문성을 기대하기는 어렵습니다.

하지만 모병제를 통해 모인 군인들은 자신의 의지로 지원한 만큼, 관심병사가 되는 경우는 극히 드뭅니다. 따라서 모병제를 통해 적극적으로 교육과 훈련에 참여할 병사들을 모집한다면, 전문성을 갖춘 군대를 만들 수 있습니다.

이처럼 입론에서는 하나의 주장에 대해 한 가지 근거를 이해시키는 것만으로도 충분합니다. 상대적으로 논제에 대한 지식이 부족한 청중에게는 여러 근거를 단순히 나열하는 것보다, 구체적인 사례를 들어 충분히 설명한 하나의 근거가 더 큰 설득력을 가질 수 있습니다.

입론에서 제시하지 못한 다른 근거들은 재반론할 때 근거로 활용할 수 있습니다. 입론에서 말했던 첫 번째 근거뿐 아니라 두 번째, 세 번째 근거도 있다고 말입니다. 그리고 그때에도 마찬가지로 하나하나의 근거들을 차근히 설명해야 합니다. 이런 과정을 통해 혹시 첫 번째 근거가 청중의 논거에 의해 받아들여지지 않는다고 해도 다음 근거들을 통해 청중을 설득할 수 있습니다.

준비노하우 05

숫자나 자료를 활용할 때는 해석을 해야 한다.

 우리는 주장에 대한 구체적인 근거를 제시하기 위해 각종 수치나 관련 논문, 기사와 같은 다양한 자료를 활용합니다. 하지만 자료를 직접 찾고 활용하는 토론자와 달리, 청중은 자료와 주장 사이의 관계나 자료가 의미하는 바를 이해하기가 쉽지 않습니다.

 특히 근거 자료로 흔히 쓰이는 통계나 금액과 같은 자료는 '숫자'로 제시되는 경우가 많은데, 숫자를 설명 없이 그대로 제시할 때 사람들은 의외로 의미를 잘 파악하지 못합니다. 막연하게 숫자가 크구나 또는 작구나 하고 생각할 뿐입니다. 따라서 숫자나 자료를 활용할 때에는 충분한 해석을 해야 합니다. 예를 들어볼까요?

 여러분, 모두 카카오톡 쓰시죠? 여러분이 카카오톡을 쓸 수 있는 것은 (주)카카오라는 회사가 앱을 만들어서 우리에게 서비스를 제공하고 있기 때문입니다. 이 회사는 카카오톡을 만든 덕에 2018년 현재 시가 총액이 9조 가량 된다고 합니다.

 내용을 들은 사람들은 9조 원이라는 숫자를 듣고 막연하게 '많다'는 생각을 합니다. 일반적으로 큰 숫자를 다룰 일이 별로 없기 때문에 9조 원에 대해 큰 숫자라고는 생각하지만, 실제로 얼마나 큰 숫자인지를 체감하기는 어려운 것입니다. 다음은 비교와 해석을 통해 9조 원이 얼

마나 큰돈인지를 설명한 사례입니다.

카카오톡을 만든 회사 (주)카카오는 2018년 현재 시가 총액이 9조 가량 된다고 합니다. 9조 원이라는 돈이 얼마나 큰돈인지 느낌이 오시나요? 9조 원을 좀 더 실감해보기 위해 재미있는 이야기를 한 가지 해드리겠습니다.

올해는 서기 2018년입니다. 아기 예수님이 태어난 0년으로부터 2018년이 지났죠. 0년에 태어난 아기 예수님은 (주)카카오라는 회사를 사서, 카카오톡으로 대한민국 사람들 모두에게 포교를 하기 위해 돈을 모으기로 마음을 먹습니다. 하루에 100만 원이라는 큰돈을 매일 모은다면 가능하지 않을까요?

아기 예수님이 하루씩 100만 원씩 모은 돈은 30일이 지나 3천만 원이 될 것입니다. 1년이 지나면 3억 6천만 원이 되겠네요. 10년을 모으면 36억이라는 큰 돈이됩니다. 그렇다면 2018년이 지난 현재 아기 예수님은 얼마나 많은 돈을 모았까요? 2018년. 아기 예수님은 약 7천억의 돈을 모을 수 있습니다. 아직 1조원이 안되네요. 아기 예수님이 9조를 모아 (주)카카오라는 회사를 사려면 2만년 이상 돈을 모아야 합니다.

여러분의 스마트폰 안에 든 카카오톡, 그 앱이 바로 9조의 가치라고 합니다. 이제 이것이 얼마나 큰 것인지 아시겠죠?

위의 사례는 9조 원에 대해 100만 원이라는 우리에게 익숙한 금액과 2018년이라는 긴 시간을 가지고 설명하고 있습니다. 9조 원에 비하면 100만 원이라는 숫자는 사람들에게 훨씬 익숙한 금액입니다. 하지만 하루에 100만 원을 매일 저금하는 것은 일반적으로 불가능합니다.

이 돈을 2018년이라는 긴 시간 동안 하루도 빠짐없이 저금해도 9조라는 돈을 모으기가 어렵다고 설명함으로써, 사람들은 9조가 얼마나 큰 돈인지를 좀 더 실감할 수 있습니다. 이처럼 숫자는 비교나 비유 등의 방법을 활용하여 설명할 때 숫자의 정확한 의미를 보다 쉽게 이해할 수 있습니다.

숫자가 아닌 논문이나 기사 등의 자료를 인용할 때에도 설명은 필요합니다.

무상교육이 이루어진 후 독일에서는 대학생이 급증하여, 교원 1인당 학생 수가 과거 약 10명 이하에서 현재 약 35명까지 늘었습니다.

이는 곧 과거, 무상교육이 이루어지기 전에 비해 독일 학생들이 교수님들과 만나서 질문을 하는 등의 개별적인 학문적 접촉을 할 수 있는 기회가 줄어들었음을 의미합니다. 예를 들어 교수님이 하루에 2명의 학생에게 수업 이외에 개별적인 지도를 한다면, 무상교육 이전에는 일주일에 한 번씩은 지도를 받을 수 있는 환경에서, 그 이후에는 한 달에 한번 밖에 지도 받지 못하는 환경으로 변한 것입니다.

위 예시는 독일의 무상교육에 대한 자료를 활용한 사례입니다. '교원 1인당 학생 수가 과거 약 10명 이하에서 현재 약 35명까지 늘었다.'라는 이야기만으로는 이 정보가 정확히 어떤 의미를 가지는지 알기 어렵습니다. 따라서 '학생들이 교수님들과 만나서 질문을 할 수 있는 기회가 일주일에 한 번에서 한 달에 한 번으로 줄어들었다는 의미'라고 설명해 청중의 이해를 돕고 있습니다.

　이처럼 논문, 기사 또는 법률 등의 자료를 활용할 때에는 숫자를 단순히 제시하는 것뿐 아니라, 이 숫자가 우리의 주장과 어떤 관계가 있는지, 얼마나 영향을 미치는 것인지를 설명함으로써 주장을 강화할 수 있습니다.

`준비노하우 06`

어려운 단어는 쉽게 설명하되, 주장을 강화하는 특징을 제시하라.

토론을 준비하다 보면 여러 전문 용어나, 어려운 단어를 접하게 됩니다. 이때 우리가 반드시 기억해야 하는 사실은, 대부분의 청중은 토론자에 비해 주제에 대한 이해가 부족하다는 것입니다. 다시 말해 토론자가 어려운 단어를 사용해 주장을 펼칠 경우, 청중은 토론자의 주장을 제대로 이해하기 어렵습니다.

토론의 주된 목적은 상대측 토론자뿐만 아니라, 청중을 설득하는 데 있습니다. 그러므로 청중이 잘 이해할 수 있도록 낯설고 어려운 단어를 말할 때는 그 의미를 설명해야 합니다. 그리고 이때 단어의 의미를 어떻게 설명하는가에 따라 우리의 주장을 좀 더 유리하게 전개하는 데도 효과를 볼 수 있습니다.

다음 사례는 《원전센터의 유치는 그 지역에 이익이 된다.》라는 토론 내용을 일부 수정한 것입니다.

◇ 부정 측

원전센터, 즉 방사성 폐기물 처리장에 들어갈 것들은 **중저준위 방사성 폐기물**입니다. 정부나 방폐장 건립을 찬성하는 쪽에서는 이것들을 안전하게 관리한다고 합니다. 하지만 과연 실제로 안전하게 관리되고 있을까요?

부정 측에서 이야기하는 '중저준위 방사성 폐기물'이라는 단어는 많은 사람들에게 생소한 말입니다. 그러므로 이후 중저준위 방사성 폐기물이라는 단어가 설명 없이 반복적으로 등장한다면, 청중이 토론의 내용을 잘 이해하기 어려울 수 있습니다. 따라서 부정 측은 주장을 전개하기에 앞서, 핵심 단어인 '중저준위 방사성 폐기물'에 대해 설명을 할 필요가 있습니다.

◇ **부정 측**

원전센터, 즉 방사성 폐기물 처리장에 들어갈 것들은 **원자력발전소에서 사용했던 작업복, 장갑과 같은 중저준위 방사성 폐기물**입니다. 정부나 방폐장 건립을 찬성하는 쪽에서는 이것들을 안전하게 관리한다고 합니다. 하지만 과연 실제로 안전하게 관리되고 있을까요?

위와 같이 '중저준위 방사성 폐기물'에 대해서 좀 더 설명을 해준다면 청중도 토론 내용을 보다 명확히 이해할 수 있을 것입니다. 이렇게 어려운 단어를 쉽게 풀어 설명하는 작업은 청중이 토론의 내용을 제대로 이해하고 평가하도록 돕는 것 외에 다른 효과도 얻을 수 있습니다. 단어에 따라 그 의미를 설명하면서 긍정적인 또는 부정적인 특징을 부각해 자신의 주장을 보다 유리하게 전개하는 것도 가능합니다.

위 사례에서 청중은 단어에 대한 설명을 통해 '중저준위 방사성 폐기물'이 무엇인지 알게 되었습니다. 하지만 그것이 어떤 영향을 미치는지에 대해서는 여전히 알기가 어렵습니다.

◇ **부정 측**

원전센터, 즉 방사성 폐기물 처리장에 들어갈 것들은 **원자력발전소에서 사용했던 작업복, 장갑 등 인간에게 해로운 방사선을 방출하는 중저준위 방사성 폐기물**입니다. 정부나 방폐장 건립을 찬성하는 쪽에서는 이것들을 안전하게 관리한다고 합니다. 하지만 과연 실제로 안전하게 관리되고 있을까요?

부정 측이 위 사례와 같이 '원자력발전소에서 사용한 작업복, 장갑 등이 이후에도 방사선을 방출할 수 있다.'는 특징을 설명한다면, 청중도 방사성 물질의 위험성을 쉽게 떠올릴 것입니다. 그로 인해 부정 측의 주장은 보다 강한 설득력을 얻게 됩니다.

이처럼 어려운 단어를 말할 때에는 청중이 토론의 내용을 제대로 이해하고 평가를 잘할 수 있도록 그 의미를 잘 설명해야 합니다. 그리고 우리의 주장을 강화할 수 있는 특징을 강조함으로써 설득력을 높이는 효과를 볼 수 있습니다.

준비노하우 07
이정표가 되는 표현들을 사용하라.

토론 내용의 각 문장 사이에는 다양한 연관 관계가 존재합니다. 주장과 근거뿐만 아니라, 근거를 구성하는 각 문장과 문단 사이에도 이런 관계가 존재합니다. 이러한 연관 관계를 파악해야 전체 내용을 제대로 이해할 수 있습니다.

우리가 글을 읽을 때는 내용이 이해되지 않아도, 처음부터 다시 읽어 볼 수 있습니다. 하지만 토론에서는 이미 지나간 내용을 다시 들을 수 없습니다. 따라서 토론자들은 입론이나 반론을 할 때, 청중이 토론을 제대로 이해할 수 있도록 내용의 전개 과정을 알리는 표현을 사용해야 합니다.

토론에서 자주 사용하는 표현들

◇ 새로운 주장이나 근거를 소개할 때 (동일한 범주의 새로운 내용을 소개할 때)

다음으로, 둘째로, 뿐만 아니라, 또 다른, 여기에 더하여, 이 외에도

◇ 내용을 요약하거나 결론을 도출할 때

요약하면, 한마디로 말해, 쉽게 말해, 지금까지 말씀드린 것은, 이와 같이, 이러한 N가지 사실은, 곧, 즉

◇ 논리적 과정에 따른 결과를 설명할 때

결과적으로, 따라서, 이와 같이, 그러므로, 이 때문에, 이를 통해, 이로 인해

위와 같은 '이정표가 되는 표현'들을 곁들인다면, 청중은 주장과 근거의 전개 과정을 정리하며 들을 수 있습니다.

다음은 중앙선거방송토론위원회가 주최한 제 3회 전국대학생토론대회 4강전 긍정 측 입론 내용의 일부입니다.

◇ **긍정 측**

첫째, 인터넷 선거운동을 상시 허용하게 되면 표현의 자유를 증진시켜, 헌법이 보장하는 국민의 참정권을 적극적으로 구현할 수 있습니다. (중략) **또한** 헌법 24조는 '모든 국민은 법률이 정하는 바에 의하여 선거권을 가진다.'라고 명시하고 있습니다. 이러한 국민의 선거권이 제대로 행사되기 위해서는 후보자들에 대한 보다 폭넓은 정보의 자유로운 교환이 필요합니다. **그러므로** 인터넷 선거운동을 상시 허용함으로써, 우리는 국민의 정치적 표현의 자유를 증진시킬 수 있고, **이것은 곧** 우리 헌법이 국민에게 보장하는 참정권을 적극적으로 구현하는 일이 될 것입니다.

두 번째로 현직 후보와 도전자가 공정하게 경쟁하도록 돕기 위해 인터넷 선거운동을 상시 허용해야 합니다. (후략)

위 입론에서 토론자는 두 가지 주장을 제시하고 있습니다. 각 주장의 앞에는 '첫째', '두 번째로'와 같은 표현으로 새로운 주장이 제시된다는 것을 보여주고 있습니다. '또한' 역시 새로운 근거를 소개하기 위한 표현입니다. '그러므로', '이것은 곧'과 같은 표현은 논리적 과정에 따른 결과를 설명하거나, 결론의 도출을 알리기 위해 사용되었습니다. 이처럼 이정표가 되는 표현들을 사용하면 청중은 보다 쉽게 토론 내용을 이

해할 수 있으며, 주의를 환기시켜 청중이 집중하게 만드는 효과도 볼 수 있습니다.

준비노하우 08

원고를 준비할 때 강조할 단어들을 볼드체로 표시하라.

사람들은 토론을 준비할 때 입론과 반론의 원고를 작성한 후 그 내용을 암기하고 연습하는 데 집중합니다. 반면 표정, 몸짓, 어조, 목소리와 같은 '말 이외의 표현'은 상대적으로 덜 중요하게 생각하는 경향이 있습니다. 하지만 이런 말 이외의 표현을 잘 활용한다면 청중과 심사위원에게 자신의 주장을 더욱 잘 전달할 수 있습니다.

토론의 입론을 쓰다 보면 주장의 설득력을 높일 수 있는 중요한 단어나 표현들이 있습니다. 이런 중요한 단어를 말할 때에는 음에 높낮이를 두거나, 강세·포즈(pause, 잠시 멈춤)를 두는 것, 또는 말의 빠르기를 조절하는 것과 같은 방법을 사용해 강조할 수 있습니다. 실제 토론에서 강조의 표현을 필요한 순간에, 자연스럽게 사용하기 위해서는 입론·반론 원고를 작성할 때부터 이런 부분에 대해 고려해야 합니다. 강조하고 싶은 단어에 볼드체(굵은 글씨)나 여러 기호 등을 활용해 성조, 강세, 잠시 멈춤, 속도 등을 표시하고, 연습하는 것입니다.

다음 사례는 《인터넷 선거운동을 상시 허용해야 한다.》는 토론에서 실제 사용된 긍정 측의 입론 원고 중 일부입니다.

◇ **긍정 측**

마지막으로 신문과 방송 같은 기존 매스미디어의 일방적인 영향력을 줄이고 국민의 **진정한 민의**를 반영하기 위해서도 인터넷 선거운동은 상시 허용되어야 합니다.

매스미디어에는 대중에게 정치 의제를 설정하고 쟁점을 제시하는 긍정적 기능도 있습니다. 그러나 이것은 역으로, 기존 매스미디어나 그 운영자들이 다루고 싶어 하지 **않는** 문제들에 대해서는 **선별**적으로 다루거나, **통제**함으로써 정치 의제 설정에 있어 문지기 역할을 하게 되는 **부정적인** 기능도 하고 있습니다. 이에 반해 인터넷은 그 특성상 정보 전달의 **양방향성**과 즉시성을 가지고 있어서, 선거에 있어 누구나 의견을 개진하여 관련된 정치적 쟁점을 설정하고, 그것에 대해 논의할 수 있게 합니다.

위의 원고에서 토론자는 강조를 해야 하는 단어에 볼드 서식을 적용해 표시하고 있습니다. 토론자는 원고를 읽을 때 볼드체로 쓰인 부분에 강세를 두고, 천천히 읽음으로써 청중을 집중시킵니다. 기존 매체의 부정적인 면(선별, 통제, 부정적인 기능)을 강조하여 변화에 대한 주장을 강화하고, 변화를 통해 얻을 수 있는 긍정적인 면(진정한 민의, 양방향성)도 강조하는 것입니다.

이처럼 원고에서부터 강조할 단어들을 확인하고, 연습을 한다면 우리의 주장을 강화할 수 있는 단어나 내용을 청중에게 보다 잘 전달할 수 있습니다.

준비노하우 09

'저희가 예측했을 때~'와 같은 표현은 사용하지 마라.

　정책토론을 하다 보면 새로운 정책을 시행하거나 하지 않을 경우의 미래를 예측하게 됩니다. 왜냐하면 정책토론의 목적이 새로운 정책의 효과를 예측하여 긍정적인 미래를 위한 좋은 선택을 하는 데 있기 때문입니다. 그러므로 긍정과 부정 양측은 현 상황과 정책을 시행한 후의 예상되는 상황을 비교하여 더 나은 선택을 하도록 유도해야 합니다.

　예를 들면, 긍정 측에서는 자신이 주장하는 대안이 가져올 긍정적인 변화와 채택되지 않을 경우 야기될 부정적인 변화를 수치나 상황 묘사를 통해 제시합니다. 마찬가지로 부정 측에서도 대안을 통해 생겨날 비용의 증가와 같은 부정적인 변화를 청중에게 전달할 것입니다. 이러한 예측을 할 때는 권위가 있는 사람의 주장을 소개하거나, 검증된 혹은 신뢰할 수 있는 근거자료를 출처와 함께 제시하는 것이 좋습니다. 하지만 실제 토론을 준비하다 보면, 토론자들이 지금까지의 추세와 경향을 바탕으로 직접 상황을 예측해서 제시해야 하는 경우도 있습니다. 이때 '저희가 예측하기로~, 저희 팀의 예상으로는~'과 같은 표현은 사용하지 말아야 합니다. 토론자들은 기본적으로 한쪽의 입장을 대변하는 사람들인 만큼, 그 예측이 '공정하지 않은 예측'으로 여겨질 수 있기 때문입니다.

　다음은 《현행 국회의원 선거구제는 바뀌어야 한다.》라는 논제에 대한 토론의 일부 내용입니다.

◇ 부정 측

지역주의가 가장 극심한 것으로 나타나는 영남지역에서 선거구별 당선자 수를 늘린다고 할 때, **저희가 예측하기로는** 그 늘어난 당선자 수 역시 한 정당에서 독식을 할 것입니다. 만약 그렇다면 지역주의는 오히려 더 심해지는 것이 아닙니까?

위 사례에서 부정 측은 '저희가 예측하기로는~'이라는 표현을 사용해 자신들의 가정을 전제로 설명하고 있습니다. 하지만 이 경우, 오히려 긍정 측에게 '자신에게 유리한 방향으로 억측을 하고 있다.'는 반박을 당할 수 있으며, 청중에게도 큰 설득 효과를 발휘하기 어려울 것입니다. 왜냐하면 그 예측을 명백하게 따져보기 전에는 객관적인 근거가 아니라, 한쪽의 주장으로 인식되기 때문입니다. 따라서 자신의 예측을 활용하여 주장 및 근거를 제시할 때는, 논리적인 추론을 하게 된 과정을 설명하는 것이 더 효과적입니다.

◇ 부정 측

지역주의가 가장 극심한 것으로 나타나는 영남지역에서 선거구별 당선자 수를 늘린다고 할 때, **지금까지 영남지역의 지역주의 경향으로 미루어 보아**, 그 늘어난 당선자 수 역시 한 정당에서 독식을 할 것으로 생각됩니다. 만약 그렇다면 지역주의는 오히려 더 심해지는 것이 아닙니까?

위의 두 사례를 비교했을 때, 청중의 입장에서 더 객관적이라고 인식되는 것은 두 번째 사례일 것입니다. 미래 상황을 예측할 때 특별한 변화가 없다면 지금까지의 상황을 바탕으로 추론하는 것이 합리적이기 때문입니다. 두 번째 사례에서 부정 측은 지금까지의 '영남지역의 지역주의 경향'을 근거로 지역주의의 심화를 예측하고 있는 것입니다.

이처럼 예측한 내용을 제시할 때 논리적 추론 과정을 설명한다면, 청중은 그 예측이 타당하다고 느끼며 설득될 수 있습니다.

준비노하우 10

문제점과 더 심각한 다른 문제점을 한꺼번에 차례대로 언급하라.

토론에서 긍정 측은 현재 상황의 문제점을 강조하며 새로운 대안·정책으로의 변화가 필요하다고 주장합니다. 반면 부정 측은 긍정 측이 제시한 대안·정책의 문제점을 설명하며 반박합니다.

이처럼 어떤 현상이나 주장에 문제점이 있다는 것을 강조하는 효과적인 방법은 두 가지 이상의 문제점을 한꺼번에 언급하는 것입니다. 이때 'A뿐만 아니라 더 문제가 되는 것은 B도 있다는 것입니다.'와 같이 문제점 A 그리고 A와 연관된 더 큰 문제점 B를 함께 차례대로 제시하는 것이 좋습니다. 이런 표현의 차이를 활용하는 것으로 크게 세 가지 효과를 얻을 수 있습니다.

첫째로 문제 제기를 당한 쪽에서 두 가지 문제 모두를 충분히 반박하기 어려울 수 있습니다. 둘 중 한 가지 문제에 대해 먼저 자세히 반박을 하다 보면, 다른 문제점에 대한 반박에는 다소 소홀해지는 경우가 많습니다. 하지만 이런 경우 청중은 충분히 반박되지 않은 문제점을 '해결할 수 없는 것', '제대로 반박되지 않은 것'으로 인식할 수 있습니다.

둘째로 'A뿐만 아니라 B까지'와 같은 표현으로 두 개 이상의 문제점을 동시에 제시할 경우, 이를 들은 청중이 문제점 A와 B에 대해 충분히 검토하지 않을 가능성이 큽니다. 특히 두 가지 문제점이 서로 연관이 있으며 뒤에 언급된 B가 A보다 더 심각한 문제라고 주장한다면, 더 심각한 문제인 B에 집중하느라 A라는 문제점은 당연한 것으로 여기며 비판적인 검토 없이 그대로 수용하기 쉽습니다.

셋째로 문제 제기를 당한 쪽에서 두 가지 문제점에 대해 모두 반박을 하다 보면 자신들의 주장의 단점에 대한 언급이 길어집니다. 청중은 토론에서 많이 언급되었던 내용을 잘 기억하기 마련입니다. 따라서 자신의 주장의 문제점이 오래 언급되는 것은, 그에 대해 완벽하게 반박을 해내지 않는 이상 불리할 수밖에 없습니다.

다음 사례는 《유치원의 공기정화장치 설치를 의무화해야 한다.》라는 논제의 토론 내용입니다.

◇ **긍정 측**

저희 긍정 측에서는 미세먼지가 어린 아이들의 건강에 더욱 치명적이라는 점을 이야기하고 싶습니다. 최근 미세먼지 농도가 심각한 수준에 이르는 날이 부쩍 많아지면서 **알레르기성 비염을** 앓고 있는 아이들이 크게 늘었다고 합니다. 그런데 이보다 더 큰 문제는 황산염, 블랙 카본과 같은 초미세먼지가 어린이의 **인지능력 저하, 천식, 소아암 등을 유발**할 수 있다는 것입니다.

위 사례에서 긍정 측 토론자는 미세먼지로 인해 알레르기성 비염 환자가 증가하고 있으며, '더 큰 문제'로 아이들의 인지능력 저하, 천식, 소아암과 같은 질병을 유발한다고 지적하고 있습니다. 이 경우 상대측 토론자와 청중의 이목은 상대적으로 더 심각하게 느껴지는 문제에 집중되기 쉽습니다. 부정 측에서 반박을 하더라도 인지능력 저하, 천식,

소아암 유발 문제에 집중한 나머지 알레르기성 비염 환자 증가 문제에 대해서는 충분히 검토가 이루어지지 않을 수 있으며, 그렇게 되면 '알레르기성 비염'은 '당연한 사실'처럼 남아있기 쉽습니다.

　이처럼 어떤 현상의 문제점에 대해 언급할 때 'A도 문제인데, B까지 있다.' 또는 'A뿐만 아니라 B도 있다.'와 같은 표현을 사용하여 효과적으로 강조할 수 있습니다.

준비노하우 11
우리 측 주장과 관련된 보편적 기준을 제시하라.

무언가를 평가할 때 사람들은 기준을 필요로 하는 경향이 있습니다. 기준이 있다면 그에 따라 좀 더 쉽게, 더 나은 평가를 할 수 있을 것이라고 생각하기 때문입니다. 그래서 누군가 겉보기에 특별한 문제점이 없어 보이는 기준을 제시하면, 사람들은 그에 대한 적절성을 제대로 따져보지 않은 채 그대로 받아들이곤 합니다. 기준 자체를 평가하지 않고, 평가해야 하는 대상이 기준에 부합하는지 그렇지 않은지를 먼저 생각하는 것입니다. 그리고 이것은 토론에서도 마찬가지입니다.

입론을 시작할 때, 자신의 주장을 뒷받침하는 기준을 제시한다면 청중은 그 기준에 의존하여 주장을 판단하고, 해당 주장이 상대측의 것보다 올바른 주장이라고 생각할 가능성이 큽니다. 이런 기준을 세우는 방법은 ⓐ 권위 있는 사람이나 기관에서 가지고 있는 의견을 활용할 수 있으며, ⓑ 과학적 법칙이나, 반복된 역사적 사실을 활용하여 청중이 쉽게 동의할 수 있도록 제시하는 것이 효과적입니다.

기준을 제시하는 것은 자신의 주장을 강화하는 것뿐만 아니라, 상대방의 문제점을 부각시키는 방법으로도 쓸 수 있습니다. 사람들이 기준에 부합하는 주장을 올바른 주장이라고 판단하는 것처럼, 기준에 부합하지 않는 상대측의 주장은 올바르지 못한 주장이라고 부각시키는 것입니다.

다음은 권위 있는 기관에서 제시한 기준을 활용하여 주장을 강화하는 사례입니다.

유엔개발계획(UNDP)은 한 나라의 선진화 정도를 평가하는 기준으로 HDI라는 인간개발지수를 사용합니다. **이 인간개발지수에 들어가는 내용은 첫째 국민의 기대 수명이 어떻게 되는지, 둘째 일인당 국민소득이 어떻게 되는지, 마지막으로 국민의 기대 교육 연수가 어떻게 되는지 입니다.** 즉 선진국이란 단순히 물질적으로만 충분한 나라가 아니라 국민이 충분히 교육을 받을 수 있다는 기대가 있는 나라인 것입니다.

이런 측면에서 볼 때 우리나라의 기대교육지수가 2011년 이후로 조금씩 떨어지고 있다는 것은 큰 문제가 아닐 수 없습니다.

위 사례에서 토론자는 유엔개발계획이라는 권위있는 기관에서 제시하는 기준을 활용해 자신의 주장을 강화하고 있습니다. 이런 경우 많은 청중은 기준에 대한 객관적인 평가나, 토론자가 기준을 올바르게 해석하여 적용하고 있는가에 대한 판단 없이 그대로 수용하곤 합니다. 이때 토론자가 '정부는 교육 예산을 늘려야 한다.' 또는 '대학 등록금을 반값으로 낮춰야 한다.'와 같은 주장을 한다면 청중은 이 주장이 타당한 것이라고 생각하기 쉽습니다.

단, 이처럼 기준을 활용해 주장을 강화하는 경우, 상대측에서 기준의 출처를 문제 삼거나 기준의 활용이 잘못되었음을 지적하며 반박을 할 수 있습니다. 따라서 기준을 제시하고자 한다면 그 출처나, 적절성 등을 충분히 고려해야 합니다.

`준비노하우 12`

외국 사례를 들 때, 사람들이 가진 보편적 이미지를 활용하라.

 정책토론을 지켜보면 토론자들이 외국의 사례를 근거로 제시하는 모습을 쉽게 볼 수 있습니다. 정책이 시행되기 전에는 그 영향을 구체적으로 알기 어렵기 때문에 과거 유사한 정책을 실시했던 다른 국가의 사례를 들어 청중을 설득하는 것입니다.

 다른 국가의 사례를 제시하는 것에는 크게 두 가지 형태가 있습니다. 하나는 특정 국가의 사례를 구체적으로 설명하여, 정책이 시행되었을 때의 변화를 보여주는 것입니다. 또 다른 방법으로는 해당 정책을 실제로 채택하고 있는 국가들을 열거하는 것으로 청중에게 메시지를 전달하는 것입니다. 이 장에서 설명하고자 하는 것은 후자의 방법으로 이것은 특정한 경우에만 사용 가능합니다. 이 특정한 경우라는 것은 해당 정책을 사용하는 국가들이 긍정적 또는 부정적인 이미지를 가진 국가로 묶일 수 있는 경우입니다.

 예를 들어 해당 정책을 시행하고 있는 선진국이나 후진국을 묶어 열거하고 '이 정책은 후진국에서나 사용하는 좋지 않은 정책이다.' 또는 '선진국에서 실시하는 정책으로 우리에게도 도움이 될 것이다.'와 같이 주장하며 청중을 설득하는 것입니다.

 다음은 《현행 국회의원 선거구제는 바뀌어야 한다.》라는 토론에서 부정 측 발언의 일부 내용입니다.

◇ 부정 측

현재 어떤 나라에서 중선거구제를 실시하고 있는지 아십니까? **네팔, 라오스, 피지, 버뮤다.** 이런 나라들이 중선거구제를 사용하고 있습니다.

대만은 2004년에 중선거구제를 실시하다가 도저히 안 되어서 소선거구제로 변경했고, 일본 역시 파벌선거가 문제가 되어 1994년에 중선거구제에서 빠져 나왔습니다. 우리나라 역시 중선거구제를 실시한 바 있지만 실패한 제도로 평가하고 있습니다.

사례에서 부정 측 토론자는 중선거구제를 채택하고 있는 국가의 사례로 '네팔, 라오스, 피지, 버뮤다'를 제시하고 있습니다. 우리나라에 비해 상대적으로 덜 발전된 이미지의 국가를 나열함으로써, 청중에게 '중선거구제는 후진국이 사용하는 선거제도이다. 우리나라는 후진국이 아니므로 이 제도를 사용하지 말아야 한다.'와 같은 메시지를 전달하는 것입니다. 그리고 한편으로 '대만, 일본'처럼 우리나라와 비슷하거나, 더 발전된 것으로 여겨지는 국가가 시행했다가 철회했다고 설명하며 중선거구제는 '실패한 제도로서, 시행해도 결국 다시 폐지하게 될 것'이라는 의미를 전달하고 있습니다. 청중은 위의 근거들을 통해, 중선거구제가 다소 덜 발전된 국가에서 사용하는 후진적인 제도라고 인식하기 쉽습니다.

이처럼 정책의 영향을 설명하기 위해 긍정적, 또는 부정적 이미지를 가진 외부 사례를 열거하는 것으로 표현력을 높여 청중을 설득할 수 있습니다. 다만 앞서 얘기한 것처럼 상대측에서 예외가 될 수 있는 다른 사례를 제시하거나, 사례와 우리 상황의 차이점에 대해 지적할 수 있으니 그에 대한 재반박도 준비해야 합니다.

◇ **반박과 재반박의 예시**

반박 선진국인 독일의 경우도 해당 정책을 사용하고 있습니다. 독일의 사례를 보면 이 정책이 꼭 후진국에서만 쓰는 정책이 아니라고 말씀드릴 수 있습니다.

재반박 말씀하신 독일의 경우 선진국이기는 하나, 과거 분단이라는 특수한 상황에 놓여 있어서 어쩔 수 없이 그 정책을 채택하게 된 것입니다.

이때 예시로 사용되는 것이 반드시 국가일 필요는 없습니다. 국가는 상당히 광범위한 개념인 만큼 '미국을 따라야 한다.', '일본이 했으니 우리도 똑같이 하면 좋을 것이다.'와 같은 주장에 대해 '해당 국가와 우리나라는 다르다.', '동일하게 적용하기 어려운 환경이다.' 등의 반론을 당할 수 있습니다.

반면 교육제도에 대한 토론에서 '하버드, 스탠퍼드'와 같이 세계적인 대학을 사례로 든다면 상대적으로 더 큰 효과를 발휘할 수 있습니다.

이런 CEDA토론식 교육방법은 하버드, 예일, 스탠퍼드, 보스턴 등의 대학에서 이미 실시하고 있는 방법입니다. 이런 대학에서 세계적인 인재들을 배출하고 있는 것처럼, 우리나라에서도 세계적인 인재를 길러내기 위해서는 반드시 필요한 제도라고 생각합니다.

준비노하우 13
자문자답의 방법을 사용하여 표현력을 높여라.

토론자가 청중을 집중하도록 만들기 위해 사용할 수 있는 방법 중 하나는 바로 스스로 질문을 던지는 것입니다. 사람들은 질문을 받으면 본능적으로 질문에 대한 답을 생각하거나, 답이 무엇인지에 대해 관심을 갖게 됩니다. 토론자가 질문을 던지고 잠시 포즈(pause)를 가진다면 청중은 집중하게 되고, 다음에 이어질 말에 관심을 갖습니다. 실제로 대회 토론을 보면 많은 토론자들이 청중에게 질문을 던지는 모습을 발견할 수 있습니다. 토론자들은 질문을 통해 청중이 자신에게 집중하도록 만든 후 자신이 본래 말하려고 했던 주장이나 근거를 '질문에 대한 답'으로 제시하는 것입니다.

다음은 《현행 국회의원 선거구제는 바뀌어야 한다.》라는 토론에서 부정 측 발언의 일부 내용을 수정한 것입니다.

◇ **부정 측**

여러분, 지역주의의 원인이 무엇입니까?
특정 지역 정당 출신이 입법·행정부를 장악한 상태에서 인사, 지역 발전 등의 문제로 지역차별을 하는 등 과거의 잘못된 사례에서 비롯된 편견 때문에 지역주의가 나타나는 것입니다. 그런데 근본적인 원인은 해결하지 않은 채, 선거구제를 바꾼다고 해서 과연 지역주의가 해결될 수 있을지 의문이 듭니다.

위 사례에서 부정 측은 긍정 측의 주장에 대한 반박을 위해 질문으로 발언을 시작하고 있습니다. '지역주의'는 청중이 모두 인식하고 있는 우리나라의 고질적인 문제점 중 하나입니다. 오랫동안 해결되지 않은 고질적인 문제에 대한 질문을 들으면, 청중은 토론자가 질문에 대해 어떤 답을 내놓을지 궁금해 하며 집중하기 마련입니다.

이처럼 토론자는 사람들이 이미 잘 알고 있는 문제점을 질문으로 던져 이목을 집중시키고, 그에 대한 답변을 제시하는 것으로 청중이 보다 쉽게 동의하도록 만들 수 있습니다. 이처럼 자문자답을 하는 방법은 토론에서 다루고 있는 핵심적인 내용이자 근본적인 문제, 고질적인 문제에 대한 내용일수록 큰 효과를 발휘할 수 있습니다.

꼭 근본적이거나, 고질적인 문제점을 다루는 것이 아니더라도, 청중의 흥미를 유발하고 표현력을 높이기 위한 방법으로 자문자답을 사용할 수도 있습니다.

여러분, 원숭이와 국회의원의 차이가 무엇인지 아십니까?
그것은 바로 '원숭이는 나무에서 떨어져도 원숭이지만, 국회의원은 선거에서 떨어지면 국회의원이 아니다.'라는 점입니다.

위 사례는 한 토론대회에서 토론자가 마지막 발언 시간에 자신의 주장을 정리하기 위해 했던 말을 재구성한 것입니다. 청중이 그 답을 생각해내기 쉽지 않은 질문을 던져 호기심을 자극하고, 이어질 이야기에 집중할 수 있도록 만드는 것입니다. 이처럼 자문자답의 방법은 청중의 주의를 환기시키고, 집중력을 높일 수 있습니다.

2장

토론 실전 노하우

실전노하우 01
상대측 주장을 반박할 때에는 반드시 '인용'하라.

 토론에서 가장 어려우면서도 중요한 것은 '잘 듣는 것'입니다. 토론에서 자신의 주장을 말하는 데 집중하다 보면 상대방의 이야기를 잘 듣기가 굉장히 어렵습니다. 양측의 주장을 번갈아 가며 듣는 청중도 마찬가지입니다. 특히 반박을 할 때, 청중이 우리와 상대측의 주장 중 어느 하나라도 잘 듣지 못한다면, 청중은 우리의 반박에 대해 제대로 판단할 수 없을 것입니다. 따라서 상대측 주장에 반박을 하기에 앞서, 반박하고자 하는 부분을 다시 한 번 청중에게 인지시켜야 합니다.
 이를 위해서 필요한 방법이 바로 '인용'하는 것입니다. 상대방의 주장을 '문장 그대로 인용'하면 어떤 주장에 대한 반박인지 청중에게 정확하게 인지시킬 수 있습니다. 그를 통해 우리의 주장이 더 옳다는 점도 청중에게 알릴 수 있습니다.

좀 더 이해하기 위해, 《교육비용, 국가가 부담해야 한다.》를 논제로 하는 토론에서 부정 측의 반박 사례를 소개하겠습니다.

◇ **부정 측**

긍정 측께서는 다양한 선택권에 대해서 말씀하셨습니다.
하지만 우리 교육의 현실은 여전히 한 선생님이 30여 명의 학생들을 담당하고 있습니다. 30여 명의 학생을 보살펴야 하는 선생님 입장에서 학생 개개인이 원하는 교육을 제공하는 것은 사실상 불가능합니다. 국가에서 부담할 수 있는 수준의 예산으로는 학생 개개인의 다양한 선택권을 보장할 수 없습니다.

위 사례는 긍정 측의 주장을 '다양한 선택권'이라는 짧은 말로 요약해 제시하고 있습니다. 이처럼 반론을 편다면 청중은 긍정 측에서 말한 주장과 근거가 무엇이었는지 기억해내기 어렵습니다. 긍정 측의 주장을 모르는 상태에서 청중은 부정 측의 반박 내용 역시 제대로 이해할 수 없을 것입니다. 앞서 토론에서 가장 어려운 것이 '잘 듣는 것'이라고 말씀드렸습니다. 토론에서 양측은 한 번에 2~3가지의 주장을 하고, 하나의 주장에 대해 2~3가지의 근거를 제시하기도 합니다. 반박을 들을 때 청중은 이미 너무 많은 주장과 근거를 들은 상태가 됩니다. 그러다 보니 청중은 각 주장에 대한 근거까지 세세하게 기억하지 못할 확률이 큽니다. 청중이 긍정 측 주장의 근거를 기억하지 못한다면, 부정 측 토

론자가 아무리 날카로운 지적을 하더라도 이해하기 어려울 것입니다.

◇ 부정 측

긍정 측께서는 '국가가 부담하는 교육비용의 한도 안에서도 다양한 선택권을 보장할 수 있다.'고 말씀하셨습니다.

하지만 우리 교육의 현실은 여전히 한 선생님이 30여 명의 학생들을 담당하고 있습니다. 30여 명의 학생을 보살펴야 하는 선생님 입장에서 학생 개개인이 원하는 교육을 제공하는 것은 사실상 불가능합니다. 국가에서 부담할 수 있는 수준의 예산으로는 학생 개개인의 다양한 선택권을 보장할 수 없습니다.

반면 이번 사례에서는 긍정 측의 주장과 근거를 '그대로 인용'해 말하고 있습니다. 청중은 긍정 측의 주장이 무엇이었는지를 다시 한 번 듣고 반박을 듣게 됩니다. 이를 통해 청중은 양측의 주장을 비교해본 후 판단을 할 수 있게 됩니다.

이와 같이 우리 측의 반박 근거가 상대측 주장보다 논리적이고, 설득적이라면 상대측 발언을 인용하여 반박하는 것이 청중에게 더 크게 와닿습니다. 양측의 주장을 비교해 반박 주장이 더 타당하게 여겨진다면 상대측의 주장이 힘을 잃게 될 것이기 때문입니다.

이처럼 반박할 때 상대측의 발언을 그대로 인용하는 것은 청중의 이해를 도우면서, 우리 측의 반박 효과도 높이는 효과적인 방법입니다.

> **실전노하우 02**

상대측 주장의 단점보다, 우리 주장의 장점을 강조하라.

　토론의 본질은 좋은 주장과 근거를 들어 청중을 설득하는 것입니다. 그런데 이성적으로 충분히 납득이 되고, 공감이 될 수 있도록 주장과 근거를 세우는 것은 쉽지 않습니다. 그 때문에 많은 사람들은 자신의 주장을 발전시키기보다는 상대측의 주장과 근거를 비판하고 반박하는 데 노력을 기울입니다. 그렇게 상대측의 단점을 부각시키면 상대적으로 자신의 주장이 더 나아 보인다고 생각하기 때문입니다. 그리고 이를 통해 토론에서 이길 수 있다고 생각합니다.

　하지만 이런 방법으로 토론을 이기는 것은 바람직하지 않을뿐더러 효과적이지도 않습니다. 토론은 상대방의 주장이 잘못 되었거나 부족하다고 논파하는 것이 아니라, 자신이 지향하는 방안이 옳거나 효과적이기 때문에 채택해야 한다고 설득하는 것이기 때문입니다.

　오히려 비판하기 위해 상대측 주장의 문제점을 반복적으로 언급하는 것은 상대측의 주장을 더 잘 기억하게 만들 수도 있습니다. 긴 토론 시간 동안 언급된 내용을 청중이 모두 기억하기는 힘들고, 결국 더 많이, 자주 들은 내용만이 기억에 남기 때문입니다.

　따라서 우리는 상대측의 주장에 대해 언급하는 것보다 우리의 주장을 더 많이 설명하고 설득해야 합니다. 그 방법은 상대측 주장에 대해서는 짧고 명확하게 반박한 뒤, 우리 주장의 장점과 유용성을 계속 언급하는 것입니다. 이를 통해 우리 주장의 긍정적인 내용이 청중의 기억에 남는다면, 청중이 우리 측 주장에 동의할 가능성이 더 커집니다.

상대방의 주장을 반박하는 것에 집중하는 것과, 우리 측 주장의 장점을 부각시키는 데 시간을 쓰는 비중을 도식화하면 다음과 같습니다.

'가'는 주장 A의 문제점을 반박하기 위해 많은 시간을 할애하느라, 자신의 주장 B의 장점을 충분히 설득하지 못하는 경우입니다. 반면 '나'는 A의 문제점은 짧게 반박한 후 자신의 주장 B의 장점을 설득하기 위해 많은 시간을 할애하고 있습니다.

이해를 위해 좀 더 예를 들어보겠습니다.

◇ **긍정 측**

생계를 책임지기 위해 아이들에게 일자리가 필요하다는 부정 측의 주장은 옳지 않습니다. 대부분의 아동 노동은 정당한 임금을 제공하지 않고, 착취를 하고 있습니다. 그렇기 때문에 아이들이 아무리 오랜 시간 동안 일을 한다고 해도 생계를 책임지기는 불가능합니다. 또한 아동의 노동으로 벌어오는 돈이 아이들의 교육이나 생계를 위해 사용되기보다는 부모의 마약 등에 사용되는 일이 더 많아 아이들이 생계를 책임지고 있다고 보기 어렵습니다.

하지만 아동 노동을 통해 만들어진 상품의 수입을 금지하는 국가가 많아질수록 아동 노동은 줄어들 것입니다.

위 사례는 부정 측의 주장에 반박을 하기 위해 많은 시간을 할애하고 있습니다. 그로 인해 아동 노동을 통해 만들어진 상품의 수입을 금지했을 때 얻을 수 있는 장점을 충분히 설명할 수가 없었습니다.

이 경우 청중은 오랜 시간 들었던 반박 내용들을 '단점이 있었다.'는 정도로 기억할 뿐, 모든 내용을 일일이 기억하지는 못할 가능성이 큽니다. 또한 설명히 부족했던 우리 측 주장도 제대로 기억하기는 어려울 것입니다.

반면 다음 사례에서는 부정 측의 주장에 대해 한 문장으로 반박하고 있습니다. 그리고 '아동 노동을 통해 만들어진 상품의 수입을 금지' 했을 때의 장점을 설명하는 데 많은 시간을 들여 설득하고 있습니다.

◇ 긍정 측

생계를 책임지기 위해 아이들에게 일자리가 필요하다는 부정 측의 주장은 대부분의 아동이 정당한 임금을 받지 못하고 착취를 당하고 있다는 점에서 설득적이지 않습니다.

오히려 아동 노동을 통해 만들어진 상품의 수입을 금지한다면 상품을 제조하는 곳에서도 아동이 아닌 그들의 부모, 즉 성인을 고용해야 합니다. 이를 통해 어른들에게 정당한 임금을 제공하여 어른이 생계를 책임지는 올바른 구조를 만들 수 있습니다. 또한 아이들이 노동에서 벗어나면 제대로 교육을 받을 수 있는 시간이 보장될 수 있을 것이며, 교육을 받고 성장한 아이들은 성인이 되면 더 나은 환경과 더 나은 임금을 받으며 나아진 삶을 살아갈 수 있을 것입니다.

위 사례처럼 우리 측 주장이 좋은 이유에 대해 다양한 근거를 대면서 계속 언급하는 것은 결과적으로 청중의 기억 속에 우리 측의 주장과 근거들을 더 많이 남기게 됩니다.

따라서 상대측의 주장에 대한 반박은 짧고 명확하게 하고, 자신의 주장에 대해서는 우리 주장이 왜 옳고, 필수적인지, 어떤 점에서 이익이 되는지를 반복적으로 강조하여 설득해야 합니다. 토론의 많은 시간 동안 우리 측의 주장이 반복적으로 논의되도록 한다면, 청중과 심사위원들은 반복적으로 들어 익숙해진 우리의 주장에 동의하게 될 것입니다.

실전노하우 03

부정 측일 때, 긍정 측이 명확한 입증을 하도록 요구해야 한다.

모든 토론은 긍정 측이 새로운 의견이나 대안을 주장하고, 부정 측이 이에 반대하면서 시작됩니다. 그러므로 긍정 측은 자신이 제기한 주장에 대해 입증할 책임을 가지게 됩니다. 만약 긍정 측이 입론을 통해 변화의 필요성과 그 타당성을 입증하지 못한다면, 긍정 측이 제시하는 대안을 통해 현 상황을 변화시킬 이유가 없어지고, 토론은 부정 측이 승리하게 됩니다.

따라서 부정 측에서는 토론의 초반부터 긍정 측에게 입증의 책임이 있다는 사실을 분명하게 밝혀야 합니다. 긍정 측이 주장을 전개하면서 제시한 근거들 중 인과관계가 불명확하거나 그 효과를 추정한 내용에 대해서는 교차조사나 반론 시간을 통해 명확하게 입증할 것을 요구해야 합니다. 부정 측이 긍정 측에게 명확한 입증을 요구하지 않는다면 긍정 측에서는 근거가 다소 불명확하더라도 쉽게 주장을 전개해나갈 수 있습니다.

그렇다면, 부정 측에서는 어떻게 긍정 측에게 입증을 요구할 수 있을까요? 많은 부정 측 토론자들은 긍정 측의 입증이 부족할 때, 긍정 측이 제시한 근거에 대해 반대 근거나 사례를 제시하며 반박하는 데 그칩니다. 하지만 부정 측은 '긍정 측에서 충분히 입증을 하지 못하고 있다.'고 정확하게 밝히는 것이 좋습니다. 단순히 긍정 측의 주장에 대한 반박을 제시하는 것과, 긍정 측의 입증이 충분하지 않다고 주장하는 것에는 분명한 차이가 있기 때문입니다.

　토론에서 어떤 주장과 근거에 일부 허점이나 반박의 여지가 있는 것은 당연한 일입니다. 청중은 일반적으로 긍정 측의 입증 책임에 대해 크게 인식하지 못한 채 토론을 지켜보기 때문에 부정 측이 아무리 적절하게 반박을 해도 당연히 존재할 하나의 반박 사례로 인식하기 쉽고, 긍정 측에서도 가볍게 재반박을 하고 넘어가게 됩니다.

　하지만 부정 측에서 청중에게 긍정 측의 입증이 불충분하다는 것을 인지시킬 수 있다면, 부정 측이 반증하지 않더라도 긍정 측의 주장은 설득력을 잃게 됩니다. 따라서 부정 측은 긍정 측의 근거가 불명확할 경우, '그렇게 될 것이라는 구체적인 사례를 제시해 주십시오.' 또는 '어떻게 해서 그렇게 되는지를 충분히 설명해 주시기 바랍니다.'와 같은 말로 긍정 측에서 충분히 입증하지 못하고 있음을 청중이나 심사위원에게 직접적으로 알려야 합니다.

　오른쪽은 《법인·단체의 정치자금 기부를 허용하여야 한다.》에 대한 토론에서 부정 측의 교차조사 내용입니다.

　이 사례에서 부정 측은 긍정 측의 주장이 충분히 입증되지 않았음을 지적하고 있습니다. '매스미디어 비용의 상승'이라는 근거가 충분히 설명되지 않았기 때문에, '정치 자금이 부족하다.'는 주장이 제대로 입증되지 않았다는 것입니다. 이처럼 부정 측은 명확한 입증을 요구하는 것으로 긍정 측에게 입증에 대한 부담을 증가시킬 수 있습니다.

| 부정 측 | 정치 자금이 부족하다고 하신 부분부터 말씀드리겠습니다. 정치 자금이 부족합니다. 어떻게 부족합니까?

| 긍정 측 | 저희가 입론에서 말씀드렸다시피 매스미디어 비용의 상승과 선거 조직의 유지 등 선거 운동의 전술적 변화 때문입니다.

| 부정 측 | 저희 부정 측의 자료에 따르면 최근 인터넷 매체 등의 활용이 증가되어 기존 매스미디어에 들어가는 비용이 오히려 감소된 것으로 나타납니다. 긍정 측에서 말씀하시듯 **매스미디어의 비용이 늘었다면, 얼마나 그리고 어떻게 증가되었는지 말씀해 주셔야 정치자금이 부족하다고 주장하실 수 있을 것 같습니다.**

실전노하우 04

격렬하게 토론하되, 예의를 지켜라.

　토론에서 양측은 서로 자기주장이 옳다는 전제로 이야기를 하게 됩니다. 따라서 자연스럽게 상대측이 틀렸다고 말할 수밖에 없고, 그렇게 반박하는 과정에서 표현이 과도해지기도 합니다. 그러다 보면 토론이 격렬해지고 예의에 벗어난 표현이 나오는 경우도 있습니다.

　하지만 어느 자리나 그렇듯 토론에서도 예의를 지켜야 합니다. 우리가 토론에서 예의를 지켜야 하는 이유는 단지 좋은 행동이기 때문만이 아니라, 토론자의 태도가 심사결과에 영향을 미치기 때문입니다. 실제 대회에서 심사위원이 평가할 때, 토론매너나 예의가 평가 항목에 들어가 있는 경우도 있습니다. 평가 항목에 예의에 관한 부분이 포함되어 있지 않더라도, 토론의 평가에는 결국 심사위원의 주관이 반영되기 때문에 예의에 어긋난 행동은 감점요인이 됩니다.

　이때 예의의 기준은 제 3자의 상식을 따라야 합니다. 토론을 하며 자신의 생각이 곧 상식이라고 생각해선 안 됩니다. 왜냐하면 상식이라는 것은 사람들이 공통적으로 갖고 있는 생각을 의미하는데 사람들은 자신이 처한 입장에 따라 상식과 개인적인 생각을 혼동하기 때문입니다.

　토론에서 긍정 측과 부정 측은 서로 상반된 입장을 가지고 있습니다. 이런 상황에서 어느 정도까지가 예의에서 벗어나지 않는가에 대해서는 어느 한쪽에 치우치지 않은 제 3자, 즉 청중과 심사위원의 상식을 기준으로 해야 합니다. 그렇다면 청중의 상식을 벗어나지 않는 범위에서 예의를 지켜 토론하려면 어떤 것들을 주의해야 할까요?

첫째, 상대방이 발언할 때 무시하는 태도를 보이면 안 된다.

상대 토론자가 발언할 때 우리는 상대 토론자만을 바라보고 있을 수 있지만, 청중은 모든 토론자를 보고 있다는 점을 잊어서는 안 됩니다. 상대측 토론자의 주장이나 근거가 타당하지 않다고 생각하더라도 얼굴을 찌푸리거나, 고개를 가로젓는 것과 같은 무시하는 태도를 보인다면 오히려 청중에게 부정적인 인상을 남길 수 있습니다.

간혹 상대측 토론자를 당황시키기 위한 심리적 전략으로 표정이나 고갯짓을 활용하려는 토론자도 있습니다. 하지만 상대측의 발언을 경청하는 모습을 보이는 것이 청중에게 좋은 평가를 받을 수 있는 방법입니다.

둘째, 상대방의 의도를 넘겨짚어서 공격하면 안 된다.

긍정과 부정 측에서 제시하는 주장이나 근거는 서로 상대측의 견해와는 전혀 반대되는 이야기입니다. 그렇다 보니 상대측 토론자의 주장을 들을 때는 일종의 편견이 생기기도 합니다. 이런 편견이 생기면 자신의 생각에 집착하여 상대방을 공격할 수도 있습니다.

다음 사례는《국공립대학교의 성적장학금을 복지장학금으로 바꿔야 한다.》라는 토론에서 있었던 대화입니다.

> **부정 측**　교육법상 대학교육의 목적은 국가와 인류사회 발전에 필요한 인재를 양성하는 것입니다. 따라서 장학금은 학생들의 미래에 투자하는 것이므로 소득수준이 아닌 투자가치를 기준으로 해야 합니다.
>
> **긍정 측**　그렇다면 학비를 마련하느라 학업에 집중하지 못한 저소득층 학생들의 미래는 투자가치가 없다는 말씀이십니까?

사례에서 긍정 측은 부정 측의 주장을 '저소득층 학생들의 미래는 투자가치가 없다.'는 의미로 넘겨짚어 공격하고 있습니다. 이처럼 부정 측에서는 자신의 주장을 뒷받침하기 위한 근거로 하나의 기준을 제시한 것인데, 긍정 측에서는 그 의도나 원인을 다르게 해석하여 결론을 내리고, 그 결론에 대해 공격을 한 것입니다. 하지만 이 경우 상대방과 청중의 입장에서는 사실과는 다른 과도한 지적을 하는 것으로 받아들여질 수 있습니다. 상대방의 주장이나 근거에 대해 그 의도나 결론이 불명확하다고 느껴진다면, 추가적인 설명이나 구체적 사례를 요구하는 것이 좋습니다.

셋째, 상대 토론자의 능력이나 판단을 무시하는 발언을 하면 안 된다.

토론을 하다 보면 상대방이 미처 준비하지 못한 부분이 있거나, 우리에 비해 모른다고 생각되는 부분이 있을 수 있습니다. 하지만 이런 상황에서 '긍정 측은 이 법에 대해서 이해를 못하시는 것 같은데요.' 또는 '부정 측은 극단적인 사고방식을 가지고 있습니다.'와 같이 상대 토론자의 능력이나 판단에 대해 무시하거나 비하하는 표현을 사용하면 안 됩니다.

토론은 토론자의 배경 지식이 얼마나 많은가, 지적 능력이 얼마나 되느냐와 관계없이 토론장에서 청중을 설득하는 것으로 승패를 정하는 것입니다. 따라서 상대방이 모르고 있는 사실이나 능력의 부족을 지적하는 것이 아니라, '저희 측의 자료를 보면 이런 결론이 나옵니다. 이 점 양지해주시기 바랍니다.'와 같은 표현을 사용하여 반박하는 것이 좋습니다.

넷째, 상대방의 발언을 비하하면 안 된다.

양측은 서로 전혀 다른 입장에서 주장을 펼치기 때문에, 간혹 상대측의 주장이나 근거가 전혀 타당하지 않다고 생각되는 경우가 있습니다. 하지만 이를 직접적으로 '부정 측의 주장은 말이 되지 않습니다.' 또는 '긍정 측은 현실성이 없는 말만 하고 있습니다.' 등의 표현을 사용해서는 안 됩니다. 그 부분은 청중과 심사위원이 평가할 부분입니다. 실제로 상대측의 주장이 적절하지 않더라도, 상대의 발언을 비하한다면 예의를 지키지 않은 우리 측도 부정적인 평가를 받을 수 있습니다.

상대의 발언에 적절하지 않은 부분이 있다면, 그 말 자체를 비하하는 것이 아니라 적절한 근거를 들어 반박하는 것으로 우리의 주장이 옳다는 것을 보여야 합니다.

다섯째, 청중도 동의할 수 있는 시점에서만 상대방의 말을 끊어야 한다.

토론의 형식에 따라 교차조사나 자유토론과 같이 양측 토론자가 함께 발언하는 시간이 있습니다. 이때 상대방의 말을 끊고 이야기하는 토론자들의 모습을 종종 볼 수 있습니다. 하지만 많은 경우 사람들은 다른 사람의 말을 자르고 자신의 말만 하려는 사람에 대해 부정적으로 생각합니다. 따라서 기본적으로 다른 토론자가 발언을 하고 있을 때는 모든 말이 끝날 때까지 기다렸다가 말을 해야 합니다.

하지만 교차조사 시간에는 답변하는 사람이 과도하게 말을 돌리거나 시간을 끄는 경우, 질문하는 사람이 답변을 끊고 다음 질문을 할 수 있습니다. 단, 그때는 청중이 보기에도 상대방이 같은 말을 반복하고 있다고 느낄 정도여야 합니다. 또한 상대방의 말을 끊더라도 적절한 수준에서 부드럽게 끊으며 나머지 내용에 대해서는 상대방의 발언 시간에 이야기하도록 요청하는 것이 좋습니다.

토론에서 예의에 어긋난 행동을 하는 것은 토론에서 이기고 싶은 마음에서 비롯되는 경우가 많습니다. 하지만 청중은 예의에 어긋나는 행동을 하는 토론자에게 불편함을 느끼고 부정적으로 평가합니다. 상대측 토론자를 존중하며 예의를 지켜 토론해야 한다는 것을 항상 기억해야 합니다.

실전노하우 05

긍정 측일 때, 비용에 대한 반박에 수비적으로 대응하기보다는 당위적인 가치 실현으로 맞서야 한다.

　정책토론에서 자주 등장하는 쟁점에는 '정책의 비용과 효과'가 있습니다. 정책토론에서 양측은 긍정 측이 제시한 대안을 실행하기 위해 비용이 얼마나 들 것인지, 그리고 그를 통해 어떤 장점이나 이익을 얻을 수 있는지에 대해 논의하게 됩니다. 긍정 측이 제시하는 새로운 대안이나 정책을 채택하고, 실행하기 위해서는 현실적으로 '비용'적 측면을 고려하지 않을 수 없기 때문입니다.

　실제로 토론을 보면, 부정 측에서 긍정 측이 제시하는 대안에 대해 '현재보다 더 많은 비용이 들게 된다.' 또는 '실제로 이익을 얻게 될지 확실하지 않다.'와 같은 주장을 펼치는 모습을 쉽게 볼 수 있습니다. 이때 부정 측의 주장은 대체로 구체적인 자료를 근거로 하기 때문에, 긍정 측에서 정면으로 반박하기 어려운 점이 있습니다. 이런 경우 긍정 측에서는 그 나름대로의 고려와 추산을 통해 '그 정도로 많은 비용이 들지는 않는다.' 정도로 방어하려는 경향이 있습니다.

　하지만 이런 구조가 되면 부정 측은 '이러 저러한 측면에서는 어쨌든 지금보다 비용이 더 많이 드는 것이 아니냐?'며 계속 공격을 할 것입니다. 이런 구도로 토론이 계속 이루어지면 긍정 측의 주장이 부실한 것으로 보이기 쉽습니다. 따라서 긍정 측은 비용에 대한 방어를 하기보다는 당위적인 가치를 실현하기 위해 대안을 채택해야 한다고 주장해야 합니다. 비용이 다소 들더라도, 긍정 측이 주장한 대안·정책을 시행

2장 | 토론 실전 노하우 • 277

함으로써 얻을 수 있는 가치가 훨씬 중요하다는 것을 부각하는 것입니다. 왜냐하면 토론이 시작되었다는 것은 현재 상황에 문제가 있다는 것을 사람들이 어느 정도 인지하고 있는 상황이기 때문입니다.

그러므로 긍정 측은 현재의 문제를 해결해야 한다는 변화의 필요성을 다시 한 번 청중에게 인식시키는 것만으로도 주장을 강화할 수 있습니다. 그리고 이런 인식을 바탕으로 '사람들이 얻고자 하는 가치를 실현하기 위해 작은 비용에 얽매여서는 안 된다.'라고 하는 것은 설득력이 있습니다.

다음 사례는 《현행 국회의원 선거구제는 바뀌어야 한다.》라는 논제로 토론한 내용입니다.

부정 측 ▷ 중선거구제를 채택했을 때 어떤 문제가 발생하는지 현실적으로 들여다보면, 첫 번째로 비용이 굉장히 늘어납니다. ○○년에 발표된 강○○ 교수님의 연구결과에 의하면, 중선거구제를 채택했을 때 늘어나는 비용은 최소 2,500억 원에서 3,000억 원으로 현행 소선거구제에 비해 2배 이상 비용이 늘어납니다.

긍정 측 ▷ 저희도 선거비용이 늘어난다는 사실에 대해서 부정하는 것은 아닙니다. **하지만 선거를 하는 가장 중요한 이유는 다양한 국민들의 의사를 반영하는 것입니다.** 국민의 의사를 제대로 반영하기 위해 어느 정도의 비용 증가는 감수해야 한다고 생각합니다. 그것이 국민의 목소리가 반영되는 민주주의의 이념을 실천하는 지름길이라 생각하기 때문입니다.

사례에서 부정 측의 반박에 대해 긍정 측은 '선거를 하는 가장 중요한 이유는 다양한 국민의 의사를 반영하는 것'이라며 대응하고 있습니다. 그리고 현재의 문제점을 해결하고 더 나은 결과를 얻기 위해 어느 정도의 비용 증가는 감수해야 한다고 주장합니다. 청중이 현재 선거제도에 국민의 의사가 반영되지 않는 심각한 문제가 있다고 생각하게 된다면, 현재의 커다란 문제점을 해결한다는 목적에 비교했을 때 비용이 증가한다는 사실은 상대적으로 가볍게 인식되기 쉽습니다.

이처럼 부정 측이 현실적인 측면, 특히 비용의 문제로 반박할 경우 긍정 측은 정책을 통해 얻을 수 있는 가치와 궁극적인 목적을 언급하여 청중을 설득할 수 있습니다.

> 실전노하우 06

상대측에게 '오늘의 논제는 무엇입니까?'라고 물어라.

 토론을 듣다 보면 논제와 관련이 있고 영향을 미치는 것처럼 보이지만, 직접적인 인과관계를 입증하기는 어려운 주장들이 있습니다. '까마귀 날자 배 떨어진다.'라는 속담에서 '배가 떨어진 이유'가 까마귀가 날았기 때문이라고 생각하기 쉽지만, 직접적인 인과관계를 입증하기는 어려운 것처럼 말입니다. 많은 토론자들은 이런 입증의 문제에 대해 충분히 고려하지 않고 논제와 관련이 있어 보이는 주장들을 '당연한 것'으로 생각하며 특별한 고민 없이 사용하곤 합니다.

논제 《교육비용, 국가가 부담해야 한다.》

> 긍정 측 주장   우리나라의 경제력이 상승했다.

 위 사례를 언뜻 보면 '경제력이 상승했으니 당연히 교육에 투자해야 한다.'고 생각하기 쉽습니다. 하지만 《교육비용, 국가가 부담해야 한다.》라는 논제와, '우리나라의 경제력이 상승했다.'라는 주장 사이의 직접적인 연관성을 설명하기는 어렵습니다.

 이런 '당연한 것'으로 보이는 주장에 대해 우리가 반박을 하지 않는다면 청중이나 심사위원들도 별생각 없이 받아들이게 됩니다. 하지만 '당연한 것'으로 여긴 주장일수록 논제와 주장의 연관성에 대해 제대로 검토되지 않았을 확률이 높습니다. 그러므로 이 점을 지적한다면 그

인과관계를 명확하게 설명하기 어려울 것입니다. 이처럼 상대측에서 '당연한 것'으로 인식하기 쉽지만, 실제로는 직접적인 연관성이 없는 주장을 할 때, 주장과 논제 사이의 연관성을 물어보는 것만으로도 상대측의 부담을 증가시킬 수 있습니다.

이런 논제와 주장 사이의 연관성 문제를 지적하는 간단한 방법 중 하나는 교차조사 또는 자유토론 시간에 상대측에게 '오늘의 논제는 무엇입니까?'라고 묻는 것입니다. 상대측 토론자가 답변을 했을 때 다시 한 번 '오늘의 논제와 그 주장이 어떻게 관련이 되어 있습니까?'라고 묻는다면, 준비되지 않은 상대측 토론자는 답변을 하기가 어려울 것입니다. 그리고 제대로 답변을 해내지 못한다면, 청중과 심사위원은 상대팀의 토론 준비가 충분하지 않다는 느낌을 받게 될 것입니다. 다음 사례는 《교육비용, 국가가 부담해야 한다.》에 대한 토론 내용입니다.

부정 측 ▶ 긍정 측에서는 우리나라 경제력이 과거보다 상승했다는 점을 언급해주셨습니다. **오늘의 논제는 무엇입니까?**

긍정 측 ▶ '교육비용 국가가 부담해야 한다.'입니다.

부정 측 ▶ **오늘 우리가 논의하고자 하는 것은 국가가 교육비를 부담하는 것이 옳은지, 그 당위성에 대한 부분입니다. 우리나라의 경제력 상승이 국가 교육비 부담의 당위성과 어떻게 연결되는지를 먼저 설명해 주시길 바랍니다.**

사례에서 부정 측 토론자는 양측 토론자와 청중 모두가 잘 알고 있는 논제를 물어봄으로써 주의를 환기시킵니다. '대체 무슨 말을 하려나?' 하는 의문을 갖게 하는 것입니다. 이런 질문을 받은 상대 토론자는 당황하기 쉬우며, 답변을 회피할 수도 없기 때문에 질문을 한 토론자가 토론의 흐름을 주도하게 됩니다.

이처럼 청중을 집중시킨 상태에서 상대측의 주장을 통째로 흔들 수 있는 '논제와 주장의 관련성'에 대해 질문을 한다면, 청중은 우리가 토론을 주도하고 있으며 상대측의 주장을 무효화시켰다고 판단하여 우리 측 주장에 동의할 가능성이 높아질 것입니다.

실전노하우 07

긍정 측일 때, 정책의 실현가능성에 대한 반박은 토론의 목적을 언급하는 것으로 재반박하라.

정책토론에서 부정 측이 흔히 공격하는 또 하나의 쟁점은 긍정 측이 제시한 정책이나 대안의 실현가능성을 논하는 것입니다. 긍정 측의 정책이 아무리 좋은 내용이라도 실현할 수 없는 것이라면 제안의 가치는 급격하게 떨어지기 때문입니다. 그러므로 실제로 토론을 보면, 부정 측에서 긍정 측의 정책에 대해 '이러이러한 이유 때문에 현실적으로 불가능하다.'와 같은 근거를 들어 반박하는 것을 쉽게 볼 수 있습니다. 이때 부정 측이 긍정 측의 정책에 대해 실현 불가능하다고 주장하는 방식을 살펴보면 크게 두 가지로 나눌 수 있습니다.

첫째는 정책 결정만으로 해결하기 어려운 물리적인 문제가 존재하기 때문입니다. '현재의 과학 기술로는 불가능하다.' 또는 '정부의 5년치 예산을 모두 사용해도 불가능하다.' 같이 현재 상황에서는 해결이 불가능한 이유가 있는 것을 의미합니다. 부정 측이 긍정 측의 정책에 대해 이런 문제로 인해 실현 불가능하다고 반박한다면, 긍정 측에서는 부정 측의 반박 자체에 대해 검토하게 되고 이후 토론은 '정말 불가능한지 아닌지' 그 사실 여부가 양측의 토론 핵심 쟁점이 될 것입니다.

둘째는 사람들의 의지나 이해관계 등의 문제로 인해 정책이 실현되지 않을 것처럼 보이는 경우입니다. 새로운 정책을 실현하기 위해서는 법이 제정이 되는 것부터 구체적인 계획을 짜고 실행하는 것까지 많은 사람들의 협력이 필요합니다. 하지만 사람들의 좋고 싫음, 의지나 인식의 부족, 이해관계의 상충, 일부 집단의 적극적인 거부 등의 문제로 인해 정책의 실현이 제대로 이루어지지 않을 수도 있습니다.

부정 측에서 두 번째 경우와 같이 사람들의 의지 문제를 지적하며 정책 실현의 불가능을 주장한다면 긍정 측은 '현재 토론을 하는 목적'을 강조하는 것으로 대응할 수 있습니다. 토론을 하는 목적은 현재의 문제를 해결할 수 있는 방법을 찾는 데 있으며, 가장 좋은 해결 방법을 찾기 위해 '사회 구성원들의 협력'을 전제로 하고 있습니다. 이런 관점에서 '사람들이 문제 해결을 위해 적극적으로 협력할 것인가'의 문제는 토론의 목적과는 맞지 않는 범위 밖의 이야기가 됩니다. 따라서 긍정 측은 부정 측의 반박에 대해 현재 '토론을 하고 있는 목적'을 상기시키는 것으로 재반박할 수 있습니다. 그리고 자신의 정책이 문제의 해결을 위한 최선의 방법임을 다시 한 번 강조하는 것도 좋습니다.

다음 사례는 《현행 국회의원 선거구제는 바뀌어야 한다.》라는 논제에 대한 토론의 일부 내용입니다.

부정 측 긍정 측께서 주장하시는 정책은 현실적으로 실현되기 어려운 주장입니다. 예를 들어 지금 지역구 의원이 약 250석 있는데, 그것을 150석으로 줄인다고 하면 이에 대해 제대로 논의가 되겠습니까? 현실적으로 입법을 해야 하는 국회의원이 이에 대해 제대로 논의를 하지 않을 것입니다. 아무리 좋은 제도라도 그 의미가 퇴색되고, 발의되지 않을 것입니다.

| 긍정 측 | 지금 우리가 토론을 하는 목적은 현행 선거제도로 인해 생긴 문제를 해결하기 위해 어떻게 하는 것이 더 좋을 것인지를 논의하는 것입니다. 국회의원이 자신의 이익을 위해 정책을 논의하지 않을 만큼 자신의 본분에 태만한지에 대해서는 따로 논의해야 할 문제입니다.

저희 긍정 측은 현대 사회에 만연한 지역주의와 같은 문제를 해결하기 위해서는 선거구제를 중선거구제로 바꾸는 것이 가장 좋은 방법이라고 생각합니다.

위 사례에서 부정 측은 국회의원들이 이해관계로 인해 정책의 실현을 위해 적극적으로 노력하지 않을 것이라고 주장합니다. 하지만 이는 토론의 주된 목적인 '현행 선거구제를 바꾸는 것이 더 좋은가, 아닌가.'라는 핵심적인 쟁점에서 벗어난 주장이라고 할 수 있습니다. 따라서 위 사례에서 긍정 측은 토론의 본래 목적을 강조하여 반박하고, 사람들이 쉽게 공감할 수 있는 문제점을 들어 자신이 제시한 정책이 최선의 방법임을 강조하고 있는 것입니다.

이처럼 부정 측이 정책이 실현될 수 없는 것이라고 반박할 때는 그 내용에 따라 사실 여부에 대해 토론할 수도 있지만, 단순히 사람들의 의지나 이해관계로 인한 어려움을 이야기하는 것이라면 토론의 목적과 범위에 대해 강조함으로써 효과적으로 재반박할 수 있습니다.

실전노하우 08

긍정 측일 때, 제도의 예외적 허점에 대한 문제 제기를 심각하게 받아들이며 대응하지 마라.

아무리 좋은 제도라도 어떤 부작용도 없이 문제점을 완벽하게 해결하는 것은 어렵습니다. 절대적으로 완벽한 제도라는 것은 존재할 수 없기 때문입니다. 새로운 정책을 실시함에 따라 발생하는 문제점은 지켜보면서 정책을 보완하거나, 대책을 세워 개선해나가기 마련입니다.

정책토론에서 긍정 측이 제안하는 새로운 정책도 마찬가지입니다. 긍정 측이 제시한 새로운 정책으로 인해 발생할 수 있는 문제는 언제나 존재합니다. 그리고 부정 측에서는 이런 부작용이 나타날 가능성을 꼬집어 공격할 것입니다. 이때 많은 긍정 측 토론자들은 부정 측의 공격에 방어하기 위해 구체적인 내용 없이 '추후에 제도적인 보완 장치를 세우면 된다.'고 이야기하거나, 추상적인 보완 정책을 급조해내 제시하곤 합니다.

하지만 긍정 측의 입장에서는 이런 부작용에 대한 논쟁이 길어질수록 불리할 수 있다는 점을 명심해야 합니다. 왜냐하면 청중은 오랜 시간 동안 반복적으로 들었던 내용을 잘 기억할 수밖에 없기 때문입니다. 긍정 측이 주장한 정책의 부작용에 대한 논쟁이 지속된다면, 그 부작용이 예외적인 가능성에 불과하더라도 청중에게는 큰 단점으로 인식될 수 있습니다.

그러므로 예외적인 부작용에 대해 공격을 받았을 때 미리 준비를 하여 명확한 대책을 제시할 수 있는 것이 아니라면, 그에 대응하기보다는 변화의 필요성 즉 제도를 만들어야 하는 이유에 대해 강조하는 것이 좋습니다. 일부 예외적 부작용이 발생할 수는 있지만 이 때문에 현재의 커다란 문제점을 해결하지 않고 방치할 수는 없으며, 이 커다란 문제점을 해결하는 데는 우리가 제시한 이 정책이 최선의 방법이라고 주장하는 것입니다.

다음은 《청년수당 지급 정책을 시행해야 한다.》라는 토론의 일부 내용입니다.

부정 측 청년수당은 기준중위소득을 바탕으로 수급 대상을 선정합니다. 하지만 같은 방식으로 대상자를 선정하는 기초생활수급자도 여유가 있는 사람들이 서류상으로는 소득이 없어 부정수급을 하는 등의 문제가 많이 발생하는데요. 이처럼 어렵지 않은, 풍족한 청년들에게 청년수당이 지급되는 문제는 어떻게 해결하실 생각이십니까?

긍정 측 물론 일부 부정수급의 문제가 생길 수는 있습니다. **하지만 이런 문제는 신청과 선정의 과정에서 제도적 보완을 통해 해결할 수 있다고 생각합니다.**

위 사례에서 긍정 측은 구체적인 대책을 제시하지 못한 채 '제도적 보완'이라는 추상적인 답변을 하고 있습니다. 이 경우 청중은 긍정 측이 주장하는 제도에 큰 허점이 있는 것이라고 느끼고, 그에 대한 적절한 해결 방법이 없는 것으로 여기기 쉽습니다. 부정수급이 매우 예외적인 일이라고 하더라도 청중의 입장에서는 이 이야기가 반복되면 큰 문제로 와닿을 수 있는 것입니다.

| 부정 측 | (중략) 이처럼 어렵지 않은, 풍족한 청년들에게 청년수당이 지급되는 문제는 어떻게 해결하실 생각이십니까?

| 긍정 측 | 물론 일부 부정수급의 문제가 생길 수는 있지만 **이는 극히 예외적인 상황일 것입니다. 우리나라의 청년 실업자는 약 10%이고, 아르바이트생이나 취준생 등을 합친 청년 체감실업률은 무려 23%에 달합니다. 현재 청년들은 취업을 위한 스펙을 쌓기 위해 또다시 아르바이트를 해야 하는 등 온전히 취업준비에 전념할 수 없는 것이 현실입니다. 청년수당은 청년들에게 구직활동에 전념할 수 있는 기회를 제공하는 꼭 필요한 제도입니다.**

이번 사례에서 긍정 측은 부정수급의 가능성은 일부 인정하지만, 청년 실업이 매우 심각한 상태임을 강조하며 제도의 필요성을 강조하고 있습니다. 이처럼 새로운 정책의 예외적인 허점을 공격받았을 때는 제도 그 자체의 근본적인 필요성, 현재의 심각한 문제 상황 등을 더 강조하는 것으로 대응해야 합니다.

실전노하우 09

긍정 측일 때, 마지막 발언에서 현재의 문제점을 자세히 묘사하라.

 새로운 정책이 현재의 문제를 제대로 해결할 수 있음을 입증하는 것은 어려운 일입니다. 게다가 시행되지 않은 정책의 이익을 예상하여 청중을 설득시키는 것은 더욱 어렵습니다. 따라서 토론 후반부로 갈수록 새로운 대안이 가진 문제점과 현실적인 불이익을 지적하는 부정 측의 주장이 더 설득적으로 들리는 경우가 많습니다.

 이처럼 정책토론은 긍정 측에게 '입증'이라는 쉽지 않은 과제를 요구하지만, 한편으로는 긍정 측이 활용할 수 있는 유리한 점도 두 가지 있습니다.

 첫째는 토론이 시작되었다는 것은 어쨌든 청중에게 이미 변화가 필요하다는 공감대가 어느 정도 형성되어 있음을 의미합니다. 대부분의 토론은 사람들이 현재의 문제점을 인식하고 개선의 필요성을 느꼈을 때 시작됩니다. 따라서 청중은 '변화가 필요하다.'는 긍정 측의 기본 전제에 대해서는 어느 정도 공감을 하고 있는 상태라고 할 수 있습니다.

 둘째는 대부분의 아카데미식 토론에서 마지막 발언은 긍정 측이 한다는 것입니다. 토론은 대체로 약 1시간 동안 숨 가쁘게 진행됩니다. 그렇기 때문에 토론이 끝나고 평가를 할 때 청중과 심사위원이 주로 떠올리는 것은 토론의 후반에 들었던 내용들일 것입니다. 그래서 대부분의 토론자들은 각자 마지막 발언에서 자신의 주장을 정리하곤 합니다. 그 중에서도 가장 마지막 발언이 긍정 측의 순서인 만큼, 긍정 측에서는 자신의 주장이 청중의 기억에 잘 남을 수 있도록 해야 합니다.

이 두 가지 이점을 활용해 긍정 측의 마지막 반론자는 현재의 문제점에 대해 자세히 묘사하고, '어떻게든 이 문제를 해결해야만 한다.'고 강조할 수 있습니다. 긍정 측이 제시한 대안에 사소한 문제점이 있을 수는 있지만, 현재의 심각한 문제를 해결하기 위해서는 이를 실행해야 한다고 청중을 향해 호소하는 것입니다.

다음은 《인터넷 선거운동을 상시 허용해야 한다.》라는 토론에서 긍정 측의 마지막 발언 내용입니다.

◇ 긍정 측

여러분, '선거운동'하면 제일 먼저 무엇이 떠오르십니까? 정책에 대해 토론을 하고 공정한 경쟁을 하는 후보들의 모습보다는, 난잡한 길거리에 동원된 지지자들이 모여서 악을 쓰고 소리치는 장면이 먼저 떠오르실지도 모릅니다. 어쩌면 그것이 지금까지 우리 선거에서 나타났던 모습이었을 것입니다. 그러나 이제는 달라질 수 있고, 달라져야만 합니다. 저는 인터넷 선거운동의 상시 허용이야말로 이러한 낡은 선거를 바꿀 수 있는 가장 효과적이고도 가장 올바른 대안이라고 생각합니다.

긍정 측 토론자는 청중을 설득하기 위해, 청중이 쉽게 상상할 수 있도록 자세하게 묘사합니다. 이렇게 청중이 이미 공감하고 있는 현재의 문제점을 토론의 마지막에 자세하게 설명해 '문제가 심각하므로 이것은 반드시 해결해야 한다.'는 인식을 심어주는 것입니다.

이처럼 긍정 측은 마지막 발언에서 문제점에 대한 공감대와 해결의

당위성을 활용하여 마지막으로 청중이 자신의 대안에 귀를 기울이게 만들 수 있습니다.

실전노하우 10
부정 측일 때, 양측의 자료를 비교해서 근거가 더 많음을 보여라.

정책토론에서 양측이 반드시 다투게 되는 부분 중 하나가 바로 '이익과 불이익'입니다. 긍정 측은 자신이 주장하는 새로운 정책을 시행함으로써 얻을 수 있는 이익을, 부정 측은 불이익을 제시하는 것입니다.

그런데 실제로 토론을 준비해보면 긍정 측에서 제시할 수 있는 이익보다, 부정 측에서 제시하는 불이익이 더 현실적으로 들립니다. 왜냐하면 아직 시행되지 않은 새로운 대안에서 예상할 수 있는 이익은 한두 가지이고, 그 효과도 실제로 해보기 전까지는 추정에 불과하기 때문입니다.

그렇기 때문에 부정 측에서는 여러 가지 '불이익'이 있다는 것을 제시하는 것만으로도 주장을 강화할 수 있습니다. 이때 효과적인 방법은 토론의 종반부인 반론 시간에 긍정 측이 제시한 이익과 부정 측이 제시한 불이익의 근거를 비교하며 열거하는 것입니다.

오른쪽의 사례는 '인터넷 선거운동을 상시 허용할 경우, 선거운동 비용을 절감할 수 있다.'는 긍정 측 주장에 대한 부정 측의 반론 내용입니다. 이 사례에서 긍정 측이 제시한 '인쇄비용의 절감'을 통해 절약되는 비용과, 부정 측에서 제시한 '인터넷 선거운동을 위해 사용된 비용의 합' 중 어느 쪽이 더 큰 지는 실제로 알기 어렵습니다. 하지만 청중의 입장에서는 더 많은 근거를 구체적으로 열거한 부정 측의 주장이 타당하게 들리기 쉽습니다.

◇ 부정 측

긍정 측 토론자께서는 인터넷 선거운동을 상시 허용할 경우, 인쇄비용의 절감을 예로 들어 비용이 크게 절감될 것이라고 말씀하셨습니다. 하지만 저희 부정 측에서 말씀드렸듯이 인터넷 선거운동을 상시 허용할 경우 홈페이지 구축비용, 관리비용, 서버비용, 운영 및 유지비용 외에도 홍보비용이 크게 증가할 것입니다.

이처럼 부정 측은 더 많은 수의 예시를 열거하면서 양쪽의 근거를 비교하는 것으로, 청중에게 자신의 근거가 더 많다고 인식시켜 설득력을 높일 수 있습니다.

> 실전노하우 11

반론을 할 때 입론의 핵심 단어나 구조를 요약적으로 제시하라.

마지막 발언 시간에는 상대측의 주장과 반론에 반박하고, 자신의 주장을 정리하게 됩니다. 하지만 오랜 시간 동안 상당히 많은 이야기를 들은 청중은, 우리의 반박이 어떤 주장에 대한 것인지, 논리적으로 잘 반박한 것인지 정확하게 이해하지 못할 수 있습니다. 따라서 양측 토론자는 자신이 무엇에 대해 반박을 하고 있는지 청중에게 제대로 알려줄 필요가 있습니다.

이때 유의할 점은 무엇에 대한 반박인지 알려주려고 하다가, 상대측 주장을 너무 구체적으로 설명하지는 말아야 한다는 점입니다. 청중은 조금이라도 더 많이 들었던 내용을 더 잘 기억합니다. 우리가 상대측 주장을 구체적으로 설명하면 오히려 상대방의 주장을 강조해주는 결과를 가져올 수 있습니다. 따라서 반론을 할 때는 상대방의 입론에서 언급된 핵심 단어 또는 구조를 사용하여 요약적으로 제시해야 합니다.

다음에 제시될 사례는 《인터넷 선거운동을 상시 허용해야 한다.》라는 논제에 대한 긍정 측 입론의 일부 내용입니다.

사례에서 긍정 측은 현실의 불평등을 주장하며 그 예시로 '현직 효과'를 제시하고 있습니다. 그리고 주장을 전개할 때에도 '현직'이라는 말을 반복적으로 사용하는 것으로 주장의 핵심 내용인 '현직 효과'를 강조합니다. 바로 이 '현직 효과'가 긍정 측 주장의 핵심 단어 중 하나가 됩니다.

◇ 긍정 측

두 번째로 현직 후보와 도전자가 공정하게 경쟁하도록 돕기 위해 인터넷 선거운동을 상시 허용해야 합니다.

선거에서는 후보자 모두가 동등한 조건에서 출발하여야 하고, 법과 제도는 그렇게 되도록 도와야 합니다. 그런데 현실에서는 여러 요인들로 인해 후보자 간 불평등이 발생합니다. 그 대표적인 것이 바로 현직 효과입니다. (중략)

그러므로 인터넷 선거운동을 상시 허용하는 것은 현직이 아닌 후보들에게도 자신을 알릴 수 있는 기회를 늘려주어, 현직 후보와 도전자가 공정하게 경쟁할 수 있도록 하는 데 도움이 됩니다.

부정 측에서 위 사례에 대해 반박할 때 핵심 단어인 '현직 효과'를 사용한다면 효율적으로 긍정 측의 주장을 요약할 수 있습니다.

사례1 긍정 측에서 '현직 효과'에 대해 말씀하셨습니다. 하지만 긍정 측에서 말씀하시는 현직 효과가 실제로는 그렇게 크지 않다고 생각합니다. 왜냐하면….

사례2 긍정 측에서 '현직 효과'를 들어 공정 경쟁의 측면을 말씀하셨는데요. 공정한 경쟁의 측면에서 더 문제가 되는 것은….

사례1은 핵심 단어로 긍정 측 주장의 전체를 대변하고 있고, 사례2에서는 '현직 효과를 들어 공정 경쟁의 측면을 말씀하셨다.'며 긍정 측 주장의 구조를 요약하여 제시하고 있습니다. 이처럼 마지막 발언 시간과 같이 상대측에서 주장을 제기하고 시간이 지난 후에 반박을 할 때는 그 내용을 요약적으로 제시하는 것이 효과적입니다.

앞서 설명한 대로 청중이 양측에서 제시한 각 주장의 내용을 모두 기억하기는 어렵습니다. 각 주장과 근거가 청중에게 미치는 영향력 역시 시간이 지날수록 약해질 것입니다. 처음에는 객관적이고 설득력 있게 들리던 주장이 시간이 한참 지난 후에는 다소 추상적으로만 남아있기도 합니다. 위의 두 사례에서 부정 측은 이 점을 활용하여 반박하고자 하는 긍정 측 주장을 핵심 단어나 요약만을 통해 설명한 후 반박합니다. 이를 통해 부정 측은 청중이 긍정 측의 주장을 구체적으로 기억하지는 않게 하면서도, 자신의 반박이 긍정 측의 어떤 주장을 반박한 것인지에 대해서는 정확하게 이해하도록 만들어 더욱 효과적으로 반박을 할 수 있습니다.

단, 상대측 주장 직후의 교차조사나 반론 시간은 예외입니다. 만약 이때 상대의 발언에 대해 구체적이고 직접적인 근거를 들어서 반박을 할 수 있다면 상대의 발언을 그대로 인용을 하는 것이 좋습니다. 우리 측의 반박이 더 설득적이고, 타당하다면 상대방의 주장을 그대로 인용하여 반박했을 때 청중에게 더 크게 와닿을 것이기 때문입니다.

상대측 주장의 내용을 그대로 인용할 것인지 또는 요약만 할 것인지를 결정하는 요인은 상대측의 주장과 우리의 반박 근거가 가지는 영향력입니다. 상대측 주장보다 우리 측의 반박 근거가 더 논리적이고 설득적이라면 상대측의 발언 직후에, 그 내용을 그대로 인용하며 반박하는 것이 좋습니다. 반대로 우리 측의 반박 근거가 더 추상적이고 덜 설득적이라면 시간이 지난 후에 상대측 주장의 영향력이 약해졌을 때 우리 측 반박을 강조하는 것이 좋습니다.

양측 주장의 영향력을 판단하는 것은 주관적인 영역이며, 토론자의 역량에 달린 것일 수 있습니다. 하지만 가장 중요한 문제인 '현재 양측의 주장과 근거가 청중에게 어떻게 받아들여지고 있는가.'를 염두에 두고 판단한다면 올바른 판단을 내릴 수 있을 것입니다.

실전노하우 12
자유토론에서 흔히 벌어지는 문제점

이번 장에서는 자유토론을 할 때 흔히 발견되는 문제점에 관해 이야기하고자 합니다. 아카데미식 토론과 자유토론의 가장 큰 차이는 발언 시간이나 순서입니다.

아카데미식 토론은 기본적으로 입론, 반론 등의 발언 순서가 정해져 있습니다. 따라서 긍정과 부정 양측 토론자는 정해진 순서에 따라 차례대로 발언합니다. 그리고 아카데미식 토론은 양측 모두에게 자신의 주장과 근거를 설명할 수 있도록 입론 시간이 약 5분 이상 주어집니다.

반면 자유토론은 발언 시간이나 순서에 제한이 없습니다. 기조 주장 시간이 별도로 주어지더라도 그 시간은 1분에서 1분 30초 정도입니다. 기조 주장 시간이 짧기 때문에 양측 토론자는 자신의 주장을 아주 간단히 설명하거나, 구체적인 설명 없이 단언적으로 제시할 수밖에 없습니다. 또한 양측 토론자는 차분히 논리를 전개시켜 나가기보다는, 상대방의 약점에 대해 질문을 하거나 자신에게 유리한 쟁점 위주로 이야기를 하고자 합니다. 그래서 자유토론은 수시로 화제가 전환되며 다양한 쟁점을 인과관계 등의 순서와 상관없이 다루는 모습을 볼 수 있습니다.

이런 자유토론의 특징으로 인해 자유토론에 참가하는 토론자는 상대측의 주장과 근거에 대해 정확히 알지 못한 채 토론에 임하곤 합니다. 특히 토론자에 비해 사전 정보가 충분하지 않은 청중은 급격하게 바뀌는 대화 주제나 쟁점의 흐름을 이해하지 못하는 경우도 많습니다.

그렇다면 이런 자유토론에서 흔히 나타나는 문제점들을 극복하고 청중을 잘 설득하려면 어떻게 해야 할까요?

새로운 쟁점에 대해 다루고자 할 때

먼저 자신의 주장과 근거를 설명해야 합니다. 하나의 쟁점에 대한 논박이 마무리되고, 새로운 쟁점에 대해 이야기할 때 양측 토론자가 흔히 하는 실수는 새로운 쟁점에 대해 충분히 설명을 하지 않는다는 것입니다.

다음은 《현행 국회의원 선거구제는 바뀌어야 한다.》라는 주제로 진행되었던 토론 내용을 재구성한 것입니다.

◇ 부정 측

우리는 현실적인 측면에서의 문제점을 살펴보아야 합니다. 긍정 측에서 주장하시는 **중선거구제는 선거비용이 많이 듭니다.** 긍정 측에서는 이 문제에 대해 어떤 해결책을 가지고 계시는지 묻고 싶습니다.

이 사례에서는 부정 측 토론자가 '선거비용이 많이 든다.'는 새로운 쟁점을 제시하며 긍정 측이 주장하는 '중선거구제'라는 대안에 반박하고 있습니다. '비용이 많이 든다.'와 같은 새로운 정책의 비용이나 부작용 문제는 정책토론에서 반드시 언급되는 주요 쟁점 중 하나입니다. 따라서 양측 토론자에게는 충분히 익숙한 쟁점입니다.

하지만 청중의 입장에서는 부정 측의 새로운 주장이 낯설고, 바로 납득하기 어려울 수 있습니다. 청중은 중선거구제에서 왜 선거비용이 많이 드는지 그 이유를 알지 못하기 때문입니다. 그러므로 청중이 새로운 쟁점을 받아들이고, 자신의 주장에 동의하도록 만들기 위해서는 그에 대한 근거와 사례를 충분히 설명해야 합니다.

◇ 부정 측

우리는 현실적인 측면에서의 문제점을 살펴보아야 합니다. 긍정 측에서 주장하시는 **중선거구제는 선거비용이 많이 듭니다. 각 후보자들은 선거구가 넓어진 만큼 그곳에 사는 더 많은 유권자에게 홍보를 해야 합니다. 이 때문에 후보 1인당 선거비용이 증가합니다.**

또한 최다 득표를 한 대표자 1명만 뽑는 소선거구제에 비해 투표와 개표 방식이 복잡하기 때문에, 투표와 개표의 비용도 많이 듭니다. 이처럼 중선거구제를 시행할 경우 발생하는 선거비용 증가에 대해 어떤 해결책을 가지고 계시는지 묻고 싶습니다.

이 사례에서는 토론자가 중선거구제에서 선거비용이 많이 드는 이유에 대해 '홍보해야 하는 유권자 수가 늘어나고, 투표 및 개표 방식이 복잡해진다.'라는 근거를 들어 설명하고 있습니다. 따라서 청중은 중선거구제가 왜 비용이 더 많이 드는지를 이해할 수 있을 것이며, 부정 측이 긍정 측의 주장에 적절하게 반박했다고 평가할 것입니다.

이처럼 자유토론에서 새로운 쟁점에 대해 이야기할 때는 상대측의 주장을 반박하는 데 집중하기보다, 청중이 새로운 쟁점을 제대로 이해할 수 있도록 개념 정의, 근거, 사례 등의 설명을 덧붙여 설득력을 높여야 합니다.

상대의 주장에 반박할 때

상대측에서 '추상적인' 주장을 제시한다면, 정면으로 반박하기보다 상반된 이미지의 다른 주장을 '구체적으로' 제기해 흐름을 유리하게 끌어오는 것이 좋습니다.

자유토론에서 흔히 나타나는 문제 중 하나는 양측 토론자들이 상대의 주장이나 근거를 정확하게 알지 못한 채 토론을 진행한다는 것입니다. 그로 인해 토론자들은 상대측 주장의 구체적인 방향성이나 근거에 대해 추측에 기반하여 반박을 하게 됩니다. 하지만 추측에서 비롯된 반박은 적절하지 않거나 핵심에서 벗어난 것이기 쉽습니다.

핵심에서 벗어난 반박은 좋은 효과를 내기 어렵습니다. 왜냐하면 상대측 토론자나 청중이 반박의 내용을 정확히 이해하기 힘들 수 있기 때문입니다. 특히 토론자에 비해 양측 주장에 대한 이해가 부족한 청중은 핵심적인 내용에서 벗어난 반박을 이해하기가 더 힘들 것입니다. 심한 경우 무리하게 꼬투리를 잡는 것으로 인식해 부정적으로 평가를 할 수도 있습니다.

다음은 《인터넷 선거운동을 상시 허용해야 한다.》라는 토론에서 나올 수 있는 긍정 측의 주장입니다.

◇ 긍정 측

인터넷 선거운동을 상시 허용해야 후보자 간의 공정한 경쟁이 가능해집니다.

위의 주장을 청중이 이해하려면 더 많은 설명이 필요합니다. '공정한 경쟁'의 의미가 무엇인지, 인터넷 선거운동이 어떻게 공정한 경쟁을 가능하게 하는지에 대해 청중은 알지 못하기 때문입니다. 사례와 같이 상대측에서 추상적인 주장을 할 때, 이에 정면으로 반박하기 위해 정확하게 이해되지 않은 부분을 억지로 추측하는 것으로는 좋은 반박을 하기 어렵습니다. 그보다는 상대의 주장에 부정적인 영향을 미칠 수 있는 다른 주장을 제기하는 것이 효과적입니다.

| 긍정 측 | 인터넷 선거운동을 상시 허용해야 후보자 간의 공정한 경쟁이 가능해집니다. |

| 부정 측 | 후보자 간의 공정한 경쟁이 가능하다고 하셨는데요. 인터넷에서는 익명성을 악용하거나, 댓글 조작 등을 통해 부정적인 폭로전을 벌이는 경우가 많습니다. **긍정 측께서는 이런 부정적인 폭로전 문제를 어떻게 해결하실 생각이십니까?** |

위 사례에서 부정 측의 주장은 '인터넷 선거운동은 부정적인 폭로전이 많아진다.'는 것입니다. 이는 청중의 입장에서 '공정한 경쟁'과는 상반되어 보이는 주장입니다. 부정 측은 긍정 측의 주장에 정면으로 반박한 것은 아니지만, 상반되어 보이는 이미지를 가진 주장을 통해 긍정 측 주장의 힘을 약하게 만든 것입니다. 또한 이를 통해 부정 측은 자신이 원하는 쟁점으로 토론의 화제를 전환시키며 토론을 유리하게 이끌어나갈 수도 있습니다.

3장

토론대회 운영 노하우

논제 선정을 위한 체크리스트

다음 페이지의 체크리스트는 '좋은 논제'를 만들기 위해 확인해야 할 점을 정리한 표입니다. 우선 체크리스트의 이해를 위해 '주제'와 '논제'라는 단어의 의미를 구분할 필요가 있습니다. 이 책에서 '주제'란 토론에서 다루고자 하는 것입니다. 토론을 시작하게 되는 원인, 해결해야 하는 기존의 문제, 새롭게 발생한 사건이나 문제 등이 모두 주제가 될 수 있습니다. '논제'는 주제에서 토론을 통해 결론내고자 하는 부분을 명확하게 드러내는 문장입니다. 이 문장은 토론의 결과에 따라 참 또는 거짓이 됩니다.

예를 들어 최근 우리나라의 중요한 문제로 '미세먼지'를 이야기할 수 있습니다. 이때 '미세먼지' 그 자체가, 또는 '미세먼지의 원인', '미세먼지 대책'이 토론의 주제가 될 수 있습니다. '미세먼지의 원인'에 대해

논제 선정을 위한 체크리스트

구분	내용
주제 선정	□ 논제는 아직 해결되지 않은 문제나 사회적인 합의가 되지 않은 지식 또는 가치에 대해 다루어야 한다.
	□ 논제는 많은 사람들이 또는 참여자들이 관심을 가지고 있거나, 현재 논란이 되고 있는 문제를 다루는 것이 좋다.
	□ 한 가지 논제는 단일한 주제(문제)에 대해서 다루어야 한다.
	□ 주제에서 논제를 뽑을 때는 양측이 제시할 수 있는 주장과 근거의 숫자나 영향력의 균형을 고려해야 한다.
문장 형식	□ 논제의 문장은 긍정 측의 주장을 담은 평서문의 형태여야 한다.
	□ 현재의 상황이나 일반적 인식을 변화시키고자 하는 주장을 가진 팀이 긍정 측을 맡도록 논제를 정해야 한다.
	□ 주제에서 논제를 뽑을 때는 논점이 분명하게 드러날 수 있도록 사실논제, 가치논제, 정책논제의 형태로 설정해야 한다.
단어	□ 논제에 사용된 단어는 일반적으로 보았을 때 그 의미가 분명한 단어여야 한다.
	□ 논제에 사용된 단어는 논의하고자 하는 주제에서 벗어나지 않도록 확대나 축소의 여지가 가능한 없어야 한다.
	□ 논제에 사용된 단어는 한쪽에 치우치지 않도록 긍정적이거나 부정적인 의미를 담은 수식어가 없어야 한다.
논제가 정책논제인 경우	□ (여러 가지 대안이 있는 경우) 논제는 가장 유력하거나 잘 알려져 있는 대안으로 만드는 것이 좋다.
	□ (현실성을 고려하기 위해) 논제에서 주장하는 대안을 실제로 수행해야 하는 주체를 명기해야 한다.

토론을 하고자 한다면, 토론 논제로 《미세먼지의 원인은 중국이다.》, 《미세먼지의 주범은 노후화된 자동차의 배기가스이다.》 등을 선정할 수 있습니다. 마찬가지로 '미세먼지 대책'을 주제로 삼는다면, 《미세먼지를 줄이기 위해 차량2부제를 실시해야 한다.》나 《미세먼지 민감계층 보호를 위해 학교와 유치원의 공기정화장치 설치를 의무화해야 한다.》라는 논제로 토론할 수 있습니다.

주제 선정

 Check Point 01.
논제는 아직 해결되지 않은 문제나 사회적인 합의가 되지 않은 지식 또는 가치에 대해 다루어야 한다.

사람들은 주로 주어진 문제를 해결하기 위해, 또는 아직 합의되지 않은 문제에 결론을 내고자 할 때 토론을 합니다. 양측의 주장과 근거를 듣고 평가하는 과정을 통해 더 나은 해결방안이 무엇인지, 어떤 주장이 더 합리적인지를 확인하여 더 좋은 결정을 할 수 있기 때문입니다.

간혹 이미 결론이 나와 있는 문제에 대해 토론을 하기도 하는데 이는 토론의 본래 취지에 맞지 않고, 토론이 균형 있게 이루어지기 힘들 수 있어 적절하지 않습니다. 예를 들어 '식인 풍습'의 경우 아주 극소수의 문화를 제외하고는 이미 세계 보편적으로 금지하고 있습니다. 따라서

《식인을 금지해야 한다.》를 논제로 설정하는 것은 적절하지 않습니다.

반면 《개고기 식용을 금지해야 한다.》와 같은 논제는 현재까지도 찬성과 반대를 하는 사람들이 나뉘어 계속 논쟁이 되고 있는 문제이므로 토론 논제로 쓸 수 있습니다.

Check Point 02.
논제는 많은 사람들이 또는 참여자들이 관심을 가지고 있거나, 현재 논란이 되고 있는 문제를 다루는 것이 좋다.

사람들이 토론에 적극적으로 참여하게 하려면 최근 논란이 되고 있거나, 사람들의 관심이 많은 주제를 다루어야 합니다. 특히 교육을 목적으로 한 토론인 경우에도 참가자들이 주제에 흥미를 가지고 있을 때 교육 효과도 높습니다. 그뿐만 아니라 논란이 되고, 화제가 된 문제일수록 참여자들이 관련 자료를 찾기도 쉽습니다.

Check Point 03.
한 가지 논제는 단일한 주제(문제)에 대해서 다루어야 한다.

토론에서 하나의 주제를 놓고도 긍정과 부정 양측은 여러 가지 쟁점을 논하게 됩니다. 하나의 쟁점을 입증하기 위해 양측은 자신의 주장에 근거를 들어 설명하고, 서로 반론과 재반론을 이어가며 많은 시간을 듭입니다. 그렇기 때문에 한 번의 토론에서 여러 주제를 다루는 것은 현실적으로 매우 어렵습니다. 주제의 수가 늘어남에 따라 입증해야 할 쟁점이 몇 배로 늘어나기 때문입니다.

예를 들어 조선 태조 이성계의 3대 기본 정책은 각각 '숭유정책', '농본정책', '사대교린정책'를 의미합니다. 만약《이성계의 3대 정책은 조선의 민생에 도움이 되었다.》라는 논제로 토론을 한다면, 토론자들은 세 가지 정책 모두에 대해서 논해야 합니다. 그런데 제한된 시간 안에 세 가지 정책에 대해 모두 이야기하기에는 해결해야 할 쟁점이 너무 많습니다. 그렇기 때문에 각 쟁점이 충분히 논의되지 못한 채 수시로 화제만 전환되며 논지가 흐트러지기 쉽습니다.

따라서 조선 태조의 3대 기본 정책에 대해 제대로 논의를 하려면, '숭유정책', '농본정책', '사대교린정책'이라는 세 가지 정책을 각각 논제로 설정하여 따로 토론해야 합니다.

Check Point 04.
주제에서 논제를 뽑을 때는 양측이 제시할 수 있는 주장과 근거의 숫자나 영향력의 균형을 고려해야 한다.

특정 주제에서 논제를 뽑을 때, 그 논제를 어떻게 설정하느냐에 따라 양측에서 제시할 수 있는 주장의 수나, 그 근거의 영향력이 크게 달라질 수 있습니다. 토론이 공정하고, 원활하게 진행되려면 양측이 제시할 수 있는 주장과 근거에 균형이 있어야 합니다.

예를 들어 《우리나라 대통령 선거제도를 간선제로 바꾸어야 한다.》는 논제에서 긍정 측이 제시할 수 있는 주장의 수는 많지 않을 것입니다. 왜냐하면 국민이 직접 투표하는 직선제가 현재 대한민국이 추구하는 민주주의라는 가치에 더 적합하고, 긍정 측에서 주장할 수 있는 간선제의 장점이 많지 않기 때문입니다. 간선제의 가장 큰 효과인 '투표의 효율성'은 교통과 통신이 발달한 현대 사회에서는 큰 문제가 되지 않기 때문에, 그 주장이나 근거가 큰 영향력을 가지기 어렵습니다.

이처럼 어느 한쪽에서 제시할 수 있는 주장이나 근거가 부족하거나, 설득력을 충분히 발휘하기 어렵다면 공정한 토론을 진행할 수 없습니다. 따라서 특정 주제에서 논제를 선정할 때는 긍정과 부정 양측이 균형 있게 토론할 수 있도록 설정해야 합니다.

문장 형식

Check Point 05.
논제의 문장은 긍정 측의 주장을 담은 평서문의 형태여야 한다.

TV방송에서의 토론이나, 그 외 여러 토론에서 의문문 형태의 논제를 쉽게 볼 수 있습니다. 하지만 토론 논제는 긍정 측의 주장을 담은 평서문의 형태여야 합니다. 논제만 가지고도 긍정 측과 부정 측 입장을 명확하게 구분할 수 있어야 하기 때문입니다.

예를 들어《사형 제도를 폐지해야 하는가?》라는 문장을 논제로 삼는다면, '존치해야 한다.'와 '폐지해야 한다.' 중 어느 쪽을 긍정 측으로 정할 것인지 모호할 것입니다. 마찬가지로 '사형 제도를 폐지해서는 안 된다.'와 같이 부정이 중첩되는 등의 복잡한 문장도 긍정과 부정 측의 혼란을 불러올 수 있습니다.

> **Check Point 06.**
> 현재의 상황이나 일반적 인식을 변화시키고자 하는 주장을 가진 팀이 긍정 측을 맡도록 논제를 정해야 한다.

대부분의 토론은 현재 상황에 대해 문제를 제기하고, 변화를 주장하면서 시작됩니다. 예를 들어《사형 제도를 폐지해야 한다.》라는 논제는 현재 우리나라에서 사형 제도가 유지되고 있기 때문에 가능한 토론 논제입니다. 반대로 현재 우리나라에서 사형 제도가 이미 폐지된 상태라면 올바른 논제는《사형 제도를 부활시켜야 한다.》가 될 것입니다. 이처럼 변화를 주장하며 토론을 시작한 쪽을 긍정 측으로, 변화의 필요성을 부정하는 쪽을 부정 측으로 나눕니다.

이때 긍정 측은 변화를 주장하는 입장으로서, 새로운 대안을 제시해야 합니다. 변화의 필요성, 새로운 대안의 효용 등을 입증해야 하는 책임이 긍정 측에 있는 것입니다. 이 입증에 실패하면 긍정 측이 토론에 진 것으로 간주됩니다. 하지만 일반적으로 기존에 없던 새로운 무언가의 효용을 입증하는 것은 상당히 어려운 일입니다. 그리고 사람들은 보통 새로운 변화보다는, 현재의 상태를 유지하는 것을 편안하게 받아들입니다. 만약 '사형 제도를 폐지해야 한다.'고 긍정 측에서 주장하면, 사형 제도를 폐지하면서 생길 부작용에 대한 걱정을 먼저 떠올리는 것을 예로 들 수 있습니다.

이처럼 긍정 측에게는 기본적으로 입증의 어려움과, 사람들이 변화에 대해 소극적이라는 불리함이 존재합니다. 아카데미식 토론에서는 이러한 유불리함의 격차를 극복하기 위해 구조적으로 긍정 측에게 유리함을 주고 있습니다. 즉, 토론의 첫 발언과 마지막 발언을 긍정 측이 함으로써 구조적으로 균형을 맞추는 것이라고 할 수 있습니다.

이처럼 긍정 측은 변화를 주장하며 토론을 시작하는 주체이며, 그에 맞추어 토론의 순서나 구조가 정해져 있습니다. 따라서 현재의 상황이나 일반적 인식을 변화시키고자 하는 쪽이 긍정 측이 되도록 논제를 설정해야 합니다.

> **Check Point 07.**
> 주제에서 논제를 뽑을 때는 논점이 분명하게 드러날 수 있도록 사실논제, 가치논제, 정책논제의 형태로 설정해야 한다.

같은 주제에 관해 토론을 하더라도 어떤 부분을 논의하고 싶은지가 다를 수 있습니다. 예를 들어 '대형마트 의무 휴업'을 주제로 토론을 할 경우에도, '대형마트 의무 휴업 제도'가 ⓐ 전통 시장의 활성화에 실제로 효과가 있었는지 사실 여부를 확인하고 싶을 수 있습니다. 또는 ⓑ

의무 휴업 제도가 현재 대한민국이 추구하는 가치에 있어서 바람직한 제도인지를 따져보고 싶을 수도 있고, ⓒ 대형마트를 정책적으로 쉬게 하는 것이 국민 전체에게 이익이 될지를 이야기할 수도 있습니다.

따라서 논제를 정할 때는 토론하고 싶은 부분에 따라 사실논제, 가치논제, 정책논제 중 적절한 형태를 찾아야 합니다. 위에서 이야기 한 논의하고 싶은 세 가지 부분을 각각 토론 논제로 설정하면 다음과 같습니다.

주제 《대형마트의 의무 휴업 제도》

논점	ⓐ 전통 시장의 활성화에 실제로 효과가 있었는가?	ⓑ 영업권을 제한하는 것이 사회적으로 바람직한가?	ⓒ 일반 국민들에게 도움이 되는 제도인가?
유형	사실논제	가치논제	정책논제
논제	대형마트의 의무 휴업 제도는 전통 시장 활성화에 효과가 있다.	대형마트의 의무 휴업 제도는 바람직한 제도이다.	대형마트의 의무 휴업 제도는 폐지되어야 한다.

ⓐ 논제에서 양측 토론자들은 해당 제도가 전통 시장 활성화에 실제로 효과가 있거나 없음을 증명할 수 있는 근거자료를 제시하며 토론을 할 것입니다. ⓑ 논제에서는 현재 대한민국이 추구하는 가치는 무엇인지, 그리고 그에 비추어볼 때 해당 제도가 바람직한 제도인지를 토론할 것이며, ⓒ 논제에서는 폐지의 필요성, 폐지했을 때 생길 문제점이나 장점 등을 논의할 것입니다.

단어

> **Check Point 08.**
> ☑ 논제에 사용된 단어는 일반적으로 보았을 때 그 의미가 분명한 단어여야 한다.

우리가 흔히 사용하는 단어 중에는 '빨리', '많이' 처럼 시간이나 양의 정도를 나타내는 추상적인 단어들이 많습니다. 하지만 이런 단어는 어떻게 해석하는가에 따라 주장하는 내용이 크게 달라질 수 있습니다.

예를 들어,《남북관계 개선을 위해 경제 협력 확대를 조속히 실시해야 한다.》라는 논제의 '조속히' 라는 단어는 그 기준이 분명하지 않습니다. 결국 긍정 측과 부정 측이 각자 '조속히' 를 어떻게 해석하느냐에 따라 그 주장의 내용이 달라질 수 있는데, 양측의 해석이 서로 다른 경우 토론이 제대로 진행되지 않을 수 있습니다.

긍정 측은 '조속히' 를 1년 이내로 상정하고 충분히 가능하다고 주장을 하는데, 부정 측에서는 지금 당장 또는 1개월 이내라고 이해하여 '당장은 불가능하다, 1년 정도의 시간은 필요하다.' 라고 주장한다면, 결국 양측은 같은 주장을 하는 것이 됩니다. 심지어 긍정 측은 '조속히' 를 2년 정도로 생각하고 2년 안에만 실시하면 된다고 생각하는데, 부정 측에서는 '조속히' 를 당장으로 생각해 '당장은 안 되고 1년은 필요하다.' 고 주장한다면, 오히려 양측 입장이 바뀐 상태로 토론하게 되는 것입니다.

반면《남북관계 개선을 위해 경제 협력 확대를 최우선 과제로 삼아야 한다.》로 논제를 정한다면 '경제 협력 확대'에 대해 '최우선 과제로 삼아야 한다.'와 '최우선 과제로 삼아선 안 된다.'로 양측의 입장이 분명하게 나뉠 수 있습니다.

이처럼 토론 논제에 사용하는 단어는 그 의미가 최대한 분명하여 긍정 측과 부정 측의 입장이 명확하게 구분될 수 있도록 해야 합니다. 또한 신조어나, 사전적 의미와 실제 사람들이 사용하는 의미에 차이가 있는 단어 등을 사용할 때는 사람들에게 그 의미를 사전에 공지하여야 합니다.

>   **Check Point 09.**
> 논제에 사용된 단어는 논의하고자 하는 주제에서 벗어나지 않도록 확대나 축소의 여지가 가능한 없어야 한다.

특정 주제에 대해 토론을 할 때 그 범위나 정도를 얼마나 넓히고 좁히는가에 따라 토론의 흐름이나 양측의 유불리가 크게 달라집니다. 그 때문에 토론에 참여하는 사람들은 의미가 불명확한 단어가 있을 때, 그 의미를 자신의 주장에 유리하게 해석하고 싶다는 유혹에 빠지기 쉽습니다.

예를 들어 안락사에는 적극적 안락사와 소극적 안락사가 있습니다. 만약 《안락사를 허용해야 한다.》를 논제로 설정한다면, 안락사의 범위를 어떻게 정의하는가에 따라 토론의 흐름이 크게 달라집니다. 이 경우 긍정 측에서는 청중의 거부감이 클 수 있는 적극적 안락사는 제외하고, 소극적 안락사에 대해서만 다루고 싶을 것입니다. 마찬가지로 부정 측에서는 적극적 안락사를 포함하여 토론하고 싶어 할 것입니다.

결국 긍정 측에서는 소극적 안락사만 가지고 이야기를 하고, 부정 측에서는 적극적 안락사에 대해 비판을 한다면 토론이 제대로 이루어지지 않을 가능성이 큽니다. 양측이 서로 각 쟁점에서 맞부딪치며 토론을 하는 것이 아니라, 넓은 의미 또는 좁은 의미에서 각자 다른 방향을 바라보며 주장을 할 수 있는 것입니다. 따라서 논제를 정할 때는 부연 설명을 해서라도 토론의 범위에 대해 명확하게 제시해야 합니다.

> **Check Point 10.**
> 논제에 사용된 단어는 한쪽에 치우치지 않도록 긍정적이거나 부정적인 의미를 담은 수식어가 없어야 한다.

논제에 사용되는 단어는 중립적이어야 합니다. '훌륭한', '잔인한'과 같이 주관적 평가가 반영된 수식어가 포함된다면, 청중은 양측의 주장을 듣기도 전에 어느 한쪽의 입장에 호감 또는 비호감을 가지고 토론을 보게 될 것입니다. 예를 들어《잔인한 모피 상품의 판매를 금지해야 한다.》를 논제로 정한다면, 청중은 모피 상품이 '잔인한' 것이라는 부정적인 인식을 가지고 토론을 보게 될 것입니다.

마찬가지로 어느 한쪽 주장이나 목적을 포함하는 논제도 적절하지 않습니다. 예를 들어《자유를 침해하는 대형마트의 의무 휴업 제도는 폐지되어야 한다.》라는 논제는 긍정 측의 핵심 주장 중 하나인 '대형마트의 의무 휴업 제도는 대형마트의 자유를 침해한 것이다.'를 담고 있는 논제입니다. 이 논제를 통해 청중은 긍정 측의 입장을 인지한 채로 토론을 보게 됩니다.

수식어뿐 아니라 '단어' 그 자체에도 긍정적 또는 부정적인 이미지가 담겨있을 수 있습니다. '청년 구직자를 위한 복지 정책'이라는 말에 비해 '백수를 위한 복지 정책'이라는 말은 부정적인 의미로 인식될 수 있습니다. 따라서 논제를 정할 때는 긍정, 부정적 의미가 담기지 않을 수 있도록 중립적인 단어로 작성해야 합니다.

논제가 '정책논제'인 경우

 Check Point 11.
(여러 가지 대안이 있는 경우) 논제는 가장 유력하거나 잘 알려져 있는 대안으로 만드는 것이 좋다.

'이번 여름 가족여행을 어디로 갈 것인가'에 대해 논의를 하게 되었다면 다양한 여행지가 후보에 오를 수 있습니다. 하지만 모든 여행지를 검토하고 논의한다면 시간도 많이 걸리고, 의견을 좁히기가 쉽지 않을 것입니다.

이때 그나마 많은 사람이 추천한 장소가 '일본'이라면 《이번 가족여행은 일본으로 가야 한다.》라는 논제로 토론을 하는 것이 효율적입니다다. 일본으로 가자고 주장하는 쪽에서는 상대적으로 적은 사람들만 설득하면 됩니다. 반면 다른 곳으로 여행을 가고 싶은 사람들도 일본으로 여행을 갈 때의 문제점이나, 싫은 이유 등을 제시하여 일본을 좋아하는 가족들이 다시 한 번 생각해보도록 유도할 수 있습니다. 만일 이런 과정을 통해 '일본'이 아닌 다른 곳으로 여행을 가기로 결정이 되더라도, 토론을 통해 제시되었던 쟁점(여행지를 선택할 때 고려해야 할 점 등)들을 바탕으로 다른 유력 후보지를 선정하기도 더욱 수월할 것입니다.

이처럼 여러 가지 대안 중 한 가지를 선택해야 하는 경우에는 가장 유력한 대안이 무엇인지, 보편적인 대안이 무엇인지를 찾아 논제로 설정하는 것이 좋습니다.

Check Point 12.
(현실성을 고려하기 위해) 논제에서 주장하는 대안을 실제로 수행해야 하는 주체를 명기해야 한다.

정책논제에서 주장하는 대안을 실제로 행동해야 하는 주체가 누구냐에 따라 해당 대안의 현실 가능성 등이 달라질 수 있습니다.

예를 들어《아파트 동 별로 분리수거장을 설치해야 한다.》라는 논제로 토론을 한다면, 그 주체는 '정부'일 수도 있고 'ㅇㅇ 아파트 입주자 대표회'일 수도 있습니다. 이때 주체가 '정부'라면 긍정 측에서 '장기적 환경보호를 위해 이 정도 비용은 감수할 수 있다.'고 주장을 할 수 있을 것입니다. 하지만 주체가 '○○ 아파트 입주자대표회'라면 오히려 많은 비용이 드는 점에 대해 부담스럽다며 반대하는 주장이 더 큰 목소리를 낼 수 있습니다. 이처럼 논제에서 행동 주체를 어디에 두느냐에 따라 '현실성'에 대한 논의가 전혀 달라질 수 있습니다.

따라서 논제를 정할 때는 양측이 대안의 실현가능성을 제대로 논할 수 있도록 행동 주체를 설정해야 합니다.

토론대회의 심사 준비

토론대회를 운영하는 측에서는 언제나 전문적이고 공정한 심사가 이루어지도록 노력하겠지만, 모든 참가자가 만족할 수 있게 만드는 것은 어려운 일입니다.

토론대회의 심사가 어려운 데에는 크게 두 가지 이유가 있습니다. 첫 번째는 토론을 전문적으로 심사하는 것 그 자체가 상당한 숙련도를 요구하는 일이기 때문입니다. 두 번째 이유는 토론대회의 참가자들이 자신의 토론을 객관적으로 보기 어렵다는 것입니다. 참가자들은 토론의 내용을 자기 입장에서만 부분적으로 기억하기 쉬우며, 심사 결과에 불만을 가지거나 이의를 제기할 수 있습니다. 이 두 가지 어려움을 극복하고 토론대회의 심사 및 운영이 원활히 진행되도록 하기 위한 몇 가지 방법을 소개합니다.

토론 심사의 어려움을 줄이는 방법

　토론대회를 운영해야 하는 입장에서는 토론 심사를 전문적으로 해낼 수 있는 심사위원을 구하는 것 자체가 어렵습니다. 수많은 주장과 근거가 쉴 새 없이 오고 가는 토론에서 심사를 하는 것은 토론 전문가라도 고도로 집중해야만 가능한 일입니다. 하지만 정확한 심사를 할 수 있을 만큼 토론을 교육받고, 연구해 본 사람은 많지 않습니다. 결국 대부분의 토론대회에서는 대학교수, 기자 등 다양한 분야의 전문가나 대회 관계자들로 심사위원을 구성하는 것이 일반적입니다. 이 경우의 심사위원은 토론과 토론 심사에 대한 전문 지식은 다소 부족한 경우가 많습니다.

　이처럼 토론에 전문적이지는 않은 심사위원들을 활용하여 최대한 공정하게 심사를 하고, 원활하게 진행을 할 수 있는 몇 가지 방법을 소개합니다.

① 심사표의 항목은 단순하게 만든다.

　토론을 엄밀하게 심사하기 위해서는 양측의 주장과 근거를 기록하며 어떤 근거가 어떻게 반박이 되었는지 그리고 그에 대한 재반박은 어떻게 이루어졌는지를 토론 흐름표에 자세히 적어야 합니다. 이는 매우 높은 집중력과 많은 노력이 필요한 일입니다. 심사의 경험이 적은 심사위원은 양측의 주장과 근거를 모두 적는 것만으로도 어려움을 느낄 수 있습니다. 결국 숙련되지 않은 심사위원의 평가는 청중과 마찬가지로 상당히 주관적인 평가가 될 가능성이 높습니다. 이런 상황에서 주관성을 완화하고, 심사위원이 이해한 것을 최대한 평가에 정확하게 반영하기 위해서는 심사표 항목을 단순하게 만들어야 합니다.

우선 평가 항목의 수가 많아지면 혼란을 유발할 수 있으므로 개수를 줄여 최대한 단순하게 해야 합니다. 그리고 각 평가 항목의 배점 방식은 10점 만점, 100점 만점으로 평가하기보다 상·중·하의 3단계로 평가하거나, 양측 중 어느 쪽이 더 잘했는지를 비교하여 점수를 줄 수 있도록 하는 것이 좋습니다. 이처럼 평가 방식을 최대한 단순하게 만든다면 심사위원의 생각을 평가에 잘 반영할 수 있으며, 청중과 토론자도 평가에 쉽게 납득할 것입니다.

우측의 표는 평가 항목을 최대한 단순화시킨 세다토론 심사표 예시입니다. 양측의 각 발언에 대해 입론과 반론은 5점씩, 교차조사는 3점씩 평가를 하도록 하고 있습니다. 3점 만점은 상/중/하로 나누어 평가하고, 5점 만점의 경우에도 상(4)/중(3)/하(2)를 기본으로 하되 특별한 경우에 극상+(5), 극하-(1)를 두어 채점하는 것입니다. 상/중/하의 비중을 어떻게 둘 것인지도 미리 결정하는 것이 좋습니다.

세다토론 평가기준

점수	1	2(1)	3(2)	4(3)	5
기준	매우 부족	부족	보통	잘함	매우 잘함
비율	5%	30%	30%	30%	5%

* ( )는 3점 만점 기준

세다토론 평가표

긍정 측		부정 측	
발언자	점수	발언자	점수
1토론자 입론	/5		
		2토론자 교차조사	/3
		1토론자 입론	/5
1토론자 교차조사	/3		
2토론자 입론	/5		
		1토론자 교차조사	/3
		2토론자 입론	/5
2토론자 교차조사	/3		
		1토론자 반론	/5
1토론자 반론	/5		
		2토론자 반론	/5
2토론자 반론	/5		
종합 점수	/5	종합 점수	/5
총점		**총점**	

② 토론 순서 안내 및 시간 체크 등의 진행을 맡을 진행요원을 따로 둔다.

　토론을 할 때 참가자들은 각 발언마다 주어진 시간과 순서에 맞게 발언을 해야 하며, 발언 시간을 초과할 경우 감점 등의 불이익이 주어집니다. 하지만 숙련되지 않은 심사위원의 경우 아카데미식 토론에서 각 발언의 순서나 주어진 시간을 혼동할 수 있습니다. 따라서 이 부분에 대해 심사위원의 부담을 덜어주는 것이 필요합니다. 그러므로 각 경기마다 토론 순서를 확인하고, 고지하고, 또 시간도 체크하는 역할은 진행요원에게 맡기는 것이 좋습니다. 그리고 시간 초과로 인한 감점 등의 문제는 경기가 끝난 후 진행요원이 파악하여 심사위원들에게 따로 전달하도록 한다면, 심사위원들은 토론을 듣고 평가하는 데에만 집중할 수 있을 것입니다.

심사 결과에 대한 참가자들의 불만을 줄이는 방법

　토론대회에 참가한 토론자들은 경기가 끝나고 나면 실제 내용과 관계없이 자기 팀이 이겼다고 생각하는 경향이 있습니다. 토론을 하다 보면 자신의 의견을 주장하느라 상대측의 이야기를 잘 듣지 못하기 쉽고, 청중의 반응을 살피기가 힘들기 때문입니다.

　하지만 이처럼 상대측의 주장과 근거를 잘 듣지 못하고, 청중의 반응을 파악하지 못하는 참가자라면 오히려 토론에서 질 확률이 더 높습니다. 이 때문에 자신의 생각과 다른 결과가 발표되면 경기 결과에 승복하지 못하는 참가자들이 생기고, 더 나아가 판정에 이의를 갖거나 항의하는 경우도 있습니다. 그렇다면 참가자들이 결과에 승복하도록 하고, 불만을 최소화하기 위해서는 어떻게 해야 할까요?

① 심사위원들에게 참가자와 대화하지 말라고 사전에 공지한다.

　토론대회의 참가자들은 상당히 긴장하고, 예민해진 상태입니다. 이 때 심사위원들이 참가자들의 긴장을 풀어주기 위해 말을 걸거나, 개인적인 관심에서 이것저것 물어보는 경우가 있습니다. 하지만 참가자들은 토론의 승패에 집중한 만큼 심사위원의 작은 행동도 심사결과에 영향을 미치지는 않을지 신경을 씁니다. 그 때문에 토론에 패배하는 등 심사 결과가 만족스럽지 않을 때, 토론의 내용이 아닌 심사위원의 태도를 가지고 공정성을 의심하거나 이의를 가질 수도 있습니다.

　이를 원천적으로 차단하는 가장 좋은 방법은 심사위원이 참가자에게 말을 걸지 않도록 하는 것입니다. 심사 전에 심사위원 교육을 통해 위와 같은 이유를 설명하여 참가자들에게 말을 걸지 말라고 공지해야 합니다. 만약 참가자에게 말을 걸거나 확인해야 할 사항이 있을 경우에는 심사위원이 아닌 사회자나 진행요원을 통해서 하도록 해야 합니다.

② 심사위원에게 참가자의 오해를 살 수 있는 행동을 하지 말라고 공지한다.

　한 시간 가량 이어지는 토론을 집중력 있게 듣는 것은 굉장히 힘든 일입니다. 뿐만 아니라 예선전부터 같은 주제로 진행되는 토론을 여러 차례 심사하게 된다면 상당히 지루할 수 있습니다. 그렇다 보니 아주 드문 일이지만 심사위원들이 토론에 집중하지 않거나 심한 경우에는 조는 모습을 참가자들에게 보이기도 합니다. 심사위원의 입장에서는 아주 잠깐 집중하지 않았을 뿐이지만, 토론을 하고 있는 참가자들은 해당 심사위원의 집중하지 않는 태도가 자신에게 불이익으로 작용하지 않을까 걱정합니다.

뿐만 아니라 간혹 심사위원이 토론을 잘 듣고 정리하기 위해서, 눈을 감고 생각하며 듣는 모습이 참가자들의 입장에서는 조는 모습으로 보일 수 있습니다. 따라서 심사위원이 참가자들의 토론을 평가하고 있듯, 참가자들 역시 심사위원이 자신의 토론을 잘 듣고 있는지 관찰한다는 사실을 심사위원들에게 미리 공지하여 위와 같은 일들 때문에 생길 수 있는 참가자들의 오해를 방지해야 합니다.

③ 각 경기가 끝나고 심사위원이 채점하기 전에 참가자들과 청중들을 퇴장시킨다.

참가자는 심사에 대해 크게 신경을 쓸 수밖에 없습니다. 청중 역시 이전 토론 경기에 져서 탈락한 참가자이거나, 참가자의 지인인 경우가 많기 때문에 참가자와 마찬가지로 심사에 대해 상당히 신경을 쓰게 됩니다. 따라서 심사위원이 심사하는 도중에 참가자나 청중이 주위에서 머물거나 지나다니게 되면 심사표나 평가 내용을 신경 쓰며, 보고 싶어 할 수 있습니다. 그리고 심사위원이 채점을 하고 정리하는 과정에서 별 생각 없이 참가자에게 말을 걸거나, 심사위원끼리 대화를 하는 것에 대해서도 참가자들은 민감하게 받아들일 수 있습니다.

이로 인해 나타날 수 있는 문제들을 예방하기 위해, 토론이 끝나면 심사위원들이 평가를 정리하고 채점을 하거나 점수를 합산하는 동안 참가자들을 퇴장시키는 것이 좋습니다. 또한 참가자와 심사위원, 그리고 청중의 자리를 배치할 때에는 참가자나 청중에게 심사표가 보이지 않도록 유의해야 합니다.

④ 토론의 심사에 관해서는 공개하지 않는 것을 원칙으로 하며, 참가자들에게는 이에 동의하고 결과에 승복하겠다는 서약서를 받는다.

토론대회에서는 결국 우승을 하는 한 팀을 제외하고는 모든 팀들이 한번 이상 지게 됩니다. 그리고 참가자들은 자신이 이기기를 바라고, 또는 이길 것이라고 예상을 하기 때문에 자신이 졌다는 심사결과를 받아들이기 어렵습니다. 그래서 대회를 운영하다 보면 자신의 토론에 대한 심사 내용을 볼 수 있는지 묻거나, 이를 요청하는 참가자를 만날 수 있습니다.

하지만 심사 내용은 공개하지 않는 것을 원칙으로 하는 것이 좋습니다. 토론의 심사는 분명 주관적인 부분이 많이 반영되기 때문에 참가자와 심사위원 그리고 청중의 판단이 모두 다를 수 있습니다. 뿐만 아니라 심사위원들은 심사지에 심사 결과뿐 아니라 자신의 생각이나 메모를 남겨놓기도 합니다. 그 때문에 참가자나 청중이 심사 내용을 보게 된다면 오히려 더 많은 불만을 갖거나, 오해를 할 수 있습니다.

그 외에도 참가자들이 보다 심사 결과에 동의할 수 있도록, 참가 신청을 받을 때부터 참가자에게 심사에 대해 공개하지 않는 원칙에 동의하며 결과에 승복하겠다는 서약서를 받는 것이 좋습니다.

　이처럼 토론대회를 운영할 때는 심사위원에게 참가자들이 심사에 예민할 수밖에 없다는 것을 충분히 인지시키고, 공정하게 심사할 수 있도록 사전교육을 하는 것이 필요합니다. 대회의 취지나 환경에 따라 대회의 운영 방법은 달라질 수 있지만, 기본적으로 '토론을 전문적으로 심사하는 것은 어렵다.'는 점과, '심사에 대한 참가자들의 불만을 최소화시켜야 한다.'는 점을 기억한다면 토론대회를 원활하게 운영할 수 있을 것입니다.

4장

논거를 활용한 설득 노하우

논거 이해하기

우리는 발표·토의·토론 상황에서 다른 사람들을 설득하기 위해 주장을 하고 그에 대한 근거를 듭니다. 어떤 경우에는 우리의 주장이 쉽게 받아들여지지만, 반대로 잘 받아들여지지 않는 경우도 많습니다. 우리의 주장이 더 잘 받아들여지도록 설득력을 높이기 위해 우리는 '논거'에 대해 이해해야 합니다. 왜냐하면 논거는 우리의 주장과 근거가 청자를 설득할 수 있을지를 결정하는 가장 중요한 요소이기 때문입니다.

먼저 '논거'를 정확하게 이해하기 위해서는 '주장'과 '근거'에 대한 명확한 정의가 필요합니다. '주장'이란 청자가 받아들였으면 하는 생각을 말과 글로 표현한 것입니다. 그리고 '근거'는 주장을 뒷받침하는 추론이나 자료, 예시 등의 것들입니다. 청자가 보았을 때 주장이 근거에 의해 적절하게 뒷받침되었다면, 이를 '입증되었다'고 말합니다. 이렇게 어떤 주장이 입증되었다면 청자가 그 주장에 설득될 가능성도 커집니다. '논거'는 우리가 자신의 근거를 타당하다고 생각하는 당연한 이유이며, 청자에게는 입증이 되고, 안 되고를 결정하는 기준입니다.

갈비뼈가 부러지면 홍화씨를 먹어야 해. 왜냐하면 예전부터 민간요법에서 홍화씨는 뼈가 붙는 데에 효과가 좋다고 전해져 왔기 때문이야.

위 사례에서 주장은 '갈비뼈가 부러지면 홍화씨를 먹어야 한다.'이고, 그 근거는 '민간요법에서 홍화씨가 뼈 붙는 데에 효과가 좋다고 전해진다.'입니다. 그리고 이 주장과 근거에는 화자가 따로 말을 하지는 않았지만 '민간요법은 효과가 있다.'라는 논거가 있습니다. 청자가 평소에 화자와 마찬가지로 민간요법을 믿고 있다면, 화자의 말이 타당하다고 생각하고 동의할 수 있습니다. 반대로 민간요법을 불신하는 사람이라면 화자의 주장이 적절하지 않다고 판단하고 반대할 것입니다.

이처럼 논거는 평소 사람들에게 잘 인지되지는 않지만, 화자가 주장과 근거를 제시하는 순간 청자의 머릿속에 드러나는 생각입니다. 그 생각이 무엇이냐에 따라 청자는 화자의 주장과 근거가 맞는 말이라고 동의하기도 하고, 동의하지 않기도 하는 것입니다.

청자는 화자의 근거가 주장을 적절하게 뒷받침하는가를 본인이 가진 논거를 기준으로 판단합니다. 그러므로 화자가 청자를 잘 설득하려면 청자의 논거에 부합하는 근거를 제시해야 합니다.

논거 활용하기

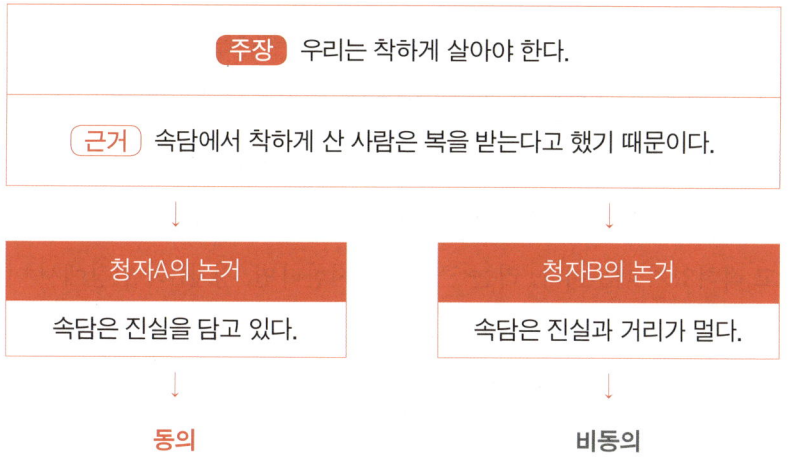

위 주장과 근거를 본 청자의 논거가 '속담은 진실을 담고 있다.'라면, 논거가 근거를 지지하기 때문에 '착하게 살아야 한다.'라는 주장이 받아들여지게 됩니다. 하지만 청자가 가지고 있는 논거가 '속담은 진실과 거리가 멀다.'라면 청자는 위 근거에 동의하지 않고, 결국 주장도 받아들여지지 않을 것입니다.

청자가 주장을 받아들이지 않는 경우, 논거의 속성을 활용하여 다시 설득할 수 있는 방법이 두 가지 있습니다. 위 사례를 바탕으로 두 가지 방법에 대해 구체적으로 살펴보도록 하겠습니다.

근거를 다른 것으로 바꾸어 제시하라.

　같은 주장이라도 다른 근거를 제시한다면 청자도 새로운 논거를 가지고 판단합니다.

　위 사례에서 청자가 가지고 있는 논거가 '속담은 진실과 거리가 멀다.'라면 화자는 설득에 성공하지 못할 것입니다. 화자가 청자B를 설득하고 싶다면, 다른 근거를 제시하여 주장을 뒷받침할 수 있습니다.

　기독교 신자인 청자B에게 '성경에 "착하게 산 사람은 복을 받는다."고 적혀있기 때문이다.'라는 근거를 제시한다면, 청자B의 입장에서 이 새로운 근거는 주장을 충분히 뒷받침할 수 있을 것입니다. 이렇게 두 번째로 제시한 근거가, 새로운 논거에 의해 지지가 된다면 기존의 주장은 전과 달리 설득력이 생기고, 받아들여지게 됩니다.

〈다른 근거 제시하기〉

| 주장 | 우리는 착하게 살아야 한다. |

기존 근거	다른 근거
속담에 착하게 산 사람은 복을 받는다고 했기 때문이다.	성경에 '착하게 산 사람은 복을 받는다.'고 적혀있기 때문이다.
↓	↓
청자B의 기존 논거	**청자B의 다른 논거**
속담은 진실과 거리가 멀다.	성경은 신의 말을 기록한 책이기 때문에 맞는 말일 것이다.
↓	↓
비동의	동의

나의 근거에 반대하는 상대방의 논거를 변화시켜라.

상대방의 논거를 변화시키기 위해서는 상대방의 논거를 부정하는 새로운 주장과 근거를 제시해야 합니다. 여기서 중요한 점은 새로운 주장과 근거에 대한 청자의 새로운 논거가, 기존의 논거를 변화시킬 수 있을 만큼 강력한 것이어야 한다는 점입니다. 이는 상대방의 논거에 부합하는 새로운 근거를 제시하는 것보다는 어려운 방법이지만, 성공한다면 근본적인 설득을 이루어낼 수 있는 방법이기도 합니다.

앞선 사례에서 청자B의 기존 논거인 '속담은 진실과 거리가 멀다.'를 변화시키고자 한다면, 새로운 주장으로 '속담은 옛 지혜가 담긴 이야기이므로 맞는 것이다.'를 제시할 수 있습니다. 그리고 그에 대한 근거로 '당신(청자) 아버지가 이 속담은 맞는 말이라고 했기 때문이다.'를 들 수 있습니다.

이때 청자에게 '우리 아빠가 하는 말은 언제나 옳다.'라는 강력한 믿음이 있다면, 청자B의 기존 논거인 '속담은 진실과 거리가 멀다.'라는 생각도 변하게 될 것입니다. 그리고 기존의 논거가 변함에 따라 화자가 처음 제시했던 주장인 '우리는 착하게 살아야 한다.' 역시 받아들일 수 있게 됩니다.

이처럼 청자가 가진 더 강력한 논거를 찾아내서 청자의 논거를 변화시킨다면, 청자는 처음의 주장에 대한 근거를 받아들이게 되고, 결과적으로는 화자의 주장에 설득될 것입니다.

〈논거를 변화시키기〉

주장 우리는 착하게 살아야 한다.

기존 근거 속담에 착하게 산 사람은 복을 받는다고 했기 때문이다.

↓

| 청자B의 기존 논거 | → | ★ 논거를 변화시킬 수 있는 새로운 주장 제시 |

청자B의 기존 논거: 속담은 진실과 거리가 멀다.

↓
비동의

새로운 주장 속담은 옛 지혜가 담긴 이야기이므로 맞는 것이다.

새로운 근거 당신(청자) 아버지가 이 속담은 맞는 말이라고 했기 때문이다.

↓

청자B의 더 강력한 논거
우리 아빠가 하는 말은 언제나 옳다.

↓

새로운 주장에 동의

↓

청자B의 논거 변화: 속담은 옛 지혜가 담긴 이야기이므로 맞는 것이다.

↓

기존 근거 및 주장에 동의

토론교육 상황에서 흔히 발견되는 실수 3

> **팀 토론에서 개인플레이에 집중한다.**

　중·고등학생부터 대학생들이 참가하는 대부분의 토론대회는 2명 이상의 인원이 팀을 구성하여 대결을 펼치는 아카데미식 토론 방식으로 운영된다. 하지만 이렇게 팀 대결 토론을 준비함에도 불구하고 개인플레이를 즐기는 참가자도 많다.

긍정 측: 아까 부정 측에서 '난민 수용이 곧 범죄로 이어진다.'고 설명하셨죠?

부정 측: 아니요, 그런 말 한 적 없습니다.

긍정 측: 부정 측 입론에서 난민 범죄가 증가한다고 사례를 들어 말하시면서, 이 같은 발언을 하시지 않으셨나요?

부정 측: **제가 난민 범죄를 말하진 않았습니다.**

긍정 측: 부정 측이 분명 이렇게 말씀하시지 않으셨나요?

부정 측: 그러니까 이건 **제가 아니라, 아까 처음 입론한 토론자가 말했어요.**

긍정 측: 그래도 이번 교차조사 시간에 이에 대한 질문을 하려고 합니다.

부정 측: 난민 범죄 문제는 이따가 처음 말한 토론자께 말씀하시죠.

위 사례 역시 고등학교 토론대회의 한 장면이다. 이 토론에서 부정측 토론자는 자신이 직접 말한 것이 아니라는 이유로, 같은 팀원의 발언에 대한 긍정 측의 교차조사를 회피하고 있다. 부정 측에서 시종일관 이런 태도를 보인다면 부정 측이 이기긴 어렵다.

하지만 막상 토론대회를 진행하다 보면 이처럼 대응하는 학생들을 종종 목격할 수 있다. 의외로 이런 장면이 자주 목격되는 이유는, 토론을 준비하는 과정에서 팀원들의 생각이 충분히 공유되지 못했거나, 팀원 개개인의 주장이 다를 수 있다는 생각 때문이다.

토론은 '긍정 1번째 토론자 vs 부정 1번째 토론자', '긍정 2번째 토론자 vs 부정 2번째 토론자' 이런 식의 개개인들의 대결구도가 아니라, 긍정(팀)과 부정(팀)이 대결하는 구도이다. 그래서 팀원 한 명 한 명의 생각과 주장은 전체 팀의 입장과 일치해야 하고, 토론 중 내가 한 발언은 우리 팀 전체의 생각이라고 여겨야 한다.

이 같은 사례 외에도, '나 혼자 잘하면 상대 팀을 상대할 수 있어.', '우리 팀의 에이스가 알아서 잘해줄 거야.'와 같은 생각으로 토론을 준비하거나 진행하면서 팀원 한 명에 의지하는 경우도 있다. 하지만 팀 단위 토론에서는 한 명이 아무리 고군분투(孤軍奮鬪)해 봤자 이기긴 힘들다.

아카데미식 토론에서는 각 토론자마다 발언을 할 수 있는 시간과 순서가 제한되어 있다. 결국 모두가 골고루 발언을 해야 하는데 만약 팀원 중 한 명이 약점으로 노출된다면 상대 팀 역시 이를 놓치지 않고 집요하게 공격할 수 있다. 대부분의 스포츠와 비슷하게, 토론대회에서 우승하기 위해서는 팀의 에이스인 공격수도 출중해야 하지만, 수비수 역시 제 역할을 다해야만 한다.

　또한 토론대회의 심사평가표에는 팀워크, 협동심을 평가하는 항목이 있어, 심사위원에 따라서 이 부분에 가중치를 두는 사람도 많다. 따라서 팀원 모두가 활약할 수 있도록 토론을 함께 준비하고 진행해야 한다. 게다가 팀원이 함께 준비하는 과정을 통해 토론교육의 효과뿐만 아니라, 학생들의 협동심과 리더십을 양성하는 것도 가능하다.

대선 토론은 우리 사회의 가장 큰 토론이자
민주주의의 축제라고 할 수 있다.

5부

대선 토론으로 '토론을 보는 눈' 기르기

1장 | 대선 토론의 특징
2장 | 16대 대선 토론 분석
3장 | 17대 대선 토론 분석
4장 | 18대 대선 토론 분석
5장 | 19대 대선 토론 분석

1장

대선 토론의 특징

　대선 토론은 민주주의 토론의 백미라 할 수 있다. 대통령은 수많은 정책들을 결정할 수 있는 권한을 가진 자리이기 때문에, 각 정당과 후보자들은 대선에서 승리하기 위해 모든 역량을 대선 토론에 쏟아 붓는다. 후보자들의 한마디 한마디가 언론에 보도되고, 국민들은 누가 우리 사회에 필요한 지도자인지 고민하면서 토론을 시청하고 의견을 나누기도 한다. 따라서 대선 토론은 우리 사회의 가장 큰 토론이자 민주주의의 축제라고 할 수 있다.

　대선 토론은 여러 가지 이슈를 동시에 다루기 때문에 복잡하게 전개되곤 한다. 또한 단순히 논제에 관한 입장을 펼치는 데 그치지 않고 정치적 이해관계를 고려하여 발언하기도 한다. 그러나 우리 사회에서 벌어지는 가장 큰 토론의 장인 대선 토론을 살펴보고 이해하는 것은, 토론에 대한 이해를 높이는 동시에 올바른 민주시민으로서의 역량을 기를 수 있는 좋은 기회가 될 것이다. 이하에서는 지난 대선 토론에서 대통령 후보자들의 발언을 분석함으로써 토론에 대한 이해를 돕고자 한다.

대선 토론 이해하기

대선 토론 역시 청중을 설득한다는 점에서는 다른 토론과 같다. 다만 다른 토론은 논제에 관한 자신의 입장을 청중에게 설득하지만, 대선 토론은 자신이 대통령으로서 자격이 있다는 점을 청중에게 설득한다는 점에서 다르다. 대선 토론과 다른 토론의 차이점을 살펴보면 다음과 같다.

첫째, 대선 토론은 하나의 논제가 아닌, 여러 논제를 복합적으로 다룬다. 이는 후보자들이 여러 사회 이슈에 대하여 어떠한 생각을 갖고 있는지를 살펴보기 위해서이다. 따라서 논제 하나를 두고 깊게 논쟁하는 일반적인 토론보다는 상대적으로 가볍게 논제를 다루게 되고, 토론자가 주제에 관한 자신의 입장을 밝히는 정도에서 토론이 진행되는 경우가 많다.

둘째, 대선 토론은 '토론자'가 중요한 토론이다. 일반적인 아카데미식 토론은 토론자 자체보다 토론자의 '발언'이 중요하다. 어떤 발언이 더 논리적이고 타당한지에 따라 승패가 결정되는 것이다. 이와 달리 대선 토론은 얼마나 논리적으로 발언하는지를 보이는 것보다 토론자가 대통령에 적합한 인물임을 보여주는 것이 중요하다.

셋째, 대선 토론은 선거에서의 득표를 목적으로 한 토론이다. 따라서 논제에 관해 자신의 입장을 청중에게 설득하기보다는, 더 많은 표를 얻기 위해 토론을 수행한다. 보수 후보가 적극적으로 복지정책을 주장하거나, 진보 후보가 안보에서 강경한 모습을 보여주는 것이 이러한 경우에 해당한다. 청중들이 후보자에 대해 우려하는 부분을 파악하고, 이에 대응함으로써 자신을 선택할 수 있도록 만드는 것이다.

이러한 세 가지 특징에 유의해서 16대부터 19대까지 대선 토론을 살펴본다. 후보자들이 자신의 지지율을 극대화하기 위해 복잡한 이슈에 어떻게 대처했고 자신을 어떻게 검증하였는지를 살펴보면서, 대선 토론을 이해하는 새로운 시각을 갖고 토론역량을 향상시키는 성과를 얻을 수 있기를 기대한다.

이하 대통령 후보자는 편의상 ○○○ 후보로 기술한다.

2장

16대 대선 토론 분석

총평

    16대 대선은 '노무현' 선거였다고 보아도 무방하다. 누구도 노무현 후보가 대통령이 될 것이라 생각하지 않았지만, 노풍(盧風)이라는 말처럼 무섭게 지지율을 높이는 데 성공했고, 마침내 대선에서 승리하였기 때문이다. 실제로 노무현 후보는 민주당 내에서도 유력한 대선후보가 아니었다. 민주당 경선 시작 전 여론조사 지지도를 살펴보면 한나라당 이회창 후보는 46%, 민주당 이인제 후보는 12%인데 반해 노무현 후보는 2%에 불과했다. 여론조사로만 보면 노무현 후보는 당선될 가능성이 없었다고 보아도 틀린 말이 아니었다. 그럼에도 노무현 후보는 승리했다.

    노무현 후보가 대선에서 승리할 수 있었던 가장 큰 원동력은 두 가지 정도로 살펴볼 수 있다. 첫째, 노무현 후보의 삶과 그가 토론에서 제시한 비전이 일치하여 신뢰를 주었기 때문이다. 노무현 후보의 메시지였던 지역주의 타파, 약자 옹호는 그가 걸어온 삶 자체였다. 둘째, 노무현 후보의 비전과 메시지가 시대의 변화상을 적절히 짚어냈다. 당시에는 지역주의가 심화되고 있었고, 불평등으로 인해 사회적 약자들이 출현하였다. 결국 노무현 후보가 승리할 수 있었던 이유는 시대를 관통하는 메시지를 진심을 다해 외쳤다고 받아들여졌기 때문이다.

노무현 후보 - 경선

#낮은 지지율
#동서화합
#적극적 이슈 대응
#진실성

경선에서 이인제 후보, 한화갑 후보와 맞서게 된 노무현 후보가 불리한 지지율을 극복할 수 있었던 이유는, 노무현 후보가 대중에게 신뢰를 주는 삶을 살았고, 청중의 마음을 울리는 발언을 적절히 해냈기 때문이다. 이를 살펴보면 다음과 같다.

첫째, 노무현 후보가 제시하는 비전은 노무현의 삶과 일치했다. 16대 대선에서 노무현 후보는 '동서화합'을 비전으로 제시했다. 영남과 호남 간 갈등을 멈추고 미래를 향해 나아가자는 것이었다. 이 비전은 노무현 후보의 삶과 닮아있다. 노무현 후보는 영남 출신으로 호남의 지지를 강하게 받는 민주당 소속 정치인이었다. 그리고 그는 지역주의를 타파한다는 이유로 당시 민주당으로서는 당선을 기대하기 힘들었던 지역에 출마하여 떨어지기도 하였다. 또한 그는 김영삼이 발탁하고, 김대중 아래서 장관을 수행한 사람이었다. 이러한 노무현의 삶은 그 자체가 동서화합의 메시지가 되었다.

"노무현이 대통령 되면 무엇이 달라질 것인가. 92년 대선 개표했을 때 영남은 환호했지만 호남은 침묵했습니다. 97년 개표에서는 호남이 환호했고 영남은 시큰둥했습니다.

이래서 나라가 되겠습니까? 그래서 나라가 어렵고 개혁이 제대로 안됐습니다. 올해 12월 개표했을 때는 **광주에서도 대구, 부산, 대전, 그리고 인천에서도 함께 환호하는 박수가 터져 나와야 합니다.** 그래야 민주당이 성공합니다. 성공한 정부, 성공한 대통령이 될 수 있습니다. 우리 완벽한 성공 이룩해봅시다."

— 민주당 인천 경선 연설

특히, 지역갈등은 다들 문제로 생각은 하고 있었지만, 지역갈등을 유지하는 것이 유리한 정치인들은 침묵하고 있었다. 그러나 노무현 후보는 목소리를 내었다. 이와 같이 지역주의를 이용하기보다는 해소하려는 노무현 후보의 비전은 제시하기는 어렵지만 당위성은 강한 전략이었다. 누구나 지역갈등이 옳지 않다는 것은 알고 있었기 때문이다. 이처럼 노무현 후보는 자신의 메시지와 신념을 선거에 적극 활용하였고, 그것이 선거에서도 유리한 결과를 가져왔다고 볼 수 있다.

둘째, 노무현 후보는 청중의 감정을 뒤흔들 수 있는 발언을 하였다. 당시 민주당 내에서는 갑자기 높아지는 노무현 후보의 지지율을 경계하며 견제하는 모습이 나타나기도 했는데, 노무현 후보는 이를 '자살골', '협박정치'라는 시민의 눈높이에 맞춘 언어로 대응함으로써 오히려 자신을 지지하는 여론을 조성하는 데 성공했다.

또한 당시 노무현 후보에게는 장인이 좌익활동을 했고 본인 역시 친북 세력이 아니냐는 의혹이 제기되었는데, 이를 아래와 같이 대처하였다.

(가) "제 장인은 좌익활동 하다 돌아가셨습니다. 해방되는 해 실명해서 앞을 못 봐 무슨 일을 얼마나 했는지 모르겠지만 결혼 한참 전에 돌아가셨습니다. 저는 그 사실 알고도 결혼했습니다. 그래도 아이들 잘 키우고 잘 살고 있습니다. **뭐가 잘못됐습니까? 이런 아내를 제가 버려야 합니까? 그러면 대통령 자격이 있고, 이 아내를 그대로 사랑하면 대통령 자격이 없다는 것입니까?** 이 자리에서 여러분이 심판해 주십시오. 여러분이 자격이 없다고 하신다면 대통령 후보 그만두겠습니다. 여러분이 하라고 하면 열심히 하겠습니다."

(나) "제 색깔이 뭐냐고 묻지 마십시오. 민주당 색깔입니다. 노무현이가 친북 세력이냐고 묻지 마십시오. **저는 사병으로 가서 마치고 돌아왔고 아들도 27사단에서 60미리 박격포 메고 충실히 군대생활하고 돌아왔습니다.**"

- 민주당 인천 경선 연설

위와 같이 노무현 후보는 '아내를 사랑하면 대통령 자격이 없는 것인가?'라고 반박을 하는데, 이는 사상 검증을 '아내와의 관계'로 관점을 바꿔 응수한 것이다. 질문을 한 쪽에서는 후보의 사상이 의심스럽다고

주장하면서 근거로 가족을 제시한 것이지만, 노무현 후보는 반대로 가족의 가치를 내세웠다. 이러한 대처는 청중들의 감정을 뒤흔들어 놓았다. 또한 친북세력이 아니냐는 '색깔론'도 노무현 후보는 사병으로 군 복무를 했고, 아들도 군대를 다녀왔다는 이야기로 대응했다. 이를 통해 노무현은 상대방의 공격을 무위로 돌릴 수 있었고, 경선을 거치면서 낮은 지지율을 극복할 수 있었다.

정리하자면 노무현 후보는 걸어온 길과 나아갈 것이라 제시한 길이 같아 믿음을 주었고, 청중의 눈높이에 맞는 말을 하면서 청중의 공감을 살 수 있는 호소력 있는 발언을 하였다. 그리고 이를 통해 '노무현' 그 자체가 메시지로서 사람들에게 확산될 수 있었다.

노무현 후보 - 대선

#품격 있는 토론
#상대방에 대한 존중
#설득력

품격 있는 토론 태도

노무현 후보는 경선과 연설에서는 청중을 휘어잡을 수 있는 호소력을 보여주었지만, 대선 토론에서는 철저하게 정중한 태도로 임하면서 품격 있는 토론 태도를 보여주었다. 자신에 대한 네거티브 공격이나,

논리로 다툴 때에도 상대방 후보를 존중하는 태도로 토론에 임했다.

많은 토론자들이 확실한 논리로 상대를 압박하려고 하고, 이 때문에 공격적인 모습을 보이기도 한다. 그러나 이러한 방식의 토론은 청중에게 논리보다는 흥분한 모습만 남기게 되고, 토론자를 부정적으로 평가하게 만드는 요소가 되기도 한다. 그런 점에서 노무현 후보는 본인이 논리적으로 앞서고 있더라도, 철저하게 상대를 존중하며 정중한 태도로 토론에 임하는 모습을 보여주었다.

이회창 후보: 지금 부정부패 때문에 대통령 아들에 대한 특검제가 나왔을 때도 반대하신 것으로 알고 있고, 당에서 정풍운동이 일어났을 때 노무현 후보는 반대 입장에 선 것으로 압니다. 그러면서 동교동계에 대한 비호를 한 것으로 압니다. 그것으로 그 대가인지 모르겠지만 장관까지 하셨습니다.

노무현 후보: 우리 이회창 후보께서 좀 **급하셨는지** 특검제를 **제가** 반대했던 것으로 말씀하셨는데, 그런 사실은 없습니다. **다시 확인해주시기 바랍니다.** 두 번째로 민주당의 정풍운동에 반대하고 대가로 장관 했느냐고 물으셨는데, 제가 장관 했던 것은 2000년이고 정풍운동은 2001년입니다. 순서가 거꾸로 되었기 때문에 이것도 사실에 맞지 않습니다.

-16대 1회 대선 토론

위 사례를 보면, 노무현 후보는 사실과 다른 공격이 들어왔지만 그것을 빌미로 상대를 힐난하거나 강하게 받아치지 않고 정중한 어조와 태도를 유지했다. 노무현 후보는 권력에 빌붙어 장관을 했느냐는 강한

네거티브 공격에도 '급하셨다.', '다시 확인해 주시기 바랍니다.' 같은 부드러운 표현을 바탕으로 천천히 사실관계를 밝히면서 정중하게 대처했다. 일국의 대통령이 보여줄 법한 포용적인 태도로 네거티브 공격을 대응한 것이다.

현실과 대안, 해결을 모색하는 모습 강조

 토론에서 상대의 주장을 비판하는 것은 자신의 입장을 상대적으로 강조하기 위해 필요한 과정이다. 그러나 많은 사람들이 상대의 논리를 꺾는 데 집중하여 대안을 제시하는 것을 잊기도 한다. 대선 토론은 사회문제들을 해결해나갈 대통령을 뽑는 토론이므로, 다른 후보자를 비판하느라 대안을 제시하는 데 소홀해서는 안 된다.
 이러한 점에서 노무현 후보는 문제를 제기하는 사람에 그치지 않고 현실적으로 문제를 고민하는 이미지를 강조하였다. 대선 토론 전인 경선에서도 노무현 후보는 특히 자신의 삶과 밀접한 관계가 있는 노사분규의 해결에 있어 일방적인 입장을 대변하기보다, 해법을 모색하는 모습을 보여주었다.

> "앞으로 경제가 잘 되려면 노사화합이 잘돼야 합니다. 저는 현대차 분규 현장에 들어가 공권력 투입 막고 분규를 해결했습니다. 대우차 문제에서도 인천지역 의원과 지구당이 노력해도 힘들었을 때 중앙당에서 누가 나섰습니까? 제가 나서 계란 세례 맞아가며 설득했습니다. 그래서 대우차 문제 풀려가고 있지 않습니까? **노사화합 통해 우리 경제 확실히 살려내겠습니다.**"
>
> - 민주당 인천 경선 연설

경선에서의 발언과 같이 노무현 후보는 지지기반이었던 노동자들에게 계란도 맞아가면서도 강연을 했고, 대우차의 무료 광고모델도 맡으면서 자신이 하는 것은 '싸움'이 아니라 '해결'임을 강조했다.

이러한 모습은 대선 토론에서도 이어졌다. 노무현 후보는 대통령 후보자는 철저히 대통령의 입장에서 해결책을 고민해야 한다는 점을 보여주었다. 북핵에 대한 대처방안에 관한 토론에서도 이를 확인할 수 있다.

예나 지금이나 북핵과 대북지원은 매우 예민하고 중요한 문제였다. 햇볕정책으로 대변되는 유화적인 정책을 선호하였던 민주당 후보 입장에서는 궁지에 몰릴 수 있는 쟁점이었다. 그리고 '북한을 지원할 것이냐, 말 것이냐.'는 질문은 매우 까다로운 질문이다. 지원하면 북한의 핵개발을 어떻게 제재할 것인지 질문이 이어질 것이고, 지원하지 않는다고 하면 이전 정권인 김대중 정부의 기조를 부정하는 것이 되기 때문이다.

이회창 후보: 위기는 북한이 합의에 반하여 핵을 개발해서 나오는 위기입니다. 핵을 뒤에 감춰두고 있는데, 계속 지원을 한다면 핵 포기를 무엇으로 강제할 수 있겠습니까?

노무현 후보: 북한이 핵개발을 포기하는 문제는 **미국과 함께** 풀어야 할 문제가 있기 때문에 남북한만의 문제는 아닙니다. 남한이 현금 지원을 중단한다고 해서 북한이 바로 핵을 포기할 수 있느냐는 문제가 있습니다. 바로 포기는 되지 않고, 남북 간의 지원을 중단한다는 것은 기존의 약속과 기대를 저버리는 것이기 때문에 남북관계가 경색되고 대화 통로가 막힐 수가 있습니다. **그랬을 때 북미관계가 이후 악화되면 남한이 주도적으로 개입할 수 있는 통로나 대안이 무엇이냐는 것을 제가 여쭈어본 것입니다.**

-16대 1회 대선 토론

이에 대해 노무현 후보는 바로 답을 하지 않고 현실적인 문제를 고려해서 대안을 고려해야 함을 밝혔다. 북핵 및 대북지원 문제는 우리나라와 북한 간의 문제에 국한되지 않는다는 점을 설명하면서 '지원을 하지 않아 남북관계가 안 좋아질 경우 대안은 무엇인가?'는 질문을 던졌다. 이는 북한에 대한 지원 중단이 단순히 북한에 대한 제재수단이 아니라 남북관계를 경색시킬 수 있다는 점, 그리고 그로 인해 남북관계에서 북한과의 대화 통로가 막힐 수 있다는 점을 밝히면서, 상대방이 이를 고려하는지 역으로 질문한 것이다. 이를 통해 노무현 후보는 자신이 상대방보다 풍부하게 현실을 인식하고 대안을 고민한다는 인상을 줄 수 있었다.

노무현 후보로부터 얻을 수 있는 토론의 교훈은 화자의 삶으로부터 느껴지는 진정성 있는 메시지가 강력하다는 점, 그리고 대중의 시선에 맞는 언어로 감정을 흔들 수 있어야 한다는 것이었다. 그렇게 노무현 후보는 자신의 바람을 일으킬 수 있었다. 더불어 노무현 후보는 토론에서 품격을 잃지 않았고, 비판에 경도되지 않았으며, 현실적으로 대안을 고민하는 모습을 보여주었다. 청중의 마음을 흔들고 그 마음이 떠나지 않게 했다는 점에서 노무현 후보의 토론과 연설은 최고의 역전극을 위한 하이라이트로 기억될 가치가 있다.

3장

17대 대선 토론 분석

총평

　16대 대선이 '노무현' 선거였다면, 17대 대선은 '이명박' 선거로 요약할 수 있다. 한나라당의 대선후보가 당선되기 쉬운 정치적 지형에서 한나라당 후보로 이명박 후보가 등장했기 때문이다. 여러 후보가 서로 이명박 후보의 대항마임을 자처했지만, 모두 크게 부상하지 못하였다.

　17대 대선 토론에는 이명박, 이회창, 정동영, 이인제, 문국현, 권영길 후보 총 6인이 참여하였다. 이들 모두 3% 이상 지지율을 얻고 있었기 때문이다. 이와 같이 많은 후보자들이 참여하는 바람에 대선 토론에는 여러 문제가 발생했다.

　첫째, 1인당 토론 시간이 지나치게 부족하여 깊이 있는 토론이 이루어지기 힘들었다. 토론에 참여하는 후보자는 6명이나 되었으나 토론 시간은 2시간으로 제한되었다. 결국 각 후보는 1인당 20분의 시간만을 할당 받은 셈인데, 이는 여러 이슈에 대한 토론자의 입장을 보여주기에는 너무 부족한 시간이었다.

둘째, 이명박 후보를 둘러싼 BBK 등의 이슈가 출현하면서, 토론이 이명박 후보에 대한 검증과 공격을 중심으로 진행되었다. 후보자들이 BBK의혹을 규명하는 것에만 집중하여, 동일한 이슈가 매 토론마다 반복되었다.

이로 인해 시민들의 토론에 대한 관심은 줄어들었다. 1차 토론의 시청률은 24%였으나 2차 토론은 21.9%, 3차 토론은 19.2%에 불과했다. 이는 1997년 53.2%와 2002년 34.2%에 비해 크게 떨어진 수치였다.

그럼에도 각 후보자들은 최선의 결과를 얻기 위해 노력했다. 이명박 후보는 높은 지지율을 지켜내면서 동시에 자신이 실천력 있는 후보임을 드러냈다. 다른 후보들은 이명박 후보를 비판하면서 자신이 대항마임을 강하게 드러냈다. 이하에서는 결국 당선된 이명박 후보와, 득표율 2위로 낙선한 정동영 후보자를 중심으로 살펴본다.

이명박 후보

> #높은 지지율
> #기업인 경력 강조
> #실천가 이미지 제시

수비적인 태도

이명박 후보는 토론 내내 적극적이거나 공세적인 행동을 취하지 않았다. 그 이유는 첫째, 지지율이 압도적으로 높았기 때문이다. 상황이 그대로 유지된다면 당선되는 환경에서 굳이 지지구도를 크게 변화시킬 이유가 없었다. 실제로 지지율 1위 후보는 대선 토론에서 수비적인 행동을 취하는 것이 일반적이다. 둘째, 다(多) 대 일의 구도에서 누군가를 공격하는 것 자체가 어려웠다. 다른 후보자들이 압도적 1위 후보인 이명박 후보를 공격하는 상황에서, 이명박 후보가 누군가를 공격하는 것은 쉽지 않았고, 또한 불필요한 일이기도 했다.

사회자: 각 후보들의 반론에 대해서 이명박 후보 2분간 반론해주십시오.

이명박 후보: 존경하는 국민 여러분, 저는 국민 여러분을 보면서 늘 선거운동을 해왔습니다. (중략) 하지만 **선거**는 정책 공약보다는 역시 **네거티브** 쪽에 있는 것 같습니다.

-17대 3회 대선 토론

특히 이명박 후보는 자신에 대한 공격을 네거티브로 표현했다. 공격을 받아치기보다 그것을 네거티브로 규정하면서 올바른 판단을 촉구했다. 논쟁의 소지를 주지 않은 셈이다.

셋째, 이명박 후보는 선거 내내 BBK와 같은 민감한 이슈에 휩싸여 있어 과감하게 행동하기가 부담스러웠다. 실제 한 여론조사에 따르면 BBK 이슈에 따라 '지지를 철회할 수 있다.'고 답한 사람은 28.8%에 달했다. 이슈 대처를 잘못하면 불리해질 수도 있는 상황에서 적극적으로 민감한 이슈에 대해 대응할 필요는 없었다.

(이회창 후보의 안보 이슈 발언 이후에)
"저와 차이가 없습니다. 비슷해서 더 말할 것이 없습니다."

-17대 1회 대선 토론

위 사례처럼 이명박 후보는 간단하게 발언을 하면서 수비적인 전략을 취하는 모습을 종종 보여주었다. 비슷한 입장이라도 정치인들은 자신의 언어로 정책이나 비전을 말하는 경우가 많지만, 이명박 후보는 사례처럼 대응하면서 굳이 비판할 거리를 제공하지 않았다.

자신의 경력을 적극적으로 활용

이명박 후보는 토론에서 상대방의 발언에 자신이 가진 경력을 드러내는 방법을 선택했다.

"저는 세계적인 기업에서 일했습니다. 16년간 최장수 CEO를 하면서 세계 모든 곳을 다녔습니다. 글로벌 리더로서 인정을 받았습니다. (중략) 정동영 후보나 이회창 후보까지도 절 인정하지 않습니다. **국민들께서는 대한민국 경제를 살릴 사람이 누군지 아실 겁니다.**"

-17대 3회 대선 토론

위 발언은 반론 시간에 이루어진 것이다. 토론에서 상대방의 의문에 답하거나, 정책을 하나하나 설명하기보다는 자신의 경력을 강조했다.

경력 자체를 부정할 수 없었기에, 당시 타 후보에게 집중적으로 공격받고 있었던 이명박 후보로서는 효과적으로 대응한 것이라고 평할 수 있다.

"저는 **최장수 CEO**를 했고 **서울시장**을 4년이나 지내는 등 인정을 받고 일했습니다. 정치꾼이 그런 말을 만드는 것 같은데 대통령이 되면 검은 돈, 눈먼 돈을 제도적으로 막고 공직자에 대한 징계수위를 높여 깨끗한 정부를 만들겠습니다."

-17대 3회 대선 토론

위는 자신의 경력을 직접 언급하여 발언의 신빙성을 높이고 있는 사례이다. '기업 CEO'와 '서울시장'이라는 직위가 주는 긍정적인 이미지를 청중들에게 심어주기 위해서였다. 또한 이명박 후보는 '정치꾼'이라는 표현을 통해서 자신은 다른 정치인들과 달리 실천력 있는 사람임을 드러냈다. 이와 같은 발언은 '경제 대통령', 'CEO 대통령'이라는 브랜드가 구축되어 있다는 점을 충분히 활용한 것이었다.

"이론적으로는 여러 가지 이야기를 할 수 있다. 그러나 현장에서 일어나는 현실을 잘 알아야 합니다." (중략)

"저는 말로 하는 정치인이 아닙니다. **실천하는 정치인**입니다. 저는 후보가 되는 과정에서 새치기 안 했습니다. 갑자기 튀어나오지도 않았습니다."

-17대 3회 대선 토론

소비자들이 여러 제품들의 장단점을 비교·분석하기보다는 브랜드에 대한 믿음으로 구매하는 것처럼, 이명박 후보는 자신의 길을 브랜드처럼 제시했다. '실천하는 사람', '일반적인 정치인과는 다른 사람'으로 말이다.

　이명박 후보로부터 얻을 수 있는 토론의 교훈은, 전략적으로 자신의 강점에 집중함으로써 효과적인 결과를 얻을 수 있다는 것이다. 유리한 지지구도였지만 BBK와 같은 위험을 갖고 있었던 이명박 후보는, 자신의 브랜드를 강조하여 상대방의 비판에 대처할 수 있었다.

정동영 후보

#불리한 지지율
#존재감 과시 전략

상대방 후보의 신뢰성에 대한 공격

　정동영 후보는 토론 내내 공격적인 자세를 취했다. 1위와의 지지율 격차가 매우 컸기 때문이었다. 정동영 후보가 승리하기 위해서는 이명박 후보의 지지율을 제외한 다른 모든 지지율을 모아야 했는데, 여러 후보가 출현하면서 사실상 불가능한 전략이 되었다. 따라서 정동영 후보는 이명박 후보의 지지율을 흔들고 낮추기 위해서 노력하였다. 때마침 이명박 후보에게 불리한 이슈가 출현하면서 정치적으로 공격할 만한 여건이 조성되었다.

이는 다른 후보들도 마찬가지였다. 그럼에도 불구하고 정동영 후보를 살펴볼 필요가 있는 것은, 그 중에서도 가장 적극적으로 이명박 후보를 공격했기 때문이다.

"미국 같으면 BBK 말고도, 지금까지 드러난 것 말고도 이명박 후보는 TV 토론 자리에 앉을 수 없다. 검찰은 어제 이 후보를 세탁해 주려고 했는지 모르지만, 이 후보가 **부패한 후보**라는 사실은 변함없는 사실이다. 진실이 매장되고 개인의 인권은 협박·회유·유린되고 있다."

"이 후보의 말을 국민들이 과연 믿겠느냐? 외교의 기본은 신뢰와 일관성인데 이 후보는 상황에 따라 자주 말을 바꿔왔다."

"(이 후보는) **범죄자**와 동업하지 않았느냐? **범죄자**인 줄 알고 동업을 했나 아니면 나중에 알고 보니 **범죄자**였느냐?"

-17대 3회 대선 토론

특히 정동영 후보는 이명박 후보가 정책을 제시한 경우에도, 정책을 비판하기보다 후보를 믿을 수 없다고 발언하는 등 공격적인 모습을 보여주었다. 이는 이명박 후보가 사용하는 브랜드인 실천가나 CEO 이미지를 훼손하고, 신뢰를 저하시키기 위한 전략이었다고 볼 수 있다.

양자구도를 만들기 위한 강한 단어 활용

정동영 후보에게 필요한 것은 이명박 후보와의 1:1구도였다. '이명박과 후보들'이 아니라 '이명박과 정동영, 그리고 나머지'의 구도가 필요했던 것이었다. 이는 이명박 후보를 지지하지 않는 사람들의 지지가 정동영 후보에게 모이게 만들기 위함이었다. 이 때문에 정동영 후보는 자신의 존재감을 드러내는, 강한 어감의 단어를 사용하는 데 주저하지 않는 모습도 보여주었다.

토론에서 다소 강하게 보일 수 있는 '죽였다.', '신용파탄자' 같은 단어를 사용함으로써 이명박 후보와 대척점에 서고자 했다. 심지어는 이번 대선이 '거짓과 진실의 대결'이라는 표현을 사용하며 대립 구도에 서 있는 자신을 강조했다.

> "한나라당은 두 번 죽었다. 10년 전 국가신용 파탄 내서 나라경제를 죽였고 그 당의 후보가 스스로 거짓말임이 드러나면서 **신용파탄자**임을 드러냈다. (중략)
>
> 경제의 핵심 기초는 신용으로 **신용이 무너지면 개인, 회사, 국가가 무너진다.** 이명박 후보가 광운대에 가서 BBK를 설립했다고 말씀하셨다면 이 자리에 앉아계셔선 안 된다."
>
> -17대 3회 대선 토론

정리하자면 정동영 후보는 이명박 후보의 신뢰성을 저하시켜 지지율을 낮추고, 이명박 후보를 지지하지 않는 모든 사람들을 결집시키려 자신을 부각시켰다. 그 결과 지지율 3위였던 이회창 후보의 지지율을 상당 부분 가져오는 데 성공하였고, 비록 낙선하였지만 득표율 2위를 달성할 수 있었다.

   그럼에도 불구하고 정동영 후보의 전략에는 한계가 있었다. 공격적인 모습에 그치지 말고, 더 나은 비전과 대안을 제시하는 모습을 보여주었어야 한다는 것이다. 특히 정치인들의 강한 단어에 질린 유권자들을 고려한다면, 적절한 수준의 공격과 동시에 후보 나름의 정책을 선명하게 제시함으로써 정동영 후보의 브랜드를 드러내는 것이 필요했다고 볼 수 있다.

4장

18대 대선 토론 분석

총평

    후보자 간 지지율 차이가 큰 이유로 관심이 적었던 17대 대선과 달리, 18대 대선은 유권자들의 관심이 상대적으로 많았던 대선으로 평가할 수 있다. 그에 따라 18대 대선 방송 토론은, 선거 기간뿐 아니라 선거 이후에도 많은 화제가 되었다. 박근혜 후보와 문재인 후보의 남녀 프레임, 이정희 후보의 공격적인 '저격' 발언 등이 주목할 만했다. 또한 18대 대선 토론은 처음에 3자토론으로 시작하였다가 이정희 후보의 사퇴 이후 양자토론으로 진행되었는데, 이러한 토론자의 감소는 청중이 비교적 토론에 더 쉽게 몰입하고 보는 데 기여했다고 볼 수 있다.
    그 때문인지 여러 설문조사 등에서 유권자들은 대선 토론의 영향력을 높게 답변하였고, 이는 대선 이후 진행된 연구를 통해서도 확인되었다. 18대 대선 토론은 이전의 토론에 비해 국민의 인식에 강하게 남은 토론인 것이다.

'투표 후보 결정 시 TV토론을 참고했다.' 54%
- 한국갤럽

'TV토론회에 대해 관심을 갖고 보았다.' 91.8%
- 한국정당학회보, 제 18대 대통령선거 후보자 TV토론회 분석

'18대 대선에서 후보 TV토론회가 지지 후보 및 투표 결정에 영향을 미쳤다.'
63.8%
- 한국언론학회, 18대 대통령선거 후보자 TV토론회 효과분석

18대 대선 토론은 정책토론이라 할 만했다. 이정희 후보의 발언과 같은 흥미요소도 높은 관심을 견인했지만, 18대 토론은 이전의 대선 토론에 비해 후보자의 정책에 대한 구체적인 공방이 이루어졌다. 구체적으로는 정책토론의 필수 쟁점인 개념 정의, 방안의 현실성 및 해결 가능성, 방안의 비용대비 효과 등이 함께 논의되었다.

물론 이를 토론에 참여하는 후보자가 적었기 때문에 가능한 이야기라고 볼 수도 있다. 하지만 정책으로 대결하는 민주주의의 성숙된 모습으로도 볼 수 있다. 앞으로 민주주의가 퇴보하지 않는 이상 정책토론은 매우 중요해질 것이란 점에서 18대 대선은 유의미한 분기점이라 평할 수 있다.

그런 의미에서 18대 대선 후보자들의 토론 전략을 확인하는 것은 중

요하다. 이는 앞으로도 정책토론의 전략을 판단하는 눈을 기를 수 있는 연습이 될 것이다. 이하 후보자 별 토론 전략을 살펴본다.

박근혜 후보

#준비된 대통령의 능력 강조
#할 말은 할 줄 아는 사람

'TV토론을 가장 잘한 후보'
박근혜 33.1% 문재인 22.9% 이정희 17.7%
- MBN여론조사

'전문가 패널 12명 평가 中 토론을 가장 잘한 후보'
박근혜 5명, 문재인 3명
- 한국경제

'토론을 잘하였다고 생각하는 후보'
박근혜 47.8% 문재인 31.9% 이정희 19.5%
- 한국정당학회보, 제 18대 대통령선거 후보자 TV토론회 분석

국정농단 사건 이후 현재 박근혜 전 대통령에 대한 여론은 좋지 않다. 이러한 현실로 인해 사람들이 기억하는 18대 대선 토론의 박근혜 후보의 모습도 부정적이기 쉽다. 그리고 많은 사람들이 박근혜 후보가

'토론을 잘하지 못했다.'는 이미지를 갖고 있을 것이다. 하지만 실제로 18대 대선 토론 직후 실시된 여론조사에 따르면 박근혜 후보가 가장 토론을 잘했다는 의견이 많다.

물론 여론조사에 응답한 사람들이 본인이 지지하는 후보에 편향된 답변을 했을 가능성도 있다. 그렇다 하더라도 토론의 기본조차 지키지 못했다면 이 정도의 평가를 얻어내긴 어려웠을 것이다. 즉, 박근혜 후보가 달변인 것은 아니었지만 박근혜 후보의 토론 전략은 토론의 청중인 유권자들에게 유효했다고 볼 수 있는 것이다.

지지율 차이가 크지 않았던 18대 대선에서, 3번의 대선 토론을 거쳤음에도 승리할 수 있었던 박근혜 후보의 전략을 확인해 본다.

준비된 대통령 후보로서의 정책능력 검증

박근혜 후보의 18대 대선 캐치프라이즈는 '준비된 여성 대통령'이었다. 준비라는 단어는 박근혜 후보의 대선 전략이자 토론 전략이었다. 여론조사 지지율 1위에 박정희 대통령의 향수를 느끼는 중장년층의 지지 등 유리한 점도 있었지만, 실제 박근혜 후보는 국정운영 경험이 많지 않았다. 그리고 이는 대통령으로서 구체적인 정책의 구상과 실현 능력에 대해 의구심을 갖게 하는 요소였다.

박근혜 후보는 이 점을 극복하기 위해 자신이 준비되었다는 점을 보여주는 데 주력했다. 예를 들자면 토론 내내 많은 정책사례를 다루는 것이었다.

"문 후보님께서 아동수당을 도입하겠다고 하셨다. 그래서 12세까지 모든 아동한테 이를 지급을 하면 연간 한 7조 원이 투입이 되어야 되는데, 이는 2009년도에 일본의 민주당의 총선 공약이었다.

근데 그 후에 어떻게 됐냐 하면 작년 7월에 일본 총리가 대국민 사과를 하고 약속했던 금액을 절반으로 줄였다가 결국은 공약을 폐지시켰다. 일본의 경우는 포기를 했고, 시행 중인 다른 나라들도 막대한 예산 때문에 이것을 축소하거나 없애거나 그렇게 하고 있는 실정이다. 그래서 이렇게 **내놓으신 공약이 현실여건과 또 실천가능성이 있다고 보시는지 질문 드리겠다.**"

- 18대 3회 대선 토론

위에서 제시한 사례는 문재인 후보가 제시한 아동 수당에 대한 비판으로 제기된 것이었다. 유사한 정책을 먼저 시행한 사례를 찾아 근거로 제시하였다. 이는 박근혜 후보가 정책 지식을 충분히 갖고 있음을 자연스레 드러내는 데 충분하였다. 여기에 박근혜 후보는 하나를 덧붙인다. 다음 사례를 살펴보자.

"아동수당이 **OECD의 연구**에 따르면 예산은 막대하게 드는데 출산율을 높이는 데는 **효과가 없다**는 결과가 나왔다."

- 18대 3회 대선 토론

이 발언은 청중들에게 아동수당은 돈은 많이 들고 효과는 없는 정책임을 확실히 인식시켰다. 이와 같이 일본, OECD 연구 사례 등을 강조하는 전략은 박근혜 후보의 정책 능력을 드러내는 것이었다.

또한 박근혜 후보는 사례뿐만 아니라 정책 자료에 대한 설명과 해석을 통해 청중을 이해시키기 위해 노력했다. 일반 청중들이 공감하기 어려운 단위인 예산 단위에 대해 풀어서 설명을 하고, 의미를 부여한 것에서 이를 확인할 수 있다.

"그래서 제 경우는 한번 걸리면 가계가 휘청거리는 4대 중증 질환에 대해서는 100% 국가가 책임지고, 재정상황을 봐가면서 단계적으로 의료복지를 확대해야 한다고 생각한다. 그런데 문 후보께서는 입원과 외래, 이것을 다 포함해서 전체 진료비의 90% 보장을 약속하셨다. 그러려면 연간 한 14조 내지 20조 원의 보험료를 조달해야 하는데, 지금의 건강보험료율을 **2배** 정도 올려야 된다. 서민들에게 **보험료 폭탄**이 되는데, 이렇게 하셔도 되시겠나."

-18대 2회 대선 토론

위 발언은 복지정책 중 의료비에 관한 발언이다. 본인의 정책을 강조하면서도 '보험료 폭탄'이라 표현하며 상대방 정책이 현실성이 없는 정책임을 강조하였다. 특히 14조라는 가늠하기 어려운 금액을, 매월 확인할 수 있는 '건강보험료 2배'라고 현실의 용어로 설명한 것은 효과적이었다. 이를 통해 박근혜 후보는 문재인 후보의 공약은 돈이 많이 드는 것, 그리고 자신의 공약은 이를 고려하여 적정한 수준으로 조정한 것임을 드러낼 수 있었다. 이처럼 박근혜 후보는 사례와 해석을 통해 정책역량을 강조하는 토론 전략을 실천했다. 이를 통해 정책적으로 충분히 준비된 대통령이 될 수 있음을 보여준 것이다.

적극적인 토론 태도

박근혜 후보는 달변이라기보다 눌변으로 알려져 있던 정치인이었다. 혹자는 그 눌변이 매력이라 평했지만, 그것이 지나칠 경우 유권자들이 후보 역량이 부족하다고 평가할 수 있다는 점에서 이는 분명히 약점이었다. 박근혜 후보는 이를 적극적인 태도로 극복했다.

박근혜 후보는 토론을 통해서 상대방에게 무언가를 요구하거나 요청하는 모습을 보였다. 이는 후보 개인의 적극성과 능동성을 강조할 수 있는 좋은 수단이 되었다.

"올해 보육비 지원을 확대하면서 각 지자체마다 늘어나는 지방비를 감당하지 못해 무상보육이 중단될 위기까지 가지 않았나. 그래서 복지정책은 지방비 부담을 고려하는 것이 중요하다고 생각한다. 그런데 문 후보님 복지 재원 조달을 보면 증세를 통한 19조 원을 걷어 사용한다고 하셨다. 근데 19조 원의 40%는 그 지방에 가야 된다는 사실을 간과하신 것 아닌가?" (중략)

"공약집에 보육비 지원예산이 연평균 4.6조 원인데 지자체 부담분을 어떻게 해결하실 것인가? 올해 **보육대란의 위기**도 경험했는데 지방재정을 전혀 고려하지 않으시는 건지 질문을 드리겠다."

- 18대 3회 대선 토론

위 사례는 박근혜 후보가 문재인 후보의 주장에 대하여 입증을 요구한 것이다. 보육대란이라는 표현으로 현실의 문제점을 강한 어조로 강조하면서, 재원조달에 관련하여 상대가 간과했다고 보이는 부분(지방

에 가야 된다는 사실)을 명확하게 지적했고, 끝으로 4.6조라는 숫자를 언급하면서 상대방에게 명확한 입장을 요구했다.

이런 적극적이고 명확한 질문들이 반복되면서, 유권자들은 박근혜 후보에게 가졌던 의구심을 거두게 되었다. 박근혜 후보의 정책 이해도를 드러내는 지점이었다.

이에 문재인 후보가 항목별 예산을 제시했다는 답변을 하자, 다시 지자체 부담분에 대한 입증을 요구하였다. 이와 같이 한번 주도권을 잡은 주제에 관하여 적극적으로 파고드는 모습은, 청중에게 적극적으로 토론에 임한다는 인상을 주기 충분했다.

문재인 후보: 제가 말씀드린 부분은 총 연간 39조, 이 부분은 꼼꼼하게 지금 오히려 박근혜 후보님이야말로 항목별로 소요 재원을 밝히지 않고 전체적으로 뭐를 위해 얼마 이렇게 그룹으로 추정을 했는데, 저는 꼼꼼하게 항목별로 예산을 제시를 했으니까 살펴보시기 바란다.

박근혜 후보: 지방에 줘야 할 것까지 다 중앙에서 써야만 재원이 마련되는데 **어떻게 그것을 할 것인지에 대해서는 답을 안 하셨다.**

- 18대 3회 대선 토론

특히 본인의 지지세력과 부동층에게 '그래도 이 정도는 말할 수 있는 사람', '심각하게 걱정할 정도는 아닌 사람'으로 인식되었다. 유권자의 선택을 받아야 하는 상황에서 박근혜 후보에게 '토론'은 적어도 걸림돌은 되지 않았다고 평할 수 있다.

네거티브에 대한 무난한 대처

18대 대선 토론에서 이정희 후보는 박근혜 후보에게 강력한 네거티브 전략을 시도했다. 많은 사람들이 박근혜 후보가 당황했던 모습을 기억할 것이다. 하지만 이때 박근혜 후보는 당황할지언정 부족하지 않게 대응을 하였고, 이는 지지층을 결집시키는 효과가 있었다.

이정희 후보는 '정확히 기억해야 한다.', '떨어뜨리러 나왔다.' 등 박근혜 후보에게 공격적인 표현을 사용했다.

이정희 후보: 복지 문제를 잘 풀기 위해 질문한 것이다. 고소득층 세금 많이 받아야 가능하다. 다 감춰놓으면 누가 세금 내려 하겠나. 대통령 되면 세금만큼은 깔끔하게 '난 정말 다 냈다.' 할 수 있어야 한다. 지난번과 다른 질문이다. **정확히 기억해야 한다.** 지난번엔 '사회 환원한다.' 했다. 전파낭비는 박 후보가 하고 있다. 그때 얘기했다. 기억하시면 된다. **떨어뜨리러 나왔다.**

- 18대 2회 대선 토론

이에 박근혜 후보는 당황했지만, 논리적으로 대답했다.

이정희 후보: 당선된 뒤 측근·친인척 비리가 드러나면 대통령직을 내놓겠다고 약속하겠나?

박근혜 후보: 무엇이든지 드러나면 '후보 사퇴한다, 대통령 사퇴한다.'는 것은 옳은 태도가 아니라고 생각한다. 그런 정치공세를 할게 아니라 얼마나 제도가 확실하게 마련됐는가, 그것을 성실하게 의

지를 갖고 실천하는가, 그렇게 기강을 확립하는 것이 대통령의 임무이지 툭하면 **'대통령을 그만두겠다, 후보 사퇴하겠다.'는 것은 얼마나 무책임한가.** 정치공세라 생각한다.

- 18대 1회 대선 토론

이정희 후보가 사퇴를 논하며 공격하였지만, 박근혜 후보는 사퇴는 무책임한 행동이라고 대처하였다. 청중에게 이정희 후보가 지나치게 공격적이고, 박근혜 후보의 발언이 상식적이라는 느낌을 줄 수 있는 부분이었다.

이정희 후보: 최저임금을 올려야 임금이 올라가는데, 박 후보는 지난 새누리당 대선후보 경선 토론회에서 최저임금 질문을 받았는데 몰랐다. 지금 여쭤보고 싶다.

박근혜 후보: 최저임금과 관련해서, 당시 아르바이트 평균 시급에 대해 물어왔다. 원래 저한테 온 질문이 아니고 옆에 질문이 갑자기 넘어왔는데, 저는 평균 시급으로 생각하고 얘기했다. 그것이 설명이 나갔는데 아마 그것을 잘못 보고 잘못된 정보만 갖고 얘기를 하는 것 같다. 최저임금에 대해 모른다는 것은 말도 안 된다. 4,580원이다. (내년은) 4,860원이다. 대선후보 토론에 나와서 스무고개 하듯 **'이것을 상대가 모르면 골탕 먹여야지.' 하는 식은 별로 바람직한 대선 토론이 아니라고 생각한다.** 우리가 미래에 큰 비전을 놓고 어떻게 하면 국민에게 희망을 드리고 나라를 이끌까를 얘기하기도 바쁜데 스무고개 하듯 '이것은 얼마, 저것은 얼마.' 이런 식으로 하면 학교에서 선생님과 학생들이 '이것 숙제 해왔느냐.' 이런 식의 느낌을 받는다.

- 18대 1회 대선 토론

이정희 후보는 박근혜 후보가 최저임금에 관한 답변을 제대로 답하지 못했다는 뉘앙스로 질문을 했다. 하지만 박근혜 후보는 최저임금에 대한 답변도 하면서, 오히려 대선 토론에서의 올바른 방향에 대해 논하는 모습을 보였다. 이러한 대처로 박근혜 후보는 자신이 상식적이고 준비된 후보라는 인상을 줄 수 있었다.

문재인 후보

> #나의 주장 너의 주장 같습니다
> #'이명박근혜' 의도적 연계

문재인 후보는 18대 대선과 19대 대선에 모두 출마하여 19대 대통령에 당선되었다. 그리고 18대 대선에서는 사전 지지율이 2위였고, 19대 대선에서는 지지율이 1위였다. 일반적으로 지지율이 1위인 후보는 현상을 유지하기 위해 수비적인 입장을 취하지만, 지지율이 1위가 아닌 후보는 현상을 타개하기 위해 공격적인 입장을 취한다. 그러나 18대 대선 토론에서 문재인 후보는 그러한 입장을 취하지 않았다.

이는 박근혜-이정희 토론자 간 설전이 너무 강한 탓도 있었을 것이다. 하지만 문재인 후보 스스로도 적극적인 전략을 취하지 않았기 때문이라고 볼 수 있다. 지지율 2위 후보로서 1위 후보에게 간 표심을 돌리도록 상대를 검증하고, 본인의 우월함을 드러내는 전략과 태도가 필요했지만, 그러한 점에서는 아쉬운 점이 있었다.

이하에서는 18대 대선 토론의 문재인 후보를 살펴본다.

'다르지 않음'을 드러내는 전략

문재인 후보와 박근혜 후보의 지지율은 사실 그리 크게 나지 않았다. 이 때문이었는지는 몰라도, 문재인 후보는 부동층 혹은 상대방 후보의 약한 지지층을 공략하기 좋은 전략을 활용했다. 상대방 후보와의 차이점보다는 비슷한 점을 찾아 언급하는 것이다.

문재인 후보는 후보를 가리지 않고 상대 후보의 발언에서 공통점을 찾아서 언급하는 모습들을 보여주었다. 다만, 전략적으로 상대방의 정책에 완전히 동의하기보다는 자신의 정책에는 더 나은 점이 있다는 점을 드러내어 비교우위를 드러내려고 했다. 다음 사례처럼 공동 법안, 카이 매각 반대, 직불금체계 변경 등을 언급할 때 상대 후보의 주장에 동의하면서 의견을 덧붙였다. 이를 통해 부동층이나 다른 후보의 지지층들이 '문재인을 뽑아도 괜찮겠다.'고 생각하게 만든 것이다.

(가) "그렇게 통합의 정치를 할 의사가 있다면, 지금 저와 박근혜 후보 사이에 **공통 정책이 참 많다.** 이런 공통 정책에 대해서는 다음 정부 이전이라도 당장 이번 국회에서부터 공동으로 실천하자는 공동실천 선언에 합의를 하고 여야 공동 법안을 제출할 용의는 없으신가?"

- 18대 1회 대선 토론

(나) "방금 말씀하신 취지에 **저도 100% 공감한다.** 그 부분에 대해서는 앞으로 여야가 정파를 초월해서 다 함께 협조해야 될 국가적 과제라고 생각을 한다. (중략) 항공우주 기술을 발전시키려고 사천에 있는 카이(KAI), 항공우주 회사를 중심으로 항공우주산업 클러스터를 원래 조성하기로 계획이 되어 있었다. 그런데 이명박 정부가 클러스터 조성도 무산시켜버리고, 그 카이를 지금 민영화하기 위해 매각 작업 중에 있지 않은가."

- 18대 3회 대선 토론

(다) "지금 이정희 후보님이 말씀하신 문제의식에 **저도 공감을 한다.** 우리 농업이 너무 중요하기 때문에 농업을 살려야 한다. (중략) 제가 생각하는 농민 소득 보장 방안은 변동직불금, 그리고 고정직불금이 너무 오랫동안 오르지 않았다. 그래서 변동, 고정직불금을 현실화하는 것이 필요하다고 생각한다."

- 18대 2회 대선 토론

다만 이 전략에는 다소 아쉬운 점이 있는데, 문재인 후보 자체를 강조하는 데는 충분치 않았다는 점이다. 예를 들어 (가)처럼 공동실천선언에 합의를 할 경우, 정책에 관하여 문재인 후보를 특별히 지지해야 할 유인이 없다. 누가 당선되더라도 정책이 추진될 것이기 때문이다. (나)의 우주개발도 마찬가지이다. 명확한 정책을 제시하기보다는 '사천, 진주 중심으로 클러스터를 만들어야 된다고 생각한다. 그것도 저의 공약에 들어 있다.'고 대답하여 별다른 비전을 드러내지는 못했다.

결국 정책토론은 자신의 주장, 자신의 정책을 청중에게 전달하는 것이 목적이다. 상대방 취지에 동의하는 것으로 끝나서는 안 된다. 문재인 후보의 토론이 상대방 주장에 관한 공감에서 한발 더 나아가, 본인의 정책으로 이어졌다면 보다 효과적으로 청중에게 정책 역량을 드러낼 수 있었을 것이다.

전 정권 공격하기

선거는 '회고적 투표(Retrospective vote)'에 의해 이전 정권을 평가하는 기능을 수행한다. 당시 이명박 정부에 대한 비판적인 여론은 문재인 후보 입장에서는 호재였다. 이명박 정부가 문제가 있었다고 생각하는 유권자들을 자신의 지지율로 흡수할 수 있었던 것이었다. 실제로 문재인 후보는 이명박 정부에 대한 비판을 토론에서 언급하였다. 다음은 경제 정책을 놓고 두 후보가 주고받은 상호 토론이다.

박근혜 후보: 양극화와 중산층 붕괴가 **가장 심각했던 때가 참여정부** 때였다. 그때 중산층 비중이 69%에서 63%로 떨어졌고, 가계부채, 부동산, 대학등록금 모두 급등을 했다. 문 후보 님 경제정책을 보면 실패한 참여정부 정책하고 다르지 않은 것 같다. 당시에 세계 경기가 호황이었는데 우리나라만 세계 평균에도 미치지 못했다.

문재인 후보: 참여정부와 이명박 정부를 비교해보면 그 양극화도, 민생파탄도 **이명박 정부에서 훨씬 심해진 거 아닌가.** (중략)

문재인 후보: 민생파탄, 중산층, 서민들 삶을 무너뜨리고 양극화가 더 심해졌다면, 이제는 새누리당이 심판 받을 차례라고 생각한다. 지금 민생만 그런 게 아니라 경제성장률도 지금 2%대까지 떨어지지 않았나. 우리 국가경쟁력 순위도 원래 11위 정도 했던 것이 지금 24위로 이렇게 추락을 했다. 물가상승도 훨씬 높지 않았나. 우리 근로자들의 실질 임금상승률이 새누리당 정부 아래에서 -7%였다. 이러니 서민들의 삶이 무너지지 않을 수 있겠나.

- 18대 2회 대선 토론

예시를 보면 문재인 후보가 박근혜 후보와 이명박 정부를 연결하는 것보다 먼저, 박근혜 후보가 참여정부와 문재인 후보를 연결하는 모습을 볼 수 있다. 두 후보 모두 이전 정권의 문제점을 나열하며 상대방과 연결한 것이다. 이로 인해 문재인 후보의 전략은 박근혜 후보에 의해 상쇄되었다.

그런데 이명박 정부는 당시 현재 진행형이던 사안이고, 참여정부는 과거의 사안이었다. 가까운 문제가 더 크고 다급하게 느껴질 수 있는 만큼, 쉽게 상쇄될 만한 사안은 아니었다. 그럼에도 상쇄된 이유는 대중들이 이명박 대통령과 박근혜 후보를 연장선 상에서 바라보지 않았기 때문이다. 당시 이명박 대통령과 박근혜 후보 간 갈등은 소위 '친이, 친박'이라는 말로 대변될 만큼 국민들에게 널리 알려져 있었다. 따라서 이명박 정부의 실정을 지적하고자 했으면, 이명박 정부와 박근혜 후보의 연관성을 더 충분히 드러내고 강하게 주장했어야 했다.

정리하자면 문재인 후보는 지지율 2위로서 1위 후보를 추격하기 위해 상대를 압박하고 본인의 장점을 드러내야 했다. 그러나 공감, 부드러운 태도로는 상대방 후보를 공격하는 데 한계가 있었다. 그나마 실제로 비판한 부분도 크게 효과적이라 보기 어려웠다. 때문에 문재인 후보는 보다 적극적인 전략을 취했어야 한다고 볼 수 있다.

이정희 후보

> #기본기가 뛰어난 토론
> #다수를 설득하기는 어려운 태도

중도 사퇴했지만 이정희 후보는 18대 대선 토론의 이슈메이커였다. 그리고 공격적인 태도와 별개로 토론의 규칙을 잘 이해하고 있었고, 본인이 의도한 전략도 적절히 실행했다. 그러나 이정희 후보가 '토론을 가장 잘했다.'고 보기는 힘들다. 청중을 설득하지 못했기 때문이다.

이정희 후보의 발언 내용은 다수의 청중에게는 다소 불편한 것이었다. 무례한 내용이라고 볼 소지도 다분했다. 실제로 토론은 청중과 상대방에 대한 예의를 갖추면서 내용에서도 우위를 점해야 하는데, 이정희 후보는 과한 공격으로 인해 예의를 잃었다. 이하에서는 이정희 후보가 보여준 모습들을 살펴보도록 한다.

논의된 사실을 바탕으로 한 토론

이정희 후보의 토론에서 훌륭했던 점은 단순히 후보자가 달변이었기 때문은 아니라, 상대방의 이야기를 정확하게 듣고 이를 바탕으로 토론에 임하였기 때문이다. 토론의 기본을 잘 실천했다고 할 수 있다. 다음의 예와 같이 이정희 후보는 상대방 후보의 이야기를 정확히 인용하면서 토론을 진행했다.

"경제가 어려운데 기존 순환출자 갑자기 끊으라고 하면 어떡하나 말씀하셨는데, 문재인 후보님은 기존 순환출자에 대해 3년 유예 주고 그걸 해소하라고 하겠다고 하셨고, 저는 **2년 유예를 말씀드렸다. 내일 당장 없애라는 이야기가 아니다.**" (중략)

"지금 작은 영세업체들의 경영이 어려울 수 있다 말씀하셨는데, 제가 아까 문재인 후보님과 토론할 때 드렸던 말씀을 아마 잘못 들으셨던 것 같은데…" (중략)

"아까 문재인 후보께서도 민주노동당이라는 말을 하셨는데, 그건 저희 전신이고 저희는 통합진보당이다."

- 18대 1회 대선 토론

토론을 활발히 하다 보면 서로의 주장이 다소 부정확하게 표현될 수도 있다. 하지만 이 애매한 상태가 유지되면 청중이 내용을 오해할 수도 있다. 따라서 이런 일이 발생할 때는 그때 그때 정확히 지적하는 것이 필요하다. 이정희 후보는 이러한 역할을 잘 수행했다.

또한 이정희 후보는 반론 과정에서도 토론 내에서 언급된 사실들을 정확하게 인용하고자 했다. 자신의 질문에 상대방이 대응하지 못한 점, 대응했다 하더라도 자신에게 유리한 점을 강조하였다. 다음은 1회 토론의 마지막 발언이다.

"박근혜 후보께서 오늘 토론회에서 하신 말씀 세 가지만 제가 확인하겠다. (가) 유통산업발전법 개정안 대선 전에 통과시켜라. (나) 두 번째로 전두환 전 대통령으로부터 받았다는 6억 원 사회에 환원하겠다 **나중에 하겠다고 하셨는데…**. (중략) (다) 세 번째, 측근비리 고리를 끊으려면 본인 사퇴 약속으로 의지를 보이시라고 제가 말씀드렸는데 답을 안 하셨다."

- 18대 1회 대선 토론

(가)와 (나)는 박근혜 후보와의 자유토론에서 있었던 내용을 인용하였고, (다)는 박근혜 후보를 향해 본인이 한 말을 다시 인용했다. 이와 같이 인용을 통해 반론을 제기하는 경우, 청중은 토론 중간 중간에 있었던 이슈를 다시 떠올리고 판단할 수 있게 된다. 더불어 토론자가 상대방의 의견을 제대로 듣고 대처한다는 인상을 줄 수 있다.

상대의 단점을 부각시켜 지지율 감소 유도

이정희 후보는 박근혜 후보의 단점을 부각시켜 박근혜 후보의 신뢰와 지지율을 깎기 위해 노력했다. 실제로 이정희 후보가 제기한 많은 이슈는 박근혜 후보에게 악재가 되었을 수도 있고, 그 결과 어느 정도 지지율 감소가 있었을 수도 있다. 그러나 공격적인 토론태도는 청중에게 다소 무례하게 비춰졌을 수도 있다.

물론 토론은 기본적으로 대립적인 말하기이다. 때때로 후보자들이 흥분할 수도 있다. 그러나 상대방에 대한 무시, 비하와 같은 행동은 예의를 제대로 갖추지 못한 것이라 할 수 있다. 그리고 청중은 이를 불편하게 느꼈을 수도 있다. 아래 예시를 살펴보자.

"TV에도 방송이 됐는데, **왜 기억을 못하시고** 지금 이 질문을 하는지 저는 이해하기 어렵다. **정확히 아시고 질문하는 게** 필요하다고 생각한다." (중략)

"**알고 말해야 한다.** 그건 사실과 전혀 다른 말씀이다. **준비를 잘 해오셨어야 한다.**" (중략)

"네, **대단히 궁금하신 것 같아서.**" (중략)

"ISD만큼은 FTA에 그대로 두지 않겠다, 이건 재협상을 하겠다 명확하게 말씀하시는 것이 **한미 FTA에 대한 최소한의 이해를 보여주시는 것이다.**" (중략)

"이것이 지금 우리나라 비정규직의 현실이다. **이걸 똑똑히 아시고** 정책을 세우셔야 한다고 생각한다."

― 18대 2회 대선 토론

위 사례에서 이정희 후보는 상대방의 토론 능력과 준비 상태를 지적하기도 하고, 때로는 비꼬는 모습도 보여준다. 이를 접하는 청중은 누가 옳고 그른지를 판단하기보다 '이정희 후보는 박근혜 후보를 싫어한다.'고 생각하게 된다. 이는 이정희 후보가 객관적으로 단점을 비판한다고 해도, 박근혜 후보에 대한 악감정을 바탕으로한 비난으로 청중이 받아들일 수 있다는 점에서 효과적인 전략이었다고 보기는 힘들다.

정리하면, 이정희 후보는 토론의 기본을 수행할 수 있는 후보였다. 그러나 토론의 기본에 충실하다는 긍정적인 평보다는 태도가 좋지 못하다는 부정적인 평이 많았다. 지나치게 공격적인 태도는 좋은 내용이라 하더라도 청중의 눈살을 찌푸리게 만든다는 점에서, 그리고 토론에서 상대방에 대한 평가는 청중의 몫이라는 점에서, 이정희 후보가 논리로 승부했으면 어땠을까 하는 아쉬움이 남는다.

5장

19대 대선 토론 분석

총평

　19대 대선 토론은 이전의 대선들보다도 훨씬 국민들의 관심이 집중된 상황에서 이루어졌다. 촛불시위, 그리고 최초의 대통령 탄핵 가결 등 이슈가 등장하여 국민의 정치적 관심이 고조되었기 때문이다. 국민에 의해 선출된 대통령을 국민이 탄핵하는 과정은 민주주의에 관심을 크게 높였고, 그에 따라 대선 토론에 대한 관심 또한 높아졌다.

　더불어 19대 대선 토론은 사회적, 기술적 변화로 인해 더욱 생동감이 넘쳤다. SNS를 통해 손쉽게 이슈를 확인하고, 사실 확인(팩트체크)이 실시간으로 가능해졌다. 또한 어느 때보다 많이 이루어진 언론의 지지율 조사를 통해 토론에 대한 평가도 활발하게 이루어졌다. 이와 같이 19대 대선 토론은 가장 현대적인 환경에서 진행되었다.

　이처럼 19대 대선 토론은 이전보다 발전된 토론이었다고 평가할 수 있다. 후보자가 5명이나 되었지만 다양한 대립 구도로 모두 주목 받을 수 있었다. 지지율이 가장 높은 문재인 후보를 둘러싼 대립, 이전 정권에 대한 책임을 묻는 대립, 특정 후보의 인간성에 대한 대립 등 다양한 대립관계가 펼쳐졌다. 청중은 흥미진진하게 토론을 지켜봤으며, 후보자들은 이를 고려하여 청중을 설득하려는 노력을 펼쳤다. 이런 모든 과정을 보았을 때, 19대 대선 토론은 대선 토론이 점차 발전할 것이라는 기대를 만드는 데 충분한 토론이었다.

문재인 후보

#유리한 지지율이 자신감으로
#수비의 화법

국정운영 경험과 의지 강조

문재인 후보는 자신의 경험과 의지를 전략적으로 내세웠다. 실제로 이 부분은 문재인 후보의 강점이기도 했다. 비록 18대 대선에서는 준비된 대통령을 강조한 박근혜 후보에 밀려 상대적으로 두드러지지 않았으나, 문재인 후보는 실제로 대통령 곁에서 국정을 운영해본 경험이 있었다. 그리고 이 점은 탄핵과 국정농단으로 대표되는 정치적 혼란기에 강점으로 작용했다.

"저는 오랫동안 대통령 **국정운영에 참여한 경험이 있고,** 대한민국 안보를 다룬 경험도 있다. 10.4 정상회담 때 북한을 상대해 본 경험도 있다. 누가 가장 든든하고 안정된 후보인지 국민이 판단해주기를 바란다."

- 19대 1회 대선 토론

"**국정운영을 안 해보셔서 하시는 말씀인데,** 국정원을 통해서 북한이 어떤 태도를 취할 지 파악을 해봤다."

- 19대 2회 대선 토론

위와 같이 문재인 후보는 '국정운영'이라는 단어를 통해 자신의 경험을 강조하였다. 이는 유권자들에게 신뢰를 주는 효과적인 전략이었다고 평할 수 있다.

"(중략) **대통령이 될 사람이죠.** 대통령은 남북관계 풀어나갈 사람이다."

- 19대 2회 대선 토론

"이번에 **제가 당선되면** 내년도 지방선거 때 개헌 국민투표 한다."

- 19대 3회 대선 토론

"국민을 바라보고 정치해야 한다. **저 반대하려고 정치하는가?**"

- 19대 3회 대선 토론

"현실적으로 늘려야 하지만 경제를 살리면서 해야지 복지 늘리기가 급하다고 경제를 줄일 수는 없다. (중략) 우리는, **저는 수권하겠다는 후보로서** 현실적으로 감당할 수 없는 부분을 공약할 수 없다."

- 19대 6회 대선 토론

국정운영 경험 강조를 넘어 지지율 1위 후보로서의 자신감과 의지를 강하게 드러내기도 하였다. 확신을 바탕으로 정책을 제시하였고, '수권하겠다.', '저 반대하려고 정치하는가?'와 같은 강한 표현을 통해 '문재인 대세론'에 부합하게 단호한 모습을 보여주었다.

이와 같이 문재인 후보는 자신의 역량을 차별화하고자 했고, 지지율 1위 후보로서의 자신감을 드러냈다. 이를 통해 유권자들에게 문재인을 믿어도 된다는 점을 효과적으로 전달하여 당선될 수 있었다. 다만, 문재인 후보는 긍정적인 비전을 제시하면서 실현수단을 설명하는데 다소 부족한 점이 있었다.

유승민 후보: 국민연금 소득대체율을 올린다고 했다. 2050년에 가면 기금이 고갈된다. 소득대체율을 현재 계획으로는 2028년까지 40%인데 50%까지 올린다고 하면… (중략) 어떻게 하나?

문재인 후보: **국민연금 납부금을 올리는 방법도 있다.** (중략) **정부가 책임지는 방향**도 있고 다양하다. (중략) 아니다. **다양한 방법 있다.**

- 19대 1회 대선 토론

유승민 후보: (일자리관련) 공공부문 81만 개라 하면 그 중 공무원 17만 4천 명이라면서 정말 계산도 제대로 안 해보고 재원을 너무 낮춰 잡은 것 아닌가?

문재인 후보 공무원 일자리 소요예산도 9급 공무원 초봉으로 계산한 게 아니다. (중략) **더 자세한 것은 유 후보님이 정책본부장하고 토론하는 게 맞겠다.**

- 19대 4회 대선 토론

특히 전문성을 기반으로 상대방 후보를 검증하는 면모를 보여준 유승민 후보와 질의응답을 할 때 문제점이 부각되었다. 구체적인 방법을 제시하지 못했고, 유승민 후보의 명확한 질문에 비해 다소 허술한 답변을 하였다. 특히 '정책본부장과 토론하라'는 발언은 토론에서 적절치 못한 발언이었다고 할 수 있다. 요약하자면 문재인 후보는 자신이 제시한 비전을 달성하기 위한 방안을 제시함에 있어 수치적인 활용이나 대응에 아쉬운 점이 있었다고 볼 수 있다.

핵심 단어를 계속하여 강조

문재인 후보는 핵심 단어를 전략적으로 강조했다. '진짜 안보', '일자리 대통령', '광화문 대통령'이 그것이었다. 아래의 사례를 통해 살펴보자.

"과거 우리는 북한 핵의 완전한 폐기에 대해서 포괄적 해결방안을 다자외교를 통해 합의한 바 있다. 그렇게 **문제를 실질적으로 해결하는 '진짜 안보'**가 필요하다. 이제 안보팔이 장사, 색깔론은 끝내야 한다. (맺음말) 대한민국을 안보 위기에 빠트린 안보무능세력을 확실히 심판하고 **진짜 안보 대통령**을 뽑는 것이다."

  - 19대 3회 대선 토론

"홍 후보와 유 후보는 안보를 말할 자격이 없다고 생각한다. **가짜 안보 세력**이라 규정하고 싶다. 안보에서 가장 중요한 것은 적어도 한반도 문제에서 우리가 주인이다."

- 19대 4회 대선 토론

"저는 일자리 문제를 해결하는 '**일자리 대통령**'이 되겠다. 좋은 일자리를 만들기 위해 노동시간 단축으로 일자리를 나누고…. (중략)"

- 19대 4회 대선 토론

"첫째, **광화문 대통령 시대** 열겠다. 국민과 함께 출근하고 퇴근하고 퇴근 후 시장에 들르기도 하고 만나기도 하고 국민과 일상을 함께하는 국민 속의 대통령이 되겠다."

- 19대 6회 대선 토론

이러한 핵심 단어들은 정책 내용을 구구절절 설명하기보다 자신의 정책적 관심이 어디 있는지를 짚는 데 효과적이었다. 특히 사회적으로 점차 크게 이슈가 되고 있는 일자리에 대한 부분을 '일자리 대통령'이라는 단어로 강조했는데, 이는 경제정책에서 문재인 후보의 색깔을 드러내면서도 국민의 요구에 적절히 부합하는 것이었다.

'광화문 대통령'도 마찬가지였다. 박근혜 정부가 소통을 제대로 하지 못했다는 이미지를 짚어내고, 그와 반대로 유권자와 소통하는 대통령이 되겠다는 말을 '광화문'이라는 단어로 응축해냈다. 이와 같이 청중이 이해하고 기억하기 쉬운 단어의 사용은 후보자의 이미지를 긍정적으로 형성하고, 복잡한 정책보다는 간명한 이미지와 느낌을 전달했다는 점에서 효과적이었다고 볼 수 있다.

근거 제시로 준비된 모습 보여주기

문재인 후보는 19대 대선 기간 내내 지지율 1위를 유지했다. 그리고 이미 대선에 도전한 경험이 있었다. 이를 바탕으로 문재인 후보는 자신이 준비된 1위 후보임을 강조하기 위해 정책과 구체적인 근거자료들을 제시하는 데 주력했다.

"개성공단이 중단될 때까지 125개 기업이 입주해 있었는데 우리 국내에도 납품하는 협력업체가 5천 개였다. 그래서 **개성공단 폐쇄로 인해 국내에서도 무려 12만 5천 명이 일자리를 잃었다는 통계 자료가 있다.**"

- 19대 3회 대선 토론

"OECD 통계와 다르다고 했는데 그렇지 않다. (중략) **똑같은 기준으로 OECD는 21.4%고 한국은 7.6%다. 그래서 우리나라는 공공부문 일자리가 부족하다.** 뿐만 아니라 OECD는 사회적 경제도 거의 6~10% 고용을 차지한다. 다시 말해 OECD 국가는 공공부문 또는 사회적 일자리가 전체의 1/3쯤 된다. 우리는 불과 1%도 안 된다."

- 19대 4회 대선 토론

"노무현 정부 때 국방비가 **연평균 8.8% 증가했다.** 이명박 정부 때는 국방 예산 증가율이 **5%대로 떨어지고** 박근혜 정부는 **4%로 떨어지지 않았나.** 국방 예산이 줄어서 KAMD나 킬체인을 늦춘 이유가 무엇이냐."

- 19대 4회 대선 토론

경제, 일자리, 국방 등 정책 분야에서 본인의 주장에 힘을 싣기 위한

구체적인 근거로서 통계와 OECD 자료 등을 잘 제시했다. 지지율 1위인 문재인 후보는 다른 후보들의 공세를 받아내야 했던 상황이었는데, 준비된 자료를 제시하면서 대응하는 모습을 보여준 것이다. 이는 당시 트렌드로 부상한 '팩트체크'에도 부합하는 전략이었다.

민감한 이슈는 회피

심상정 후보: 이재용은 유죄를 받으면 사면 안 하겠다고 이 자리에서 입장 밝힐 수 있는가?

문재인 후보: 국민의 뜻에 배치되어 행사하지 못하도록 제도적 장치를 확실히 갖추겠다. (중략) 그러나 특정인을 놓고 사면이 불가하다고 말하는 것은 정치의 격에 맞지 않는다.

- 19대 1회 대선 토론

홍준표 후보: 문재인 후보에게 묻겠다. 국가보안법 폐지하겠습니까?

문재인 후보: 찬양, 고무, 그런 조항들은 개선해야 한다고 생각한다.

홍준표 후보: 개선의 문제가 아니고 대통령이 되면 국가보안법 폐지하겠느냐는 것이다.

문재인 후보: **방금 답하지 않았습니까?**

- 19대 1회 대선 토론

19대 대선 토론에 대해 언론들은 '문재인 청문회'라고 표현했다. 그만큼 다른 후보들의 질문이 문재인 후보에게 집중되었다는 것이다. 물론 정책에 대한 날카로운 질문도 있었지만, 대부분은 네거티브로 표현할 수 있는 질문도 많았다. 이런 예상 되는 공세에 문재인 후보는 전략적으로 비켜갈 수 있는 자세를 취했다.

위 사례는 질문자의 답변에 다소 맞지 않는 답을 하였다고 볼 수 있는 부분이다. 보통 토론에서는 이러한 부분이 부정적으로 비칠 수도 있다. 하지만 상대방이 어느 정도 답변을 유도하는 질문을 한다든가, 흠집을 내려는 의도로 하는 질문이라면 이와 같이 전략적으로 회피하는 것도 나쁘지 않은 전략이 될 수 있다. 특히 정치적으로 민감한 이슈에 관해서는 잘못된 대답으로 큰 여파가 미칠 수 있기 때문에 전략적인 회피가 적정한 선택일 수 있다.

반면 정책에 관한 질문을 받은 경우는 다음과 같은 모습을 보였다.

안철수 후보: 다음 정부에서는 과학기술 개혁이 필요하다. 효율적으로 예산을 쓰기 위해서 한 가지만 선택과 집중하자는 의견이 있고, 여러 시도를 다양하게 하자는 의견이 있는데 어느 쪽에 동의하느냐?

문재인 후보: 4차산업혁명은 **안 후보가 전문가인데 안 후보 견해는 어떤가?**

안철수 후보 견해를 묻는 것이다.

문재인 후보: 그보다 더 중요한 것은 우리 과학 연구가 긴 호흡으로 가야⋯.

- 19대 1회 대선 토론

> 유승민 후보: 상시적으로 근무하는 정규직으로 써야 할 직원을 비정규직으로 채용 못하게 사유를 금지하는 것이다. 업종별 기업별로 다르지만, 비정규직 총량제도 하자. 이건 직접적인 강력한 대책인데 동의하나?
>
> 문재인 후보: 동의한다. 저도 수용할 만한 정책이다. 더 말하면 차별금지가 규정되어있기는 하지만 (중략) 강제로 실현할 법 제도가 필요하다. 그게 제 공약이다.
>
> - 19대 4회 대선 토론

위 사례에서 문재인 후보는 원론적으로 답하기보다 상대 후보에게 역으로 질문한다든가, 상대 후보의 발언에 동의한 다음 설명을 덧붙이는 모습을 보였다. 이는 난감한 질문에 대한 실수를 회피하면서, 자신의 생각을 덧붙이기 용이한 방법으로 볼 수 있다.

만약 대선 토론이 일반 정책토론처럼 각자의 정책만을 놓고 장단점을 논하는 것이었다면 '회피'는 토론의 전략으로 활용될 수 없었을 것이다. 하지만 대선 토론은 정책에 관한 입장을 선명하게 드러내기보다 국민께 후보자들의 생각을 알리는 자리이기 때문에, 문재인 후보는 상대의 의도된 질문에 원론적인 답변이나 역질문 등으로 무난하게 대응할 수 있었다.

홍준표 후보

#쉬운 단어의 적극적 활용
#상대 후보 이미지 규정

청중을 고려하기 쉽게 말하기

홍준표 후보는 다른 후보와 비교해도 쉽게 이야기하는 모습을 보여주었다. 일부러 쉬운 단어를 활용하고, 쉬운 비유를 활용하여 상황을 간단하게 정리하는 등 청중이 이해하기 쉬운 접근 전략을 구사했다. 청중들이 토론에 계속 집중할 수 없고, 정책 전문가가 아니라는 점을 고려한다면 대단히 효과적인 전략이라고 볼 수 있다.

안철수 후보: 저희가 집권하면 여러 여기 계신 당들을 중심으로 논의해서 협치의 틀을 짜게 된다.

홍준표 후보: 아니 제대로 하려면 적어도 1, 2당은 돼야 국회운영이 가능하다. 그런데 지금 서른 몇 명 가지고 국정운영을 하려면, 저는 보기에 **호남 1중대가 민주당, 호남 2중대가 국민의당으로 보이는데** 어차피 선거 끝나면 합당할 것 아니냐. 그렇게 해야 국정운영이 가능한데.

– 19대 1회 대선 토론

위의 사례를 보면, 민주당과 국민의당을 '호남 1중대, 호남 2중대'라

고 표현했다. 두 정당의 차이가 크지 않다는 점을 지적함과 동시에, 보수세력이 안철수 후보가 아닌 자신을 지지하도록 만들기 위해 지역주의를 자극하는 발언이다. 즉, 보수의 표를 가져가려는 안철수 후보를 2중대로 만들어 견제한 것이다.

또한 홍준표 후보는 어렵고 복잡한 말을 하기보다, 그런 말을 지적함으로써 자신을 돋보이게 만들었다.

안철수 후보: 억지로 뒤집어씌우려고 하면 저는 원하는 답을 말씀드린 것이 아닌가?

유승민 후보: 아니다. 안 후보가 200조 원 어느 세금 어떻게 올려 마련한다는 말을 하지 않으면 200조 원 소요되는 공약들이 지킬 수 없는 공약 된다.

안철수 후보: 세출 구조조정을 하고 공평 과세하고 나머지 부분은 국민 동의를 얻어서 증세해야 한다.

홍준표 후보: **세 분 토론하는 것 보니까 기획재정부 국장들끼리 논쟁하는 것 같다.** 대통령은 경제 철학이나 사상이나 통치 철학을 갖고 덤벼야지 뭐 숫자 하나 따지고 하는 것은 대통령 역할 아니다. 세 분 토론하는 것이 꼭 문 후보나 안 후보가 쩔쩔매는 것 보니까 **기재부 국장**한테 설교 받는 것 같아서 조금 유감이다.

- 19대 4회 대선 토론

위 사례를 살펴보면, 다른 후보들이 수치를 해석하면서 논쟁이 벌어졌다. 그리고 수치, 사례와 같은 세부사항은 전문성을 드러내기 좋은

지점이다. 그런데 이 부분에서 홍준표 후보는 수치상 오류를 지적하는 행위를 '기재부 국장'에 비유하면서 대통령의 역할이 아니라고 발언했다. 청중 입장에서는 홍준표 후보의 발언이 더 쉽게 와닿았을 가능성이 크다.

"모래시계검사 홍준표의 국가 대개혁. 대한민국을 **세탁기**에 넣고 확 한 번 돌리고, 1년만 돌려보겠다. 저는 어릴 때부터 뼛속까지 서민 출신이다. 그래서 이번에 내건 구호는 **서민 대통령**이다. 지금 이 나라의 서민과 청년들은 돈이 없어서 불행하다기보다는 꿈을 잃었기 때문에 불행하다고 본다. 대통령 직속 서민청년구난위원회를 설치해서 서민의 삶과 애환을 대통령이 직접 돌보겠다.

저희 복지나 기업에 대한 입장은 기업에는 자유를 주고 서민에겐 기회를 주는 게 대한민국이 잘사는 길이라고 본다. **강성 귀족노조** 때문에 일자리가 지금 해외로 빠져나가고 있다. 대한민국 정치권의 금기사항인 민노총과 전교조를 반드시 개혁하겠다. 저는 진주의료원 사태, 무상급식 파동을 통해 **강성 귀족노조, 전교조**와 싸워서 이겼다. 지금 세계적으로는 **우파 스트롱맨**의 시대이다. 결기와 강단으로 이분들과 적극적으로 협상해나가겠다."

— 19대 1회 대선 토론

홍준표 후보는 국가의 개혁을 이야기할 때도 자세한 방법을 말하기보다는 쉬운 비유와 단어들을 사용했다. 세탁기에 넣고 돌리겠다는 비유는 자세한 개혁 방법보다 청중에게 친근하게 다가왔다. 자신을 서민 대통령으로 부르며, 일자리 문제의 주범을 강성 귀족노조로 지목하는

등 자신의 지지자들이 솔깃할 단어들을 거침없이 언급했다. 복잡한 논리보다 귀에 쏙쏙 들어오는 쉽고 강력한 단어들로 지지층의 결집을 노렸던 것이다.

상대 후보를 좌파로 규정하기

홍준표 후보는 좌파라는 단어를 적극적으로 활용했다. 특히 진보라는 표현은 쓰지 않으면서도 좌파라는 표현은 반복했는데, 이는 청중들 중 일부가 좌파라는 개념에 대하여 부정적인 감정을 갖고 있음을 계산한 것이라고 할 수 있다. 더불어 자신만이 유일한 우파 보수 후보임을 강조하기 위함이었다. 실제로 유승민 후보는 좌파라는 표현을 거의 쓰지 않았다.

홍준표 후보는 자신만이 유일한 우파 후보임을 강조하고, 나머지는 사실상 전부 좌파라는 식으로 치부했다. 청중에게 '좌파'라는 말은 굉장히 분명하게 들리는 말이었고, 결과적으로 이 말을 계속 사용한 것은 보수 지지층을 결집하는 데 매우 효과적이었다.

"오늘 토론장에 와서 첫 번째로 깜짝 놀란 것은 유 후보의 공약이 심 후보의 공약과 비슷하다는 것. 그러니까 심 후보는 **좌파 정치인**이란 것은 국민이 다 아는데 그렇게 공약하고도 우파라고 얘기하는 것은 매우 유감스럽고요."

- 19대 1회 대선 토론

심지어 일반적으로 같은 보수로 평가되는 유승민 후보에 대해서도 전략적으로 '좌파'라는 단어를 사용한 것을 볼 수 있다. 개혁적 보수를 내세운 유승민 후보가 좌파 정치인과 다를 바가 없다고 하면서 보수 지지층을 상대로 유승민 후보와 자신을 차별화했다.

홍준표 후보: **강남 좌파**라는 평은 어떤가?

유승민 후보: 전혀 동의 안 한다. 우리 후보님이 극보수라는, 뭐 극우 수구파 다라는 주장에 별로 동의 안 하는 것처럼 저는 강남 좌파라는 그런 의견에 전혀 동의 안 한다.

- 19대 1회 대선 토론

이는 지지기반을 공유하는 유승민 후보로부터 자신의 표를 지켜내는 데도 효과적이었다고 볼 수 있다. 다만, 정책과 관계없이 상대 후보를 낙인찍는 발언은 상대방에 대한 인신공격으로 비춰질 수 있다.

홍준표 후보: 민간 일자리가 만들어지지 않는 건 문재인 후보를 비롯한 좌파 정치인들이 국회에서 반기업 정서를 만들었기 때문에 기업이 전부 해외로 나가기 때문이다. 그래서 민간 일자리가 줄었다고 생각하지 않느냐. (중략)

문재인 후보: 왜 제가 주적이냐고. 아까 그렇게 말했다.

홍준표 후보: 아, **친북 좌파**이기 때문에 그렇지.

문재인 후보: 허허허.

- 19대 1회 대선 토론

위 사례는 지지율 1위인 문재인 후보와 대립각을 세우는 모습을 보여준다. '친북 좌파'라는 말로 문재인 후보를 규정했다.

19대 대선을 시작하는 홍준표 후보에게는 두 가지 큰 문제가 있었다. 하나는 박근혜 전 대통령의 탄핵이었다. 이로 인해 자유한국당을 지지하는 보수세력의 실망감이 매우 커졌다. 홍준표 후보를 지지할 기반이 축소된 것이었다. 다음으로는 개인사 이슈였다. 자서전에 돼지발정제를 이용한 성폭행 모의 사건이 언급됨에 따라 여러 공격을 받게 되었다.

이러한 상황에서 홍준표 후보는 쉽고 자극적인 표현을 통해 자신의 존재감을 드러내어 지지층을 결집시키는 데 주력했다. 그리고 이를 통해 홍준표 후보는 악재 속에서도 2위로 선거를 마무리했다. 일반적인 정책토론이었다면, 홍준표 후보의 태도는 사실 좋게 평가하기 힘들었을 것이다. 다만 이 토론은 대선 토론으로 지지층에게 자신의 정책적 입장을 확실히 보여주어야 한다는 점에서, 홍준표 후보가 선명하게 입장을 드러내어 효과적으로 대선 토론을 치른 것으로 평가할 수 있다.

안철수 후보

#4차산업혁명 비전 제시
#기업전문가 역량 강조

4차산업혁명 비전 설득 실패

안철수 후보는 4차산업혁명을 미래 비전으로 제시하였다. ICT 기업가로서의 전문성에 부합하는 전략이었다. 그리고 현재 어려움을 겪고 있는 노동, 복지 등 여러 분야에 큰 변화를 가져와서 문제를 해결하겠다는 비전이었다. 때문에 안철수 후보는 4차산업혁명을 대선 토론의 핵심 키워드로 잡고 토론 곳곳에서 활용했다.

> "**4차산업혁명**은 이미 우리 곁에 와 있다. 오히려 잘 적응하는 것이 중요하다. (중략)
>
> 한 언론에서 보도됐지만, 잘 대처하면 164만 개의 일자리를 만들 수 있지만 잘못 대처하면 68만 개의 일자리를 잃는 결과가 나올 수 있다. 따라서 리더가 얼마나 과학에 대해 제대로 잘 이해하고 있는가가 정말 핵심이다. (중략)
>
> 이제는 미래로 갈 때다. 지금 우리는 수출절벽, 내수절벽, 외교절벽, 인구절벽, 일자리절벽 5대 절벽에다 엎친 데 덮친 격으로 4차산업혁명의 파도까지 밀려들고 있다. 이런 위기에 내부에서 분열하고 싸우면 우리 모두 공멸한다. 저는 4차산업혁명 시대를 맞아 20년 먹고 살 미래먹거리, 미래일자리 만드는 50대 젊은 대통령 되겠다. 기억해달라."
>
> - 19대 3회 대선 토론

위 사례를 텍스트로 보면 그럴듯해 보일 수도 있다. 새로운 시대가 오고 그것을 준비해야 한다는 것은 당연한 이야기이기 때문이다. 그러나 이 전략은 효과가 매우 미비했다. 4차산업혁명이 무엇인지, 왜 대비를 해야 하는지에 관해 구체적으로 설명하지 못했기 때문이다.

안철수 후보: 4차산업혁명 시대이기 때문에 학제개편이 시급하다고 말씀했다. 이대로 가면 우리가 원래 해야 하는 교육, 적성교육, 인성교육을 못한다.

문재인 후보: 그것은 혁신교육을 하면 되지 학제개편과 무슨 상관있나.

안철수 후보: 매번 실패했다. 전격적으로 틀을 바꿔야 한다.

문재인 후보: **4차산업혁명 때문에 필요하다?**

안철수 후보: 4차산업혁명 때는 우리가 필요한 인재상을 우리가 정하기 어렵다.

- 19대 4회 대선 토론

위 사례에서 안철수 후보는 4차산업혁명을 근거로 학제개편을 주장했다. 그런데 근거가 주장을 어떻게 뒷받침하는지를 제대로 설명하지 못했다. 앞으로 필요한 인재상을 정하기 어렵다는 발언도 한다. 이는 4차산업혁명이라는 다소 모호하고 추상적인 개념을 핵심적인 비전으로 삼은 전략적 한계 때문이었을 것이다.

추상적인 주제였기에 다른 후보들도 이에 동의한다든가 대립한다든가 할 필요 없이 세부사항을 묻는 선에서 논의가 끝났다. 오히려 4차산업혁명만 언급하는 앵무새, 소위 '4무새'라는 표현을 들을 정도로 안철수 후보는 4차산업혁명 이야기만 했다. 적어도 4차산업혁명을 적극적으로 활용하기 위해서는 그것이 국민 개개인의 삶에 어떻게 연관되는지를 보여주고, 이것이 중요한 문제라는 점을 충분히 밝혔어야 한다. 그러한 설득이 부족했기 때문에, 안철수 후보의 4차산업혁명은 화제가 되지 못했다. 그리고 안철수 후보의 토론도 긍정적으로 주목받지 못했다.

기업 전문가 역량 부각 실패

안철수 후보는 기업가 출신이라는 강점을 활용해 일자리 문제에 대한 비전을 제시했다. 미래를 대비하기 어려운 중소기업의 R&D(연구개발) 역량을 키워줌으로써, 중소기업을 발전시키고 양질의 일자리를 늘린다는 것이었다.

안철수 후보: 중소기업들은 **R&D 역량이 핵심이다.** 어떻게 강화할 건가.

홍준표 후보: 그것은 지금 중소기업뿐만 아니라 우리나라 대기업의 R&D 역량도 마찬가지다. R&D 역량을 강화하려면 거기에 투자하게 되면 감세정책이 나와야 한다.

안철수 후보: 중소기업이 감세한다고 R&D 역량이 커지겠나.

홍준표 후보: 아니 R&D에 투자하는 기업에 대해서는 R&D 부분에 대해서는 적극 감세정책을 해야 한다.

안철수 후보: 중소기업과 벤처기업 특정한다고 그게 효과가 있겠나.

홍준표 후보: 글쎄요, 우리 안 후보님은 중소기업을 경영해보셨으니까 제가 집권하게 되면 고견을 잘 듣겠다.

> 안철수 후보: 네 지금 일자리를 만드는 핵심은 중소기업이다. 지금 대기업은 오히려 일자리가 줄었다. 그렇다고 창업기업을 통해 일자리를 많이 만들려면 역효과다. 따라서 중소기업을 건실한 중견기업으로 성장시키는 데서 일자리 해답이 있다.
>
> - 19대 1회 대선 토론

위 사례를 보면 안철수 후보는 중소기업의 R&D 역량 강화를 강하게 주장하고 있다. 그러나 정작 이후에 그것을 어떻게 강화할 것인가에 대한 내용은 없다. 필요하다는 이야기만 한 것이다. R&D는 청중에게 낯선 용어이고, 와닿지 않는 내용이다. 따라서 이것이 무엇이고 어떠한 효과를 가져올 것인지 명확히 제시했어야 한다. 또한 안철수 후보는 이후 국방, 안보를 이야기하면서도 R&D를 강조하기도 했는데, 그렇다면 이 용어에 관하여 좀 더 친절하게 설명했어야 했다.

네거티브에 대한 대처 실패

안철수 후보의 가장 큰 실수는 네거티브에 대한 대처방법이 미숙했다는 것이다. 안철수 후보는 민주당 측에서 제기한 갑철수, MB 아바타 의혹에 대한 해명을 대선 토론에서 하려고 했다. 하지만 이는 오히려 해당 용어가 유행하게 만드는 결과를 가져왔다. '코끼리를 생각하지 마.'라고 하면 오히려 코끼리가 생각나는 것처럼, 본인에 관한 부정적인 이슈는 깨끗하게 해소될 수 있는 자리가 아니라면 차라리 언급하지 않는 것이 나은데, 굳이 언급해서 네거티브의 효과를 더 키워주는 결과를 낳았다.

다음 사례에서 안철수 후보가 자신에 관한 네거티브에 대해 분노하고 있다는 점이 엿보인다. 혹은 이 네거티브를 상대방 후보를 통해 해명시키는 것이 선거에 도움이 되리라 판단하였다는 점도 볼 수 있다. 하지만 이러한 고민에 청중이 결여되어 있었다.

안철수 후보: **갑철수냐 안철수냐.**

문재인 후보: 무슨 말인가.

안철수 후보: **갑철수인가. 안철수인가.**

문재인 후보: 무슨 말인가.

안철수 후보: 이것이 민주당의 네거티브 문건이다.

- 19대 3회 대선 토론

모든 정치인에게는 네거티브가 있고, 이를 극복하는 것은 숙명이다. 그런데 정책을 주로 이야기하는 대선 토론에서 '갑철수', 'MB 아바타'라는 단어를 직접적으로 꺼내면서 네거티브를 막아달라고 상대 후보에게 요청하는 행위는 청중에게 부정적으로 다가왔을 것이다. 실제 토론에서 상대방이 제기한 네거티브라면 반박하는 것이 타당하겠지만, 언급되지도 않은 내용을 본인이 해명하겠다고 제시하는 것은 불필요한 행위였던 것이다. 양강 구도를 이루던 안철수 후보는 사실상 이 토

론을 통해 대권에서 멀어졌다.

안철수 후보는 호남의 지지를 받으면서도 보수에게 인정받는 후보로 자리 잡으려 했고, 실제로 여론조사에서 어느 정도 그 가능성을 보여주었다. 그러나 안철수 후보는 대선 토론을 거치면서 지지율이 오히려 더 떨어졌다. 자신의 강점을 살려 4차산업혁명, R&D 등을 언급했지만, 그것을 어떻게 할 것인지 구체적으로 설명하는 데 실패했기 때문이다. 또한 자신에 대한 네거티브를 자신이 언급하면서 오히려 네거티브를 확산하는 결과를 초래했다. 안철수 후보가 좀 더 설득력 있게 자신의 정책을 청중에게 이해시켰다면, 그리고 네거티브에 좀 더 의연하게 대처했더라면 대선의 판도는 달라졌을지도 모를 일이다.

유승민 후보

#전문적·합리적 단어 활용
#'보수 차별화' 이미지 강조

전문성을 이용한 차별화

19대 대선에서 유승민 후보는 불리한 구도에 처해있었다. 첫째로, 이전 정권에 따른 책임론에 유승민 후보도 포함되었다. 이전 정권을 심판한다는 입장에서는 유승민 후보 역시 대안일 수 없었다. 둘째로, 이전 정권을 옹호하는 입장에서도 유승민 후보는 지지받지 못했다. 박근혜 전 대통령과 대립각을 세웠기 때문이다. 박근혜 대통령은 유승민 후보에게 '배신'의 이미지(사실 여부를 떠나)를 덧씌우기도 했다. 따라서 대선 초기에 유승민 후보의 지지율은 매우 낮았다.

이러한 문제점을 해결하기 위해서 유승민 후보는 학자로서 자신이 가진 전문성을 드러내어 다른 후보와 차별화함으로써 존재감을 높이기 위해 노력했다. 이에 걸맞게 전문 용어를 활용하고, 다른 후보자들의 용어나 정책을 검증하는 모습을 보여주었다.

유승민 후보: 전술핵은 90년대 말 미군이 빼갔다. 지금은 없다. 나토는 전술핵을 가지고 있고, 지금 북한의 핵미사일 위협이 이렇게 심각할 때 우리가 할 수 있는 것은 2개다. 사드(THAAD·고고도미사일방어체계) 등으로 막는 것이다. 만약 우리가 핵 공격 막는 것을 실패하면 미국이 시간 한참 지나 핵 보복 공격하는 것이다. 그런 **전술핵**을 한반도에 갖고 있으면 북한이 우리한테 핵 공격하면 반드시 즉각 핵 공격 당한다는 두려움 갖게 된다. 그래서 전술핵을 재배치하되 제가 대통령 되면 절대 이것은 구체적으로 말 안 하겠다. **NCND** 정책으로 가겠다.

문재인 후보: 운영을 누가 하나, 전술핵?

유승민 후보: 한미연합사다. 핵우산이 얼마나 **찢어진 우산**이냐면, 우리가 공격받고 나면 미국이 북한에 핵 공격 하는 데 한참 시간 걸린다. 전술핵은 **공포의 균형**을 맞추는 것이다.

- 19대 4회 대선 토론

위 사례는 안보에 관하여 전문용어를 활용한 사례이다. 전술핵,

NCND(Neither Confirm Nor Deny)와 같이 일반적이지 않은 용어를 제시했다. 이후에는 '공포의 균형(balance of terror)'이라는 표현도 썼다. 생소하지만 전문적인 용어를 활용한 것은 자신의 전문성을 드러내기 위함이다. 뿐만 아니라 자신이 국회 상임위 중 국방위원회에서 활동했다는 이야기를 하면서 안보에 대한 전문성을 강조하였다.

또한 유승민 후보는 경제학자로서 경제 이슈에서 전문적인 이미지를 보여주기 위해, 상대방 후보의 공약을 수치적으로 검증하는 모습도 보여주었다. 특히 문재인 후보의 공약에 대하여 재원조달방법을 계속 확인하는 모습을 보여주었다.

> "공공일자리 81만 개 만든다 하셨다. 공무원 수를 급격히 국민 세금으로 증가시키는 게 아니냐는 생각이 들고. 81만 개 일자리를 만드는 데 5년간 21조 원, 1년에 4조 2천억 원이 든다. 이것을 81만 개로 나누면 1년에 500만 원, 월 40만 원이 된다. 월 40만 원짜리 일자리 81만 개를 만든다 이거다. 어떻게 되는 건가."
>
> - 19대 1회 대선 토론

위와 같이 상대방 후보의 재원조달방법이 잘못되었다는 점을 지적하였다. 이때 와닿지 않는 큰 숫자를 이해할 수 있도록 작은 숫자까지 차근차근 내려와서 설명하는 모습을 보여주었다. 이와 같이 숫자의 의미를 해석하는 방법은 일반적인 토론에서도 유용한 방법이다.

이와 같이 유승민 후보는 안보와 경제의 측면에서 자신의 전문성을 드러내어 보수 후보로 자리매김하고자 하였다.

보수 후보로서의 차별화

유승민 후보가 보수의 대표후보로 자리매김하기 위해서는 홍준표 후보를 견제해야만 했다. 이를 위해 유승민 후보는 홍준표 후보의 도덕성, 개인사 등 비정책적인 부분을 비판하는 입장을 취했다. 홍준표 후보가 불미스러운 일로 재판 중이라는 점, 자서전 관련하여 문제가 불거졌다는 점에서 그러했다.

"저는 한국당 홍 후보의 즉각 사퇴를 촉구한다. 이미 **형사 피고인**으로 재판을 받는 중이다. 1심에선 유죄, 2심에선 무죄를 받고 대법원 판결이 나와야 한다. 그리고 돼지흥분제로 **강간미수의 공범**이다. 이런 후보는 인권의 문제, 국가 지도자의 품격, 대한민국의 품격 문제이다. 저는 홍 후보자가 즉각 사퇴해야 맞다(고 생각한다)."

- 19대 3회 대선 토론

위 사례와 같이 유승민 후보는 다른 후보에게 정책 검증을 주로 한 것과 달리, 홍준표 후보에 대하여는 정책이 아닌 다른 방면의 공격을 더 많이 했다. '형사 피고인', '강간미수의 공범' 같은 단어들을 사용한 것이 그 예이다. 유승민 후보의 평소 어조와는 다른 단어들이다. 이는 보수 후보로서 홍준표 후보와 정책적 차별화가 쉽지 않다는 점을 고려한 것으로 보인다.

이상의 노력에도 불구하고 유승민 후보의 차별화는 실패했다고 볼 수 있다. 문재인 후보와 홍준표 후보의 대립각이 주목 받으며 보수 진영의 표가 홍준표 후보에게 도리어 몰리는 결과를 가져왔기 때문이다. 또한 다른 후보의 정책을 검증하는 것에는 능했지만 자신의 주장이나 정책을 선명하게 드러내는 데는 실패했다.

심지어 유승민 후보가 제시한 좋은 정책을 다른 후보들이 동의하는 바람에 이슈화되지 못하기도 하였다. 논쟁적인 정책을 제시하지 못했기 때문에 정책으로 존재감을 드러내지 못한 것이다.

다음 사례에서도 많은 이들이 동의할 수 있는 정책을 펼침으로써 논쟁이 벌어지지 못했고, 주목받지 못한 것을 확인할 수 있다.

유승민 후보: 법인세는 저는 소득이 많은 대기업한테, 이명박 정부 이전 수준으로 일단 올리겠다.

심상정 후보: 저도 같은 생각이다. 그래서 우리 정의당 또 민주당과 국민의당이 다 법인세 인상을 당론으로 확정했다.

- 19대 1회 대선 토론

즉, 유승민 후보는 상대방 후보를 검증하면서 차별화하는 데 성공했지만, 그보다는 본인의 정책과 비전을 드러내는 차별화를 시도했으면 하는 아쉬움이 남았다고 평할 수 있다.

심상정 후보

#공감가는 감성적인 사례 제시
#진보 청중을 결집하는 단어 활용

공감 유도

심상정 후보는 낮은 지지율로 인해서 현실적으로 당선을 기대하기 힘든 상황이었다. 이 때문에 심상정 후보는 전 유권자들을 대상으로 두루 지지를 호소하기보다, 자신의 존재감을 드러내면서 정의당의 지지층을 결집시키려는 전략을 펼쳤다. 이를 위해 노동 이슈에 집중하는 모습을 보여주었다. 동시에 유일한 여성 후보로서 '공감'을 내세우는 전략을 보여주었다. 특히 에피소드, 이야기 등을 적극 활용하는 모습을 보여주었다. 이는 유권자들에게 친근하게 다가갈 수 있는 방법이기도 하다.

심상정 후보: 유 후보님 이제 정책검증을 좀 같이 해보십시다. 제가 먼저 말씀 드릴게요. 유 후보는 국방위원장도 했지 않나. 자식을 군대에 보낸 엄마가 **500원**짜리 모은다는 이야기 들어봤나.

유승민 후보: 자식을 500원짜리요? 못 들어봤다.

심상정 후보: 아이들이 세탁기, 탈수기 써야 해서 500원짜리 선물을 해줘야 한다고 한다.

- 19대 3회 대선 토론

위 사례에서 제시된 것처럼, 500원을 모으는 것이 일반적인 어머니들의 풍경인지는 의문이 들 수 있다. 그러나 저런 에피소드를 제시함으로써 국방의 의무를 수행하면서 세탁비마저 부담해야 하는 군인의 모습을 자연스럽게 떠올리게 만들 수 있다.

"창원 촛불집회에서 만난 **24세 청년**의 얘기가 생각난다. 120만 원 월급 받아 이것, 저것 다 빼면 10만 원 남는다고 한다. 사랑하는 애인 있지만, 결혼은 꿈도 못 꾼다고 한다. **꽁꽁 묶어둔 한 마디를 내뱉었다.**"

- 19대 1회 대선 토론

저소득층에 관한 이야기를 하면서 사랑과 결혼이라는 현실을 언급하고, 꽁꽁 묶어둔 한 마디라는 표현을 활용하는 등 공감을 유도하는 말하기를 보여주었다. 이는 청중에게 심상정 후보야말로 함께 할 수 있는 후보라는 느낌을 주는 효과를 주기 위함이라고 볼 수 있다.

극적인 용어 활용을 통한 감성 공략

심상정 후보는 건조한 문장보다는 극적인 말을 사용하는 경향이 있었다. 이는 공감과 감성을 호소하는 측면에서 인상적이지만, 객관적이지 못하다는 인상을 줄 수 있다.

심상정 후보: 안 후보께 묻는다. 자유한국당과 규제프리존 발의하셨다.

안철수 후보: 말씀하세요. 규제프리존법.

심상정 후보: 국민의당이 대표 발의했다. 전경련 **청부입법**이다. 박근혜 정부의 숙원과제였는데 계속 밀고 나갈 것인가?

안철수 후보: 단서조항이 있다. 환경, 안전, 의료영리화 이 부분은 삭제해야 한다. 삭제하고 통과해야 한다.

심상정 후보: 대형마트가 골목시장을 침탈할 수 있고 생태환경부담금 없애서 난개발을 할 수 있다. 기업이 자기 스스로 기술과 안전을 확인하면 물건을 팔게 돼 있다. 그래서 나타난 문제가 가습기살균제 문제다. 그러니까 안전, 환경, 의료영리화 빼려면 규제프리존법 자체를 폐기해야 한다.

안철수 후보: 그것 자체가 저는 의미가 있다고 본다.

심상정 후보: 규제프리존법은 **대한민국 전체**를 **세월호** 만드는 것이다.

- 19대 4회 대선 토론

청부입법이라는 표현도 온건한 편이라 보기 힘들고, 상대방 후보가 주장하는 법을 '세월호 만드는 것'이라는 상징적이고 다소 과격하다고 볼 수 있는 말을 사용하여 비판하고 있다. 또한 상대방과 논리적으로 이야기를 주고받기보다는, 이미 상대방 정책에 대한 평가가 완료되었다는 인상을 준다. 심상정 후보를 지지하는 입장에서는 시원한 이야기일 수 있으나, 중립의 입장에서는 설명이 불충분하다고 느낄 수 있다.

또한 심상정 후보는 용어를 다소 잘못 쓰는 경우도 있었다.

심상정 후보: 유승민 후보에게 묻겠다. 전술핵 도대체 어떻게 배치하겠다는 건가. 나토는 핵 동맹이다. 한미동맹은 **비핵화 동맹**이다.

유승민 후보: 한미동맹이 비핵화 동맹이라고요?

심상정 후보: 비핵화란 것은 이미 미·중, 미·러 간에 천명했다. 6자회담에서도 대한민국이 참여한 가운데 합의했다.

유승민 후보: 한미동맹이 비핵화 동맹이라는 건 어디에 근거한 것인가.

심상정 후보: **비핵화 동맹이 아니라** 한미 간 비핵화라는 것은 대전제로 합의된 사항이라는 것이다.

- 19대 4회 대선 토론

위 사례에서 '비핵화 동맹'이라는 단어로 설명을 하다가, 유승민 후보가 근거를 요구하자, 비핵화가 전제가 되었다는 식으로 후퇴하여 진술한 것이 그 예이다.

이처럼 심상정 후보는 감성을 자극하기 위해 공감을 유도하고, 극적인 언어를 적극 활용하여 토론을 수행했다. 이는 다른 4명의 후보자들과 크게 차별화되는 내용이었고, 실제로 상당히 유의미한 지지율을 얻기도 했다.

그럼에도 심상정 후보의 전략에는 근본적인 한계가 있었다. 자신의 지지층에게 충실하다보니 다른 유권자들에게는 고려할 만한 대안으로 부상하지 못한 것이 그것이다. 현실적인 정책 대안을 제시하기보다는, 사회문제에 대한 공감과 비판을 주로 발언하였기 때문이다.